普通高等教育系列教材

生产计划与控制

尹 静 赵林琳 主编

机械工业出版社

本书主要包含生产运作战略、需求预测、库存分析与控制、综合生产计划、主生产计划、物料需求计划与企业资源计划、生产过程控制、生产管控模式探讨等内容。书中对一些案例进行了分析，以此为导向使读者能够更好地理解所学知识。本书还在最后一章给出了智能工厂设计案例，讲解了有关智能工厂的内容，与当今国内外发展趋势紧密结合。

本书可作为高等院校工业工程、物流工程、工程管理、管理科学等专业的本科生教材，也可作为工程硕士和工学硕士的教学用书和参考书，并可作为企业生产管理人员的培训教材，以及工业工程师认证的参考书。

图书在版编目（CIP）数据

生产计划与控制／尹静，赵林琳主编.—北京：机械工业出版社，2024.2
普通高等教育系列教材
ISBN 978-7-111-74760-4

Ⅰ.①生… Ⅱ.①尹… ②赵… Ⅲ.①工业生产–生产计划–高等学校–教材 ②工业生产–生产过程–控制–高等学校–教材 Ⅳ.①F406.2

中国国家版本馆CIP数据核字（2024）第024801号

机械工业出版社（北京市百万庄大街22号 邮政编码100037）
策划编辑：裴 泱　　　责任编辑：裴 泱　单元花
责任校对：马荣华　王 延　　封面设计：张 静
责任印制：李 昂
北京捷迅佳彩印刷有限公司印刷
2024年4月第1版第1次印刷
184mm×260mm·14.5印张·366千字
标准书号：ISBN 978-7-111-74760-4
定价：44.80元

电话服务　　　　　　　　　网络服务
客服电话：010-88361066　　机 工 官 网：www.cmpbook.com
　　　　　010-88379833　　机 工 官 博：weibo.com/cmp1952
　　　　　010-68326294　　金 书 网：www.golden-book.com
封底无防伪标均为盗版　机工教育服务网：www.cmpedu.com

前　言

建立并完善现代企业制度，是发展社会化大生产和市场经济的必然要求，是新环境下促进国内国际双循环的有效途径。随着信息技术的发展和经济全球化的加快，国际化经营和核心竞争力在企业竞争中的作用越来越凸显，同时带动了生产管理领域的创新和发展。

"生产计划与控制"是工业工程、物流工程、工程管理、管理科学等专业的核心课程，本课程的目的是使学生掌握生产系统计划与控制的基础理论、工具和方法，能够对企业生产管理中的实际问题进行科学分析和有效解决。本课程着重培养学生解决实际问题的能力，为学生后续的学习、实践及工作与发展打下良好基础。教学目标及能力要求具体如下：

1）理解和掌握生产系统、生产运作战略等基本概念，熟练掌握需求预测、库存分析与控制、综合生产计划、主生产计划、物料需求计划和企业资源计划、生产过程控制和作业排序等具体方法。

2）掌握常用工具与方法的功能、原理、使用条件及初步应用，能够独立分析解决生产系统各个环节的具体问题。

3）具有初步运用生产计划与控制思想和方法分析本学科（专业）领域某些实际问题的能力。

本书从整体上呈现总—分的结构，系统介绍了生产计划与控制部分的基本知识、理论和方法。全书共分为10章，第1章绪论总览全书，全面介绍了生产系统、生产运作系统、工业企业生产系统和生产计划与控制、生产管理及其发展历程。第2章生产运作战略，重点介绍了企业战略与生产运作战略、产品赢取订单要素的确定以及制造过程的选择。第3章需求预测，介绍了需求预测的概念和方法。第4章库存分析与控制，重点介绍了库存问题的基本模型。第5章综合生产计划，重点介绍了综合生产计划的制订步骤。第6章主生产计划，重点介绍了主生产计划制订的内容、约束条件及步骤。第7章物料需求计划与企业资源计划，重点介绍了相应的计算处理逻辑。第8章生产过程控制,重点介绍了作业排序、调度和控制。第9章生产管控模式探讨,重点介绍了准时生产、精益生产和敏捷制造。第10章智能工厂设计案例,重点介绍了舟山大皇山凝灰岩矿砂石骨料项目和流程工业智能工厂案例。

全书由尹静、赵林琳担任主编,北京建筑大学机电学院研究生王晨、杨阿慧、林涛声、杨琛等参与了本书的资料收集、整理和部分内容的编写工作。

由于编者水平有限,错误在所难免,敬请广大读者予以批评指正。

编　者

目 录

前言
第1章 绪论 ……………………………………………………………………………………… 1
 1.1 生产与生产系统 ……………………………………………………………………… 2
  1.1.1 基本概念 ………………………………………………………………………… 2
  1.1.2 生产系统的类型 ………………………………………………………………… 5
  1.1.3 生产过程的组织形式 …………………………………………………………… 8
 1.2 生产计划与控制 ……………………………………………………………………… 10
  1.2.1 工业企业生产系统的构成 ……………………………………………………… 10
  1.2.2 生产过程规划与计划控制 ……………………………………………………… 13
  1.2.3 计划与控制的层次 ……………………………………………………………… 15
 1.3 生产管理 ……………………………………………………………………………… 17
  1.3.1 生产管理的功能 ………………………………………………………………… 17
  1.3.2 生产管理的基本问题 …………………………………………………………… 18
  1.3.3 生产管理的发展历程 …………………………………………………………… 20

第2章 生产运作战略 …………………………………………………………………………… 25
 2.1 企业战略与生产运作战略 …………………………………………………………… 25
  2.1.1 企业战略与战略管理 …………………………………………………………… 25
  2.1.2 生产运作战略的概念和特点 …………………………………………………… 27
  2.1.3 企业生产运作战略的制定过程 ………………………………………………… 28
 2.2 产品赢取订单要素的确定 …………………………………………………………… 31
  2.2.1 赢取订单的要素 ………………………………………………………………… 31
  2.2.2 常见的竞争要素 ………………………………………………………………… 33
  2.2.3 辨识订单的赢单要素在制造战略制定中的作用 …………………………… 34
 2.3 制造过程的选择 ……………………………………………………………………… 35
  2.3.1 概述 ……………………………………………………………………………… 35
  2.3.2 生产过程结构的类型 …………………………………………………………… 36
  2.3.3 生产过程的特征指标 …………………………………………………………… 37

第3章 需求预测 ………………………………………………………………………………… 43
 3.1 需求预测的概念 ……………………………………………………………………… 44
  3.1.1 需求预测的作用 ………………………………………………………………… 44

3.1.2　影响需求的因素及相互关系 ································ 44
　　　3.1.3　预测的分类 ·· 44
　3.2　需求预测的方法 ·· 45
　　　3.2.1　定性预测方法 ·· 45
　　　3.2.2　定量预测方法 ·· 48

第4章　库存分析与控制 ·· 64
　4.1　基本概念 ·· 66
　　　4.1.1　库存的定义和分类 ·· 66
　　　4.1.2　库存的作用 ·· 67
　　　4.1.3　库存的缺点 ·· 68
　4.2　库存控制的目的和基本决策 ·· 68
　　　4.2.1　库存控制的目的 ·· 68
　　　4.2.2　库存控制的基本决策 ·· 69
　4.3　有效库存管理的必要条件 ·· 69
　　　4.3.1　建立库存管理系统 ·· 69
　　　4.3.2　库存项目分类 ·· 70
　　　4.3.3　需求预测和订货提前期信息 ···························· 72
　　　4.3.4　库存成本 ·· 73
　4.4　库存问题的基本模型 ·· 74
　　　4.4.1　基本的经济订货批量模型 ································ 74
　　　4.4.2　经济生产批量模型 ·· 76
　　　4.4.3　有价格折扣的经济订货批量模型 ···················· 77
　　　4.4.4　成本未知时产品族的订购量 ···························· 78
　4.5　确定性订货系统的库存控制模型 ································ 80
　　　4.5.1　订货点 ·· 80
　　　4.5.2　确定型定量订货系统 ·· 80
　　　4.5.3　确定型定期订货系统 ·· 80
　4.6　随机型订货系统的库存控制模型 ································ 81
　　　4.6.1　定量订货系统中考虑安全库存的订货点 ········ 81
　　　4.6.2　定期控制法的订货量确定 ································ 87
　4.7　周期订购量 ·· 88

第5章　综合生产计划 ·· 92
　5.1　生产计划体系 ·· 93
　5.2　综合生产计划概念及相关指标 ···································· 94
　　　5.2.1　品种指标 ·· 94
　　　5.2.2　产量指标 ·· 96
　　　5.2.3　质量指标 ·· 100
　　　5.2.4　产值指标 ·· 101
　5.3　综合生产计划的制订步骤 ·· 102

5.3.1	确定计划期内生产产品的市场需求	102
5.3.2	分析外部约束条件和企业内部生产条件	102
5.3.3	拟定生产指标方案，进行方案优化工作	103
5.3.4	综合平衡，编制计划草案	103
5.3.5	审核批准综合生产计划	103

5.4 综合生产计划的基本策略 ……………………………………………… 103
    5.4.1 应对需求变动的相关策略 ………………………………………… 104
    5.4.2 应对需求变动的相关成本 ………………………………………… 105
    5.4.3 应对需求变动的综合生产计划制订方法 ………………………… 105
5.5 综合生产计划的数学方法 ……………………………………………… 107
    5.5.1 线性规划方法 ……………………………………………………… 107
    5.5.2 运输方法 …………………………………………………………… 110
    5.5.3 综合案例分析 ……………………………………………………… 111

第6章 主生产计划

6.1 主生产计划的地位与作用 ……………………………………………… 117
6.2 主生产计划的相关概念及制订指标 …………………………………… 120
    6.2.1 主生产计划的相关概念 …………………………………………… 120
    6.2.2 主生产计划制订的相关指标 ……………………………………… 123
    6.2.3 MPS 的修改与变更方式 …………………………………………… 124
6.3 主生产计划制订的内容、约束条件及步骤 …………………………… 125
    6.3.1 主生产计划制订的内容 …………………………………………… 125
    6.3.2 主生产计划制订的约束条件 ……………………………………… 125
    6.3.3 主生产计划制订的步骤 …………………………………………… 125
6.4 粗生产能力计划 ………………………………………………………… 133
    6.4.1 粗生产能力计划方法 ……………………………………………… 133
    6.4.2 粗生产能力计划举例 ……………………………………………… 134
    6.4.3 制订合理的生产计划需要注意的问题 …………………………… 136

第7章 物料需求计划与企业资源计划

7.1 物料需求计划 …………………………………………………………… 139
    7.1.1 MRP 的基本原理 …………………………………………………… 139
    7.1.2 MRP 的构成 ………………………………………………………… 140
    7.1.3 MRP 的基本计算过程 ……………………………………………… 141
7.2 制造资源计划 …………………………………………………………… 147
    7.2.1 MRPⅡ的原理和系统构成 ………………………………………… 147
    7.2.2 MRPⅡ的计划层次 ………………………………………………… 148
    7.2.3 生产系统与财务系统、成本系统的集成 ………………………… 149
    7.2.4 MRPⅡ的特点 ……………………………………………………… 150
7.3 企业资源计划 …………………………………………………………… 151
    7.3.1 ERP 的基本概念 …………………………………………………… 151

7.3.2 ERP 的功能 … 152
7.3.3 ERP 系统的特点 … 153
7.3.4 ERP 的发展 … 153

第8章 生产过程控制 … 158

8.1 生产过程控制概述 … 159
8.1.1 生产过程控制的任务 … 159
8.1.2 生产调度机构 … 159
8.1.3 生产调度工作的基本概念 … 160
8.1.4 生产调度的工作方法 … 161
8.1.5 生产调度中常用的工具 … 162

8.2 作业排序 … 164
8.2.1 作业排序的基本概念 … 164
8.2.2 作业排序的调度规则 … 166
8.2.3 作业排序方法 … 167

8.3 生产过程控制的内容 … 173
8.3.1 生产进度控制 … 173
8.3.2 在制品控制 … 175
8.3.3 生产作业核算 … 178

8.4 制造执行系统 … 180
8.4.1 系统架构 … 181
8.4.2 系统功能 … 182
8.4.3 信息集成 … 184

第9章 生产管控模式探讨 … 188

9.1 准时生产 … 189
9.1.1 准时生产方式概述 … 189
9.1.2 看板控制系统 … 192

9.2 精益生产 … 197
9.2.1 精益生产的起源 … 197
9.2.2 精益生产的含义 … 198
9.2.3 精益生产的基本原理 … 198
9.2.4 精益企业 … 199
9.2.5 5S 管理 … 200

9.3 约束理论 … 200
9.3.1 约束理论的相关概念 … 200
9.3.2 生产能力制约型生产系统和市场需求制约型生产系统 … 202
9.3.3 约束理论的生产计划与控制方法——DBR 系统 … 202
9.3.4 约束理论的进一步发展 … 203

9.4 敏捷制造 … 204
9.4.1 敏捷制造的起源 … 204

| 9.4.2   敏捷制造的特征 ………………………………………………………… 204
| 9.4.3   敏捷制造的三个主要要素 ………………………………………………… 204
| 9.4.4   实现敏捷制造的过程 ……………………………………………………… 205

第10章 智能工厂设计案例 ………………………………………………………… 210

10.1 舟山大皇山凝灰岩矿砂石骨料项目 …………………………………………… 210
  10.1.1 项目概况 ………………………………………………………………… 210
  10.1.2 智能系统整体规划 ……………………………………………………… 210
  10.1.3 模块设计与实现 ………………………………………………………… 211
  10.1.4 小结 ……………………………………………………………………… 215

10.2 流程工业智能工厂案例 …………………………………………………………… 215
  10.2.1 系统模型建立与运行 …………………………………………………… 215
  10.2.2 生产过程数据采集 ……………………………………………………… 219
  10.2.3 小结 ……………………………………………………………………… 220

参考文献 …………………………………………………………………………………… 222

第 1 章 绪 论

 学习内容

1. 学习生产和生产系统的基本概念。
2. 了解生产管理的发展历程。
3. 熟悉工业企业生产系统的构成。

 重点难点

生产系统的输入、输出和转换过程。

 **引导案例**

美的集团是一家集消费电器、暖通空调、机器人与自动化系统、智能供应链、芯片产业、电梯产业为一体的科技集团，1968 年成立于中国顺德，现总部位于广东顺德北滘新城内，在世界范围内拥有约 200 家子公司、60 多个海外分支机构及 10 个战略业务单位，同时成为德国库卡集团最主要股东（约占股 95%）。美的集团的业务包括以厨房家电、冰箱、洗衣机及各类小家电为主的消费电器业务，以家用空调、中央空调等供暖及通风系统为主的暖通空调业务，以德国库卡集团、美的机器人公司等为核心的机器人及工业自动化系统业务，以安得智联为集成解决方案服务平台的智能供应链业务，以及以美仁半导体公司为核心的芯片业务等。

2013 年 9 月 18 日，美的集团在深交所上市。2015 年 7 月 4 日，美的集团旗下的全球最大的空调压缩机企业 GMCC 美芝公司与威灵电机公司整合为美的"部品事业部"。2016 年，美的集团首次进入《财富》世界 500 强名单第 481 位，2020 年位列第 307 位。2019 年全年营业收入 2782 亿元，居我国家电行业第一位，累计专利申请量已突破 10 万件，连续四年保持家电领域全球第一。2020 年 12 月 11 日，美的集团收购菱王电梯，正式进军电梯行业；12 月 24 日，收购泰国日立压缩机工厂，布局全球产业。2020 年 11 月 13 日，美的集团股价创历史新高，股价为 94.76 元，总市值达 6657.72 亿元。

美的集团能发展得如此全面且迅速，与公司管理层的运营能力强有密不可分的关系。如果管理层制订生产计划得当，则公司资金和资源就能得到合理运用。而如果管理层制订计划不妥，就可能满盘皆输。因此，生产计划与控制对于企业的运营十分重要，企业掌握其中的规律是成功的关键。

1.1 生产与生产系统

生产是人们创造产品和提供服务的有组织的活动,由一个企业或多个企业合作完成。生产构成人类社会生存和发展的基础。从形成生产的过程来看,凡是将投入的生产要素转换成有效用的产品和服务的活动便可称为生产。

现代社会已经很难将制造产品和提供服务完全分开,不提供任何服务的企业几乎是不存在的。例如,一个汽车制造厂如果只将汽车销售给顾客,而不提供售后服务,是不会有顾客愿意购买它的产品的。不同的社会组织只是提供产品和服务的比例不同,汽车制造厂提供产品的比重大一些,餐馆提供服务的比重大一些,教育行业则提供服务的比重更大一些。当然,单纯提供服务而不提供任何有形产品的活动也是存在的,如咨询公司就是最典型的代表。

从一般意义上讲,生产又可以被理解为一切社会组织将它的输入转化为输出的过程。转化是在生产运作系统中完成的。生产运作系统是由人和机器构成的,能将一定输入转化为特定输出的有机整体。生产与运作管理是对生产运作系统的设计、运行与维护过程的管理,它包括对生产运作活动进行计划、组织与控制。

生产计划与控制属于生产与运作管理的范畴,并且是生产与运作管理的核心。

1.1.1 基本概念

1. 生产

狭义的生产一般是指各种产品的制造活动。广义的生产包括银行、医院、学校等服务业的活动。生产是将生产要素转换为有形和无形的生产财富(产品或服务)的活动,由此而增加附加价值。生产要素就是投入生产过程中的各种生产资源,根据它们在生产功能中所起的基本作用,可分成生产对象、生产手段、劳动力和生产信息。生产对象是生产活动中所用到的物质,如生产产品时需要投入原材料;生产手段是将生产对象转换为产出物的技术手段,如各种设计技术、制造技术等;劳动力是进行生产活动所需的人力,这是诸生产要素中最重要的因素;生产信息是生产活动过程中的各种基于事实的数据,如设备性能参数、需求预测数据等。

2. 生产系统

(1) 系统 在介绍生产系统的概念之前,首先阐述系统的概念及其特征。

系统是由处于一定的环境中为达到某一目的而相互联系和相互作用的若干组成部分结合而成的有机整体。任何系统都是在不断运动、变化和发展的。在系统中运动着的是客观存在的物质,具体表现为物质运动的三种形态,即物质流、能量流和信息流,一个人工系统中总存在这三种流的输入、在系统中的变换以及所需的三种或其中几种流的输出。

根据系统的输入和输出关系,我们可以将系统分为开环系统和闭环系统。在开环系统中,系统的输入变换形成系统的输出;在闭环系统中,输出的一部分又作为输入返回给系统,这种情况下,系统的输出改变了输入,从而反过来调整了系统的输出。这种现象称为反馈,在输入不变的情况下,反馈可以改变输出,即对系统的输出有控制作用。

系统具有如下特征:

1) 集合性。一个系统至少要由两个或更多的可以相互区别的要素或子系统组成,它是这些要素和子系统的集合，是按一定规则有机结合形成的整体。作为集合的整体系统的功能要大于所有子系统功能的简单相加。

2）目的性。人造系统都具有明确的目的性。所谓目的就是系统运行要达到的预期目标，表现为系统所要实现的各项功能。系统的目的或功能决定着系统各要素的组成和结构，是系统存在的基础。

3）相关性。系统内的各要素既相互作用又相互联系；同时，系统与其所处的环境之间也既相互作用又相互联系。这里所说的联系包括结构联系、功能联系、因果联系等。这些联系的广泛性和多样性决定了整个系统的广泛性和多样性。

4）动态性。任何系统都在特定的环境中运转。环境是一种更高层次的系统。系统与其环境相互交流，相互影响，进行物质的、能量的或信息的交换。环境是在不断变化的，因此，处在该环境中的系统也在动态地适应环境的变化。

（2）生产系统　生产系统是指与实现规定的生产目标有关的生产单位的集合体，一个人造的、闭环的、动态的系统。一个企业就是一个大的系统，而生产系统是整个企业系统的一个子系统，它的主要职能是生产产品，通过转换过程和管理过程相对应，从而包括一个物质系统和一个管理系统。物质系统是一个实体系统，主要由各种设施、机械、运输工具、仓库、信息传递媒介等组成。管理系统则主要是指生产系统的计划与控制系统，主要职能是信息的收集、处理传递、控制和反馈。另外，顾客满意度和与供应商保持长期合作关系在生产中起着越来越重要的作用，人们把供应商和用户也作为生产系统的组成部分结合进生产系统。因此，生产系统由以下六个部分组成：供应商、用户、输入、变换、产出和管理，如图1-1所示。

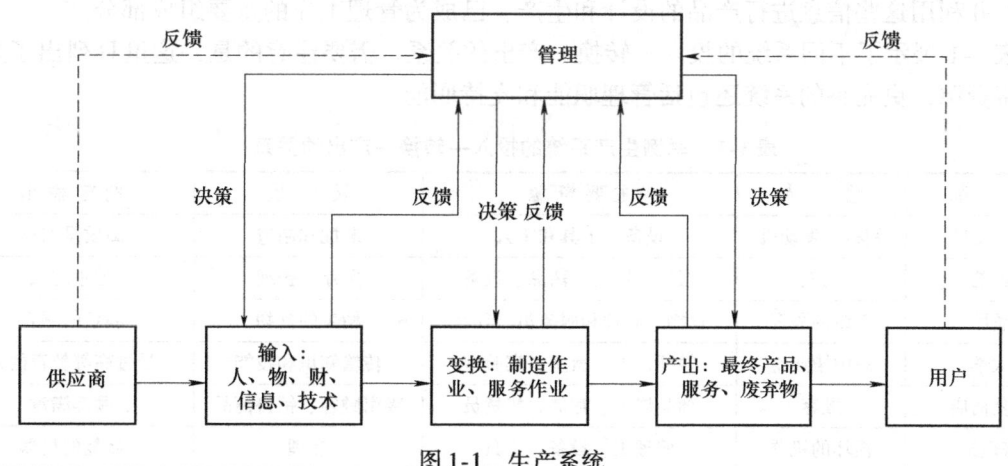

图1-1　生产系统

无论是制造业还是服务业，生产系统都是由输入、变换、产出、管理、供应商与用户六个部分组成的。任何一个系统与其他系统的差别仅在于输入的要素、变换的形式和产出的目标等内容上的差异，每一个组成部分都发挥它特有的作用。

1）输入——资源要素。输入可以是一种原材料、一位顾客，或者是另外一个系统的产成品等。其中，人是指生产过程中的劳动力，包括直接劳动力和间接劳动力；物是指投入的原材料、土地、厂房等，是系统的物质基础；财是指生产中花费的资金，它的数量、构成、周转速度等要素直接影响到企业的生产活动能力；信息是指生产过程中搜集和接触到的消息,既包括直接信息,如客户电话、员工反馈,也包括间接信息,如市场分析报告、报刊新闻等;技术是指企业在生产过程中应用的工艺等。

2) 变换——转化过程。这个过程既是劳动过程,也是管理过程;既是物质变换过程,也是价值增值过程;是人力、物力和财力等资源消耗的过程。

3) 产出——产品和服务。无论是有形的产品还是无形的服务,都必须"在需要的时候,以适宜的价格和适宜的品种,向客户提供具有适当质量的产品和服务"。

4) 管理——指挥与控制组织的协调活动。管理是通过对生产系统战略决策的计划、组织、指挥、实施、协调和控制等活动,实现系统的物质变换和价值变换的过程。管理需要实现对生产系统中输入、变换和产出过程的监督和控制。管理需要善于发现生产系统运行过程中出现的新问题,并查明原因、制定对策,从而采取措施予以解决。

5) 供应商——生产要素的生产者和供应商。过去,生产厂家总认为,供应商与生产厂家只是以价格或合同为基础的被委托与委托的关系,否认它们是生产系统的组成部分。然而,在当今环境下,供应商能否按时制造和交付质量合格的材料和零部件,对所有后续活动都有着重要影响。因此,生产厂家现已将供应商视为生产系统中的一部分,与他们建立起相互信赖和利益共享的长期合作关系。在这种关系下,供应商可按厂家的日程计划供应物料,甚至参与产品的开发和设计过程,共同努力缩短产品的生命周期。

6) 用户——生产系统中企业产品需求信息的提供者。现今的市场已由以产品为中心转化为以客户为中心,用户反馈的信息对企业进行产品设计与改进起着越来越重要的作用。此时,若生产厂家仍像过去一样,只按自己的设想来开发产品,则会因产品不符合用户的需求而导致失败。因此,把用户作为生产系统的组成部分,努力进行市场研究,充分了解用户的需求,并利用这些信息进行产品的设计和生产,已成为管理工作的重要组成部分。

表1-1展示了不同系统的投入—转换—产出的关系。需要注意的是,这里只列出了显性的直接资源,更完整的系统还包括管理职能和支持职能。

表1-1 举例生产系统的投入—转换—产出的关系

系统	输入	主要资源	转换	期望输出
汽车工厂	钢板、发动机	设备、工具和工人	装配和制造	高质量汽车
医院	病人	医生、护士、药品、设备	医疗、护理	健康的人
餐厅	饥饿的顾客	食物、厨师和服务员、环境	精美的食物	满意的顾客
大学	高中毕业生	教师、书、教室、实验室	传输知识和技能	受过高等教育的人
百货商店	顾客	商品展示、存储、售货员	吸引顾客、销售商品	顾客满意
修理站	损坏的机器	修理工、设备、工具	修理	修复的机器

生产实际上就是一种加工转换过程,根据不同的生产目的,投入不同的生产要素,通过生产系统的加工转换过程,最后产出满足人们不同需求的各种产品。

生产系统的实质是在转化过程中带来价值增值。增值是指输入系统的成本与系统输出所形成的价值之间的差额。表1-1所展示的生产系统,输入是加工或服务的对象,输出是产品或服务,系统资源则被看作系统固有的,这是已经建成的生产系统的日常生产运作活动。如果把各种资源也看作生产系统的投入,那么生产运作系统如图1-2所示。这是从系统总投入和总产出的角度展示的生产运作系统。其中,投入、转换过程、产出都需要计划与控制。另外，生产运作系统不仅面对客户/市场和各类供应商，还要受到社会大环境的影响或干扰，包括政治、经济、社会、技术等方面。这些影响或干扰都是随机的，企业生产运作系统只能不断地适应。

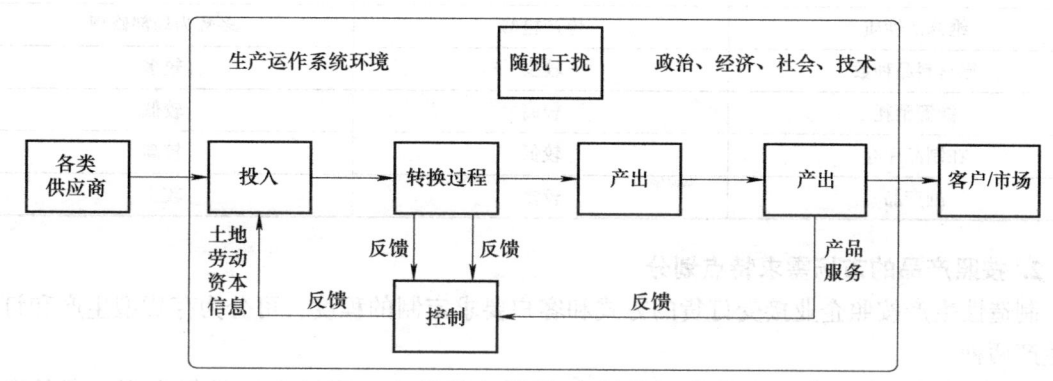

图1-2 生产运作系统

1.1.2 生产系统的类型

1. 按照工艺特点划分

生产系统按照生产方法和工艺流程的性质，可以分为流程型生产（连续型生产）和加工装配型生产（离散型生产）。

流程型生产的工艺过程是连续进行的，且工艺过程的顺序是固定不变的。生产设施按照工艺流程布置，原材料按照固定的工艺流程连续不断地通过一系列设备加工处理成产品。典型的流程型生产包括化工、石油精炼、金属冶炼、纺织、烟草、酿酒等工业的生产。

加工装配型生产的产品是由许多零件构成的，各零件的加工过程彼此独立，所以整个产品生产工艺是离散的，制成的零件通过部件装配和总装配成为最后的产品。典型的加工装配型生产包括汽车、机床、电子设备、计算机、服装等产品的制造。

流程型生产与加工装配型生产，在产品、市场特征、生产设备、原材料等方面有着不同的特点，见表1-2。

表1-2 流程型生产与加工装配型生产的比较

特 征	流程型生产	加工装配型生产
产品品种数	较少	较多
产品差别	较多标准产品	较多用户要求的产品
营销特点	依靠产品的价格与可获得性	依靠产品的特点
资本/劳动力/材料密集	资本密集	劳动力、材料密集
自动化程度	较高	较低
设备布置的性质	流水式	工艺"机群"或流水生产
设备布置的柔性	较低	较高
生产能力	可明确规定	模糊的
扩充能力的周期	较长	较短

(续)

特　征	流程型生产	加工装配型生产
对设备可靠性的要求	较高	较低
维修的性质	停产检修	多数为局部修理
原材料品种数	较少	较多
能源消耗	较高	较低
在制品库存	较低	较高
副产品	较多	较少

2. 按照产品的市场需求特点划分

制造性生产按照企业接受订货的方式和客户要求定制的程度，可分为存货型生产和订货型生产两种。

1）存货型生产是在对市场需求量进行预测的基础上，有计划地进行生产，产品有库存。为防止库存积压和脱销，生产管理的重点是抓供、产、销之间的衔接，按"量"组织生产过程各环节的平衡。这种生产方式的客户定制程度很低，通常是进行标准化的、大批量的生产，生产效率比较高。

2）订货型生产是在收到顾客的订单之后，才按照客户的具体要求组织生产，进行设计、供应、制造和发货等工作。由于是按照客户要求定制的，在规格、数量、质量和交货期等方面可能各不相同。由于是按照订货合同规定的交货日期进行生产的，产品生产出来立即交货，所以基本上没有产成品存货。

订货型生产方式还可以进一步按为顾客定制的程度划分为：

① 按订单装配型。这是指产品设计标准化和模块化程度较高的企业。这种企业通过从一系列标准化通用部件、模块和可选部件中选择和组合，来满足客户订单中品种的变化。这种生产类型在性质上类似于存货型生产，也适用于社会需求量比较大的产品。不同的是不设置成品库存，而是对于各种通用部件、模块和可选部件，根据预测组织大批量生产，并设置库存，然后根据客户订单要求组装成不同的产品。例如，在汽车工业中，用相同的底盘、发动机配以不同的车形和内部装饰，组装成不同型号的汽车。这种生产类型既适合采用流水生产以提高生产率、降低成本，又可满足客户的不同要求，代表了一种产品设计和制造综合改进的方向。目前，许多传统的存货型生产企业都在向这种按订单装配型转变。

② 按订单制造型。这是指根据客户订单生产一些标准或定型产品的企业。这种企业的产品品种很多，产量较少。所以，很难进行最终产品的预测，也不能组织零部件的大批量生产。但产品都是标准的或定型的，一般不需要新的设计。没有成品库存和零部件库存，企业接到订单后开始采购、加工和装配等作业。这样产品的交货期限基本上等于产品的采购和制造周期。为了进一步缩短交货期，可对一些基本的原材料和基础零部件，根据市场预测提前进行采购和加工，形成一定的库存。

③ 按订单设计型。这是指根据客户要求进行产品设计并制造的企业。这种企业的产品一般都是较复杂的、大型的专用产品，产量很少或仅为单件，品种很多，生产周期较长。例如，高压开关成套装置和高压组合电器产品，在收到订单后先要进行工程图设计，待工程图设计完成后，才进行采购、生产准备、外协和制造。这种生产类型的交货期是最长的，包含

产品设计周期,而且由于产品订单的"一次性",在制造过程中还存在设计方案的修改等不确定因素,进一步延长了交货期。按订单设计型生产管理的重点是如何缩短设计周期,提高零部件的标准化和通用化水平,使制造系统的整体响应速度大大提高。

按照产品的市场需求特点,企业的生产运作系统类型也可以分为存货型、按订单装配型、按订单制造型、按订单设计型四种,它们响应市场需求的速度,如图1-3所示:存货型最快,只是发运时间;按订单装配型次之,是装配时间加发运时间;再次是按订单制造型,是采购与加工时间加装配时间,再加发运时间;最慢的是按订单设计型,它比按订单制造型还要多一个设计时间。

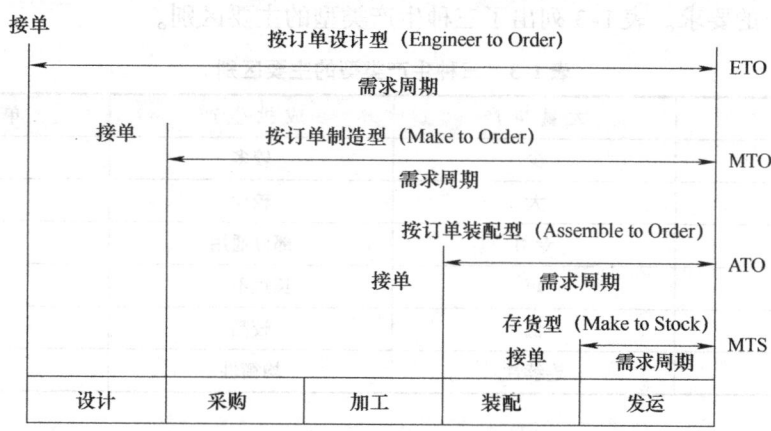

图1-3 不同生产系统类型响应市场需求的速度

3. 按产品品种、产量和重复程度划分

制造性生产按产品品种、产量和重复程度可划分为大量生产、成批生产和单件生产三种类型。

大量生产的特点是生产的品种少,每一品种的产量大,生产稳定且不断地重复进行。一般这种产品在一定时期内具有相对稳定和很大的社会需求。例如,螺钉、螺母、轴承等标准件,电视机、家用空调机等。大量生产一般采用高效的专用设备和专用工艺装备,工作地按对象专业化原则布置,采用生产线和流水线的生产组织形式。大量生产在生产计划和控制方面也由于生产不断重复进行,规律性较强,有条件应用经过仔细安排及优化的标准计划和应用自动化装置对生产过程进行监控。大量生产工人也容易掌握操作技术,迅速提高熟练程度。总之,大量生产效率高、成本低、质量相对稳定、生产管理也相对简单。但是,这种生产类型对产品品种变化的适应性很差,一旦产品品种变化,它的所有专用设备和专用工艺装备,以及整个生产线都需要进行很大的调整,甚至需要报废后重新设计。

成批生产的特点是生产的产品品种较多、产量较少,各种产品在计划期内成批地轮番生产,大多数工作地要负担许多道工序。在由一种产品的制造改变成另一种产品的制造时,工作地上的设备和工艺装备都需要进行相应的调整。由于品种较多,所以成批生产一般按工艺专业化原则,采用机群式布置的生产组织形式。这样就造成生产效率较低,产品生产周期较长,在制品占用量较大,生产成本较高,生产计划与控制、质量控制等管理工作比大量生产要复杂得多。但是这种生产类型对产品品种的变化有较好的适应性。由于每种产品都有一定的社会需求量,所以组织生产还是有一定的规律可循的,包括合理地确定生产批量,组织好多品种的轮番生产等,这些是成批生产类型生产管理的重要问题。

单件生产的特点是生产的产品对象基本上是一次性需求的专用产品,一般不重复生产。因此,单件生产的生产品种繁多,生产对象不断变化,生产设备和工艺装备必须采用通用的,工作地的专业化程度很低,只能按工艺专业化原则采用机群式布置的生产组织形式,生产效率低,生产周期长,生产成本高。由于单件生产没有规律可循,生产管理工作相当复杂,生产作业计划的编制不宜集中,一般采取多级编制,自上而下逐级细化的方法。单件生产在生产指挥和监控上要使基层能够根据生产的实际运行情况有较大的灵活处置权,以提高生产管理系统的适应能力。单件生产要求工人具有较高的技术水平和较广泛的生产知识,以适应多品种生产的要求。表1-3列出了三种生产类型的主要区别。

表1-3 三种生产类型的主要区别

类　型	大量生产	成批生产	单件生产
品种	少	较多	很多
产量	大	较少	小
设备	专用	部分通用	通用
生产周期	短	长短不一	长
成本	低	较高	高
追求目标	连续性	均衡性	柔性

1.1.3　生产过程的组织形式

生产过程的组织形式是指按什么样的分工协作方式来组织生产过程中的生产单位(包括车间、工段或班组)。机械工业企业的生产单位有两种基本组织形式:工艺专业化和对象专业化。

1. 工艺专业化

工艺专业化也称工艺原则,就是按照生产工艺的特点划分生产单位。在工艺专业化的生产单位内,集中了同类型的机器设备和同工种的工人,对各种产品(零件)进行同一工艺方法或同一工艺阶段的加工。每一个生产单位只完成产品生产过程中的部分工艺阶段或部分加工工序,不能独立地完成产品的全部加工和出产产品。例如,机械加工车间、铸造车间、装配车间以及机械加工车间中的车床组、铣床组、钻床组、磨床组等。

按工艺专业化建立生产单位,适用于多品种、成批生产和单件小批生产类型的企业。这种企业由于产品品种很多,只能用"以不变应万变"的方式按照相同的工艺来建立生产单位,各种产品(或零部件)依据其工艺流程,在各个工艺专业化的生产单位之间流转。各种产品(或零部件)的工艺流程不同,它们的流转路径也就不同。

工艺专业化的优点如下:

1) 采用通用设备和通用工装,能完成各种产品的同类加工要求,对产品品种变化的适应性强。
2) 同类型设备成机群式集中布置,便于进行专业性的工艺技术管理和技术指导。
3) 受个别设备出故障的影响不大,便于分配设备的任务量。
4) 便于采用与个人产量相关联的激励政策。

工艺专业化的缺点如下：

1）由于采用通用设备和工装，在更换产品时需要大量的调整时间，生产效率和设备利用率较低。

2）产品需经过多个生产单位才能完成生产过程，所以要经常进行工艺路线选择和进度安排。

3）生产过程的连续性差，工件运输路线长、运量大、运输费用高。

4）生产周期长、在制品量大，相应的费用支出高。

5）对工人的技能要求较高，需要较多的培训时间和培训费用。

6）对每一个产品（或零部件）都需要特别注意，因而产量低，导致单位产品成本高。

7）各生产单位之间的联系和协作关系复杂，使计划管理、生产调度、质量管理、在制品管理、成本管理等工作变得复杂。

2. 对象专业化

对象专业化也称对象原则，就是以产品（零件、部件）为对象来建立生产单位。在对象专业化的生产单位内，集中了为制造该生产对象所需要的各种不同类型的机器设备和不同工种的工人，对同类对象进行不同的工艺加工。每一个生产单位能完成该种产品的全部或大部分工艺过程。例如，汽车制造厂的发动机车间、底盘车间以及发动机车间中的汽缸体生产线、曲轴生产线等。

对象专业化生产单位适用于大量大批生产类型的企业。这种企业由于产品品种很少，产量很大，可以将某一种（类）产品（或零部件）作为生产对象建立专门的生产单位，设备按生产对象的工艺路线顺序布置，形成生产线或流水线的布置方式。

对象专业化的优点如下：

1）针对生产对象的加工要求采用专用的设备和工装，生产效率高。

2）工艺路线选择和进度安排在流水线设计时就确定了，在运转过程中无须再考虑。

3）产品（零件、部件）能在一个生产单位内完成其全部或大部分工艺过程，使工件运输路线大大缩短，并减少或消除了产品在生产过程中的等待时间。因此，生产周期短、在制品量少。

4）流水作业分工很细，对工人的技能要求较低，需要的培训时间和费用较少。

5）由于产量大、生产效率高，使单位产品成本低。

6）生产计划、调度、质量管理、成本管理等工作相对较简单。

对象专业化的缺点如下：

1）对产品品种变化的适应能力差。

2）个别设备故障或工人缺勤率高，对整个生产系统影响大。

3）劳动分工过细，使作业重复单调，而且技术低的工人可能对如何提高产品质量和设备维护缺乏兴趣。

4）流水线上的设备一般需要采用预防性维修制度，并且迅速修理和备件库存都是必不可少的，相应地需要增加这方面的费用。

5）不能采用与个人产量相关联的激励政策。

成组生产单元也是一种对象专业化的生产单位。它是在多品种生产企业，将结构和工艺相似的一组或几组零件归并在一起进行生产的一种组织形式。成组生产单元可以扩大生产批量，达到或接近流水生产的效率和效益。企业采用成组生产单元是实现大批量定制的重要措施之一。

在实际生产中，常常把这两种基本组织形式结合起来，形成混合的生产组织形式，即在一个生产单位内，既有对象专业化单位，又有工艺专业化单位。例如，在按对象专业化原则组织的齿轮车间内，根据工艺类型划分出车床组、滚齿机组、插齿机组、剃齿机组、磨齿机组等工艺专业化的生产单位；某些汽车零部件生产企业，在按工艺专业化原则建立的加工车间里，分别按零件建立对象专业化的流水线等。

1.2 生产计划与控制

1.2.1 工业企业生产系统的构成

如果从工业企业各部门之间生产转换的过程来描述，那么工业企业生产系统的构成如图1-4所示。

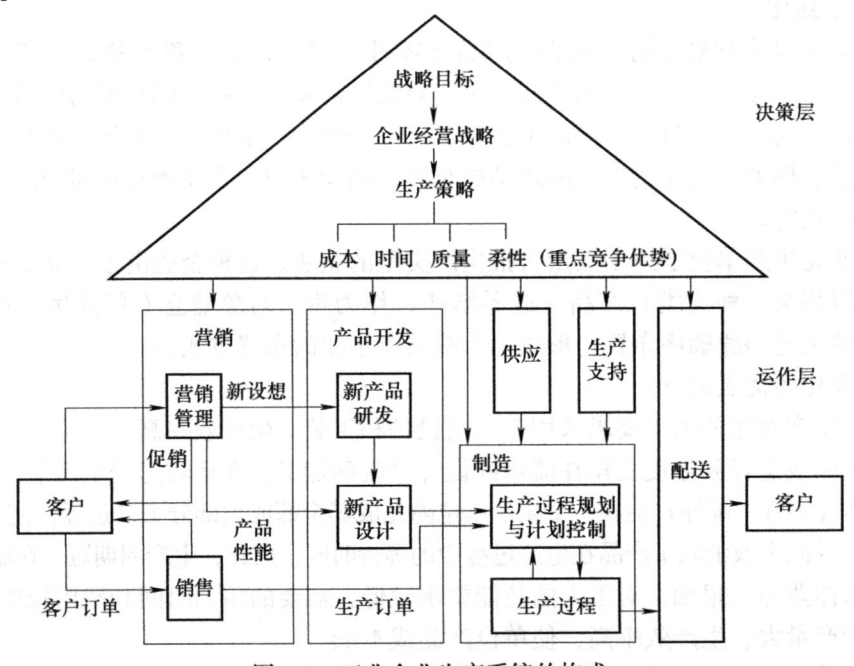

图1-4 工业企业生产系统的构成

1. 运作层

（1）营销部门的职能　只要是营利性企业，不论是高科技产业，还是食品加工业，都是为了满足市场需求，从而获取最大利润。企业的生产过程始于客户市场的需求，终于向客户发送产品。企业直接面向客户市场的是"营销"部门，图1-4左边第一框的营销部门有两项互相联系却又分别运作的职能。

1）营销管理。在分析客户需求和市场走势的基础上采取各种促销行为，同时提出有市场潜力的新产品设想及产品的功能及性能要求。

2）销售。向客户出售产品。

（2）产品开发部门的职能　产品开发部门依据营销部门输入的信息进行新产品研发和新产品设计工作。产品是生产企业和客户之间双赢的纽带，既是企业的利润载体，又是客户需求得以满足的载体，是企业的"立命之本"。产品包括现有产品和新产品两类。即使现有产品销路很好，也不要忘了开发新产品，企业缺乏产品创新会逐渐失去市场。新产品设计方案和现有产品的订单一起形成企业的生产任务，传递给制造部门。

（3）制造部门的职能　制造部门负责两个阶段的工作，首先是生产过程规划与计划控制，然后组织实施生产过程。生产过程产出的产品送到配送部门。

（4）配送部门的职能　制造部门生产出的产品，由配送部门发给客户。客户包括销售渠道的经销商、代理商以及直接消费者。

（5）供应部门的职能　生产过程需要各种原材料、辅助材料、配套零部件等，这些需要供应部门履行供应的职能。

（6）生产支持部门的职能　最基本的支持包括技术支持、管理支持和人员支持。技术支持包括各种设备和生产技术，如计算机集成制造（Computer-Integrated Manufacturing，CIM）等先进制造技术。管理支持包括设备维修管理、质量保证管理等。人员支持则是指配置具备专业技能的管理人员和工人。

2. 决策层

生产系统的运作是要遵循企业的战略目标的，因此在生产运作层之上还有企业决策层。企业决策层具有以下决策职能：

（1）战略目标　制定战略目标属于企业高层管理人员的决策职能。任何企业都应有战略目标，如IBM公司设定两个战略目标：在研究、开发和制造最先进的信息技术方面争创第一，把先进的技术变成用户的财富；美国的全球冶金公司（Globe Metallurgical）提出以最优的质量和最低的制造成本提供产品和服务，争创贵金属和铁合金行业的第一名；丰田公司的"有路必有丰田车"的目标曾经家喻户晓。这类目标的制定反映了经营者的价值观和经营理念。企业以利润驱动这个根本目标不会变化也不应该有变化，否则企业就不成为企业而是非营利性组织或其他组织，但是在处理短期赢利和长期赢利、企业效益和社会效益以及客户利益之间的关系方面，不同理念的经营者会制定出不同的战略目标。从企业对社会的贡献而言，企业的战略目标体现企业的社会使命。企业战略目标和社会使命是同一内容而从不同视角来命名的。这种具备社会使命性质的企业战略目标，不仅指导和鼓励企业员工前进，而且实际指导着企业各个部门的决策。在战略目标和各运作部门决策之间还存在企业经营战略和生产策略制定两个环节。

（2）企业经营战略　企业经营战略是在变动的环境下达到战略目标的长期性的总体谋划。企业经营战略是在分析、研究企业经营条件和核心能力的基础上制定出来的。经营条件是指宏观环境，包括市场走势分析、竞争状况分析以及经济、技术和社会发展态势等。核心能力指企业自身在潜入市场方面所处的优势，可在不同的领域中反映出来，如生产自动化技术、熟练和敬业的劳动力队伍、新产品快速投产的能力、精干的销售队伍和高精度的生产设备等。企业经营战略制定的主要目的是巩固企业的核心能力或建立新的核心能力，以扩大市场占有份额。经营战略一旦制定出来，便要体现在企业的营销、生产、财务、研发、人事等各种管理功能的规划和实践中。

（3）生产策略　生产策略是企业为了遵循经营战略在生产职能方面的长期谋划。它涉及若干战略性的决策，如开发何种新产品、何时投入生产、需要哪些新设施、何种新生产技术和工艺，以及如何规划生产等。其中，最重要的是明确竞争优势及重点。重点一旦确定，则有关产品、设施、生产技术等决策就会有明确的指导思路。

重点竞争优势可理解为企业扩大市场份额的主要途径，客户可以从中得到满足预期的需求。竞争优势项目通常包括低生产成本、快速发送和准时发送、高质量产品（服务），以及提高柔性即快速调整生产以适应产品品种和产量变化的能力，等等。一般情况下，单个企业不能同时具备所有竞争优势项目，例如既具有很高的柔性，同时又能提供成本很低的产品。重点优势项目一旦确定，那么生产系统将在此重点的导向下做出许多运作层的决策，如果以产品成本低为重点，注意力将放在改进产品设计、采用新生产技术、提高生产率、降低废次品和减少库存等上；如果以配送服务为重点就要增加产品库存、改善配送方法和信息系统等；如果选择高质量，就要改善结构，减少废次品，提高耐用和耐磨程度，以及加强售后服务；如果重点在提高柔性上，就要改变生产类型，运用计算机辅助制造（Computer Aided Manufacturing，CAM）等生产技术，减少在制品和增强生产能力等。

1913 年，福特汽车制造厂移动装配线诞生，这是机器时代一项最伟大的技术创新。当年 8 月，一辆汽车底盘由一个工人装配，需 12.5h。8 个月后，装配线建造成功，底盘在传送带上机械地移动，每个工人专做一道工序，装配时间缩短至 1.55h。1914 年，福特宣布他的汽车制造厂的工人每天只工作 8h，比别处的工人每天少工作 1h，而最低工资 5 美元，比别处工人的工资多一倍。福特的 T 型汽车开始是每辆 950 美元，后来逐年降价，第一次世界大战后降到每辆 290 美元。将自己的生产线限定为只制造一类汽车，这让福特的梦想成为可能。每个环节和程序都经过了分析，层层分解为最简单的部分，实施标准化生产，这些都极大地提高了效率，将成本控制到了最低。结果，就形成了一个高度专业化的生产体系，每一环节只完成一项工作，并且这种系统制造的产品非常好。与福特的战略相对应，他的公司也是典型的命令和支配型的。每个环节都由最高层决定，由福特本人发布命令，实行垂直管理。毫无疑问，在福特的公司，权力的界限是很明晰的。1920 年，美国经济出现衰退，汽车的需求量也减少了。由于福特汽车的成本很低，因此福特汽车公司能够将福特汽车的价格再降低 25%。然而，通用汽车公司无法像福特汽车公司那样去做，销售额急剧下滑。1921 年，福特汽车的销量占据了整个汽车市场份额的 55%，而通用汽车公司所有汽车的销量仅占了整个汽车市场份额的 11%。这种工艺细分结合科学管理的概念形成了专业化生产方法，现在仍然普遍使用。福特汽车公司早期的汽车如图 1-5 所示。

图 1-5 福特汽车公司早期的汽车

1917 年，通用汽车公司和费希尔博德（Fisher Body）公司（简称费希尔）签订了一份合作合同，费希尔是一家专门生产汽车车身的公司。合同规定，费希尔为通用汽车生产金属车身。此前，通用汽车的车身都是木头做的。为了执行这个合同，费希尔大量投资，进行技术改造，而新上马的技术只能专门制造车身。斯隆成为通用公司领导人后，在延续通用规模扩张步伐的同时，重视扩张之后的经营管理运作。为了适应一个庞大集团公司的高效管理，斯隆对通用汽车公司的组织机构进行了重大改组。斯隆改组通用汽车公司的核心是"分散经营，协调控制"。这次改组有两个特点：一是政策制定与行政管理分开，二是分散经营与协调控制相结合。斯隆认为公司的任务可分为"决策"和"执行"两大类，据此建立"领导部门"来担负决策任务，建立"直线指挥部门"来指挥各级业务经营活动。领导部门由董事会及其所属的六个委员会组成，负责决定公司的政策、方针。直线指挥部门由总公司、经营部门（分部）及工厂三级组成，负责指挥公司的经营活动。此外，在各分部和工厂再建立必要的"职能部门"，参与分部和工厂的管理活动。这样的组织机构使一个庞大的通用汽车公司从杜兰特时代松松散散的联合体转变成有序、统一、紧密、灵活的实体。公司在经营上的决策和控制是集中的，方针政策的执行和运用则是分散的。在这种管理体制下，公司的各个生产经营部门是公司的基层执行单位，又是利润责任中心。整个公司的生产经营活动是在总公司及各职能部门的协调控制下，由各生产经营部门去分散进行并完成的，这样既调动了各分部的主观能动性和积极性，又避免了因各分部在经营上各行其是而出现背离公司总部大政方针的现象。

20世纪90年代初，一份有关美国制造业的研究报告中列出了15项竞争优势，并由企业主管选定美国公司在全球竞争中的优势项目，结果列出美国公司的竞争优势主要是产品的性能好、废次品低，然后是产品配送、产品支持、售后服务和到货及时。劣势是新产品快速引入、产品快速设计以及产品品种和产量柔性等项目。重点竞争优势是企业战略目标和经营战略的体现，成为衔接决策层和运作层的关键要素，指导着营销、研发、制造等各个管理功能部门的决策和运作。

1.2.2 生产过程规划与计划控制

1. 生产过程规划的理解

生产过程规划与计划控制是制造部门的行为。实际上，生产过程规划与计划控制的职能并非制造部门单独所能承担的。生产过程规划要求决策层的企业高层管理者参与。如果把生产过程中的实体看作企业的"硬件"，规划和计划控制系统则是与之配套的"软件"。当然，离开软件，硬件将无法发挥作用，但软件的开发也要和硬件相适应。规划与计划控制系统和企业的营销、设计、采购、配送等所有的管理功能密不可分。特别是在敏捷竞争环境下，为满足大量客户个性化和快速反应的需求，企业内部信息要由过去的串行传递（由市场信息传给研发，再依次传给设计、生产、供应等）转变为并行传递。营销部门的信息要直接同时传给设计、生产等各个部门，并由定期沟通转为实时沟通。企业间的合作日趋密切，虚拟组织把不同企业组织起来就像在同一个组织完成产品生产一样。因此，对于任何企业，生产某项产品都面临更为频繁的"自制或外购、外包"的决策问题，一个制造部门的任务可能变成供应部门的任务，客户某项个性化需求可能促使制造部门向供应商和支持部门实时提出新要求。总之，生产过程规划、计划和控制活动落实在制造部门，但要做好这项工作，需要企业各个部门之间甚至企业之间的良好沟通与合作，相应地，需要掌握规划和计划控制知识和技术，了解企业整个生产系统，了解企业各个管理部门的职能。

2. 生产过程规划的职能

制造部门的"生产过程规划"可按时间跨度细分为如图1-6所示的四个层次，包括若干年内的长期规划，半年到两年的中期计划，数周的短期计划以及生产作业计划与控制系统。各种规划和计划涉及的对象和范围也不同。

（1）长期规划 长期规划涉及所有的生产线，一般由生产主管负责，也叫长期能力规划（Long-Range Planning）。规划的主要内容有厂址及设施选择、生产规模和能力设定、自制或外购决策、主要资源供应商的选定、生产过程中生产流程和新自动化系统的选择等。

（2）中期计划 中期计划面向产品族，也叫综合计划（Aggregate Planning），由生产管理部门负责，主要涉及生产资源配置，编制各项资源计划，包括人力资源计划、库存计划、动力需求计划、材料供应计划和设备改造计划等。

（3）短期计划　短期计划只管某种产品，由工厂的生产管理人员负责，也叫主生产计划（Master Production Scheduling，MPS），规定各种零部件的生产数量及时限。

（4）生产作业计划与控制系统　由制造部门的生产管理人员负责编制零部件的生产计划、材料采购计划和作业计划。生产作业计划系统旨在及时、精确地预计生产某项产品所需工时、材料和零配件，以及相应的生产能力。然而，不论计划制订得多么准确，在生产过程实施中总不可避免地出现各种偶发事件和干扰，引起生产运行结果与计划偏离。生产控制系统便是采集和分析生产过程的反馈信息，调度人力、设备等各种资源并采取纠正偏差的行动。

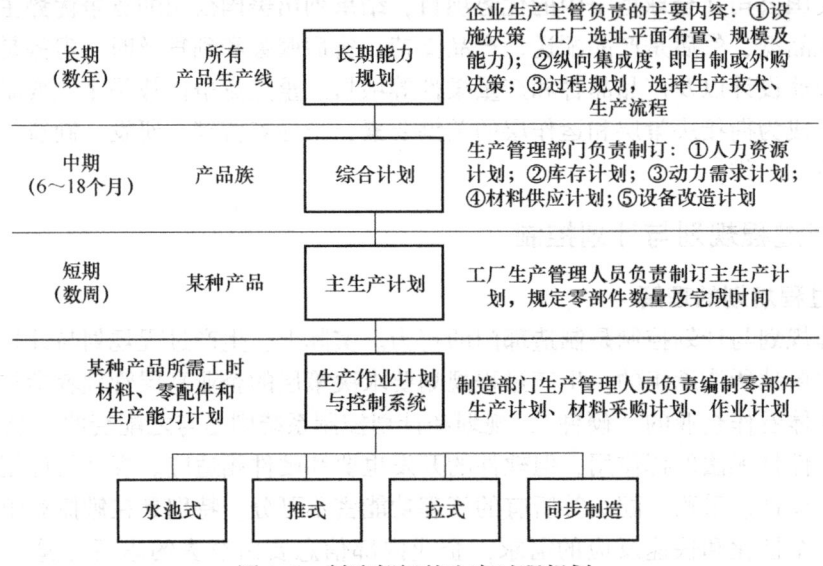

图 1-6　制造部门的生产过程规划

3. 生产作业计划与控制系统的设计

主生产计划规定每种产品的生产数量及时间表，生产作业计划与控制系统则计划和控制零部件的加工及产品装配，安排生产过程中所需的各种支持性工作，包括设备维修和质量保证等。生产作业计划与控制系统的设计有四种思路，即水池式、推式、拉式和同步制造。

（1）水池式　水池式（Pond-Draining System）生产控制着眼于保持库存量以维持生产过程的正常进行。这种方式对供应商、客户及生产环境的动态信息需求相对较少。生产者可能不知道客户所需产品的时间和数量，装配完毕的产品往往已有足够的库存，产品装配所需的零部件由在制品库提供。同样，原材料库存提供足够储备供零部件制造，企业向供应商提交的原材料订单总是大于实际需求的。水池式生产属于存货生产（Produce To Stock）。在信息技术和通信技术发达的今天，这种生产计划与控制系统设计显得不够敏捷，只是有些企业在产品需求信息缺乏或需求随机性大的情况下才应用。

（2）推式　推式（Push System）着眼于提前期信息，用以管理和控制物流。每批原材料提前准备好，按照零部件生产需求送货，继而零部件按产品装配需求提前加工完毕送往装配线，产品则按客户需求提前装配、按期发送。每批原材料进入企业的仓库"后门"，推走原先那批原材料，类似地，后续生产阶段的新一批在制品和成品推走原先一批在制品和成品。这一系列材料和物流进出由生产计划安排，规定各个生产环节何时应该产出多大批量的零部件或产品。例如，一份订单要求 4 月 30 日运出 300 台产品 A，设备阶段提前期均为一周，则在生产计划中，总装应当安排在 4 月 24 日到 30 日，部件装配安排在 4 月 17 日—23 日，零件加工安排在 4 月 10 日—16 日，材料采购则需在 4 月 3 日—9 日完成。简而言之，推式是提前准备好材料和零部件，按需求发送到下一个生产环节或仓库，按计划来推动生产过程的物流。推式生产的计划与控制系统的成效取决于计划的精确性，而计划的精确性又取决于客户需求信息和提前期的精确性。推式与水池式设计系统相比，可降低原材料和在制品的库存量，提高人员生产效率和机器设备的利用率，在以工艺导向的生产过程中效果尤为显著。

（3）拉式　拉式（Pull System）着眼于降低生产过程中各个环节的储备量。在推式设计系统中各个生产环节关注上游生产环节送来的在制品或库存量，并决定本环节生产什么，而在拉式设计系统中各个生产环节关注下游环节的需求，并且只是按此需求来确定本环节的生产数量和生产时间。产品直接从上游环节流向下游环节，各环节很少有库存。原材料和零件被下游环节直接使用，生产成为产品，直到配送到客户手中。这种方式称谓甚多，普遍的说法是准时生产（JIT）。在准时生产条件下，要求生产管理人员能及时、有效地解决生产现场频繁出现的实际问题。由于取消在制品库，每种原材料都必须符合质量标准，每个零件都必须精确地按规定的时间到达规定的地点，同时，每台设备都不能出现故障，以免生产中断，破坏整个生产过程。因此，采用 JIT 方式生产的企业要和全面质量管理系统结合起来。在产品种类和数量稳定、重复生产标准产品的生产线上，采用准时制生产已有不少成功经验，但在单件小批量生产情况下困难较多。

（4）同步制造　同步制造（Synchronous Manufacturing）的理论基础是亚伯拉罕·哥德拉特（Avraham Y. Goldratt）提出的约束理论（Theory Of Constraints）。约束理论的主要出发点是，整个生产系统的绩效取决于生产作业中的瓶颈环节。目前，企业编制计划常采用平衡各工序生产能力的办法，约束理论则认为生产能力不平衡是正常的，甚至比平衡更好；应该保持平衡的是系统中的物流而不是各工序的生产能力。瓶颈环节损失 1 小时相当于引起整个系统损失 1 小时，而非瓶颈环节节约 1 小时对系统绩效并无实际意义。因此，制订计划和控制作业首先要识别约束环节即瓶颈和瓶颈作业，继而消除约束；然后识别新的约束，周而复始地改进系统绩效。在生产实践中，体现约束理论的计划和控制系统常称为同步制造。同步制造，是指不断改进整个系统而不是局部作业的绩效。这里的绩效不是企业经营的财务指标，如净利润、投资收益率和现金流量等，而是更能反映生产绩效的运行评价指标，包括产销率即售出产品获取资金的速率、库存量和运作费用。生产管理目标应是在降低库存和运作费用的同时提高产销率，这些指标更能考核生产计划和控制系统的直接绩效。

生产过程规划和计划的所有工作，最终要在图 1-6 中体现出来。生产过程的管理者要注意生产现场的工人日常操作情况、产品质量、制造费用、管理费用以及机器设备维护等状况，一旦出现失常事件，如某个工序的绩效不佳、出现废次品、机器故障或事故等，便及时采取补救措施，使整个系统维持正常运行。同时要检查、监督、分析计划执行进度，如发现偏离便及时调整。

1.2.3　计划与控制的层次

企业生产计划与控制系统是整个生产系统运行的中枢神经和指挥系统，决定着生产系统的运行机制和活动内容,一般分为五个层次,即经营规划、销售与运作计划(综合计划)、主生产计划、详细物料计划、生产作业计划与控制,其主要内容见表1-4。

表1-4 生产计划与控制系统各层次的主要内容

阶段性	计划层次 名称	计划层次 对应习惯	计划期	计划时段	主要内容	主要编制依据	编制主持人
宏观计划	经营规划	五年计划	3~7年	年	经营战略、产品发展、市场占有率、销售收入、利润	市场分析、市场预测、技术发展	企业最高管理层
宏观计划	销售与运作计划(S&OP)	年度大纲	6~18个月	月	产品系列(品种、数量、成本、售价、利润)、控制库存	经营规划、销售预测	企业最高管理层
宏观计划	主生产计划(MPS)	无对应,近似于销售计划	视产品生产周期而定	周、日	最终产品	S&OP合同、预测其他需求	主生产计划员
微观计划	详细物料计划	无对应,近似于加工计划	视产品生产周期而定	周、日	组成产品的全部零件	MPS、产品信息、库存信息	主生产计划员或分管产品的计划员
微观计划	生产作业计划与控制	车间作业计划	1~7日	时、日	执行计划、确定工序优先级、派工、结算	物料需求计划、工作中心生产能力	车间计划调度员

划分生产计划与控制系统层次的一个目的是体现计划管理从宏观到微观、由战略到战术、由粗到细的深化过程。在对市场需求进行估计和预测阶段,计划内容比较粗略,计划的时间跨度也比较长;一旦进入客观需求比较具体的阶段,计划内容就比较详细,计划的时间跨度也比较短,处理的信息量大幅度增加。划分生产计划与控制系统层次的另一个目的是明确责任,不同管理层次要对各自的计划实现负责。

在表1-4所示的五个层次中,经营规划和销售与运作计划(综合计划)带有宏观规划的性质;主生产计划是宏观向微观过渡的层次;详细物料计划是微观计划的开始,是具体的详细计划;生产作业计划与控制是进入执行或控制的阶段。

企业的计划必须是切实和可行的,否则再远大的目标也是没有意义的。任何一个计划层次都包括需求和供应两个方面,做好需求与供应的平衡是计划工作的基本要求,在制造业的计划系统中表现为需求管理和能力管理。在市场经济条件下,需求是不断变化的,而能力在一定时间内是相对稳定的,两者不可能做到完全平衡,这就需要库存管理进行调节。所以,在生产计划与控制系统的各个层次上都必须有需求管理、能力管理和库存管理模块。另外,各层次计划与控制活动的运行,都离不开基础数据管理、生产技术管理、质量管理、设备管理、人力资源管理等系统以及信息化平台的支持。

1.3 生产管理

1.3.1 生产管理的功能

生产管理是对企业的生产转换子系统的运行进行管理,包括生产组织机构设计、责权规定和工作岗位的设置等。组织流程图通常用来表示企业的组织设计,生产管理部门的组织流程图属于企业组织流程图的一部分,如图1-7所示。生产管理部门负责生产控制、采购、制造、质量保证和设计,并在该部门设立相应的机构和工作岗位。涉及生产管理工作的行政管理人员包括高层主管生产的副总经理、主管物资的副总经理和总工程师等,中层的车间(工厂)主管或项目主管,基层的工段长、班组长。职能管理人员则包括:①采购人员,负责为支持生产而外购零部件和服务;②库存分析员,负责监督库存量、审核记录及确认订单和发料单;③生产控制员,确认生产订单,编制生产规划和计划以及发出订单等,负责及时满足客户订单需求并保持车间正常运作;④生产分析员,负责分析生产中存在的问题,预测需求并承担新产品或其他专项规划;⑤质量分析员,负责生产产品、外购零部件和材料的质量,并从事日常质量管理。生产组织机构和工作岗位设计一旦完成,一段时间内可保持基本稳定。

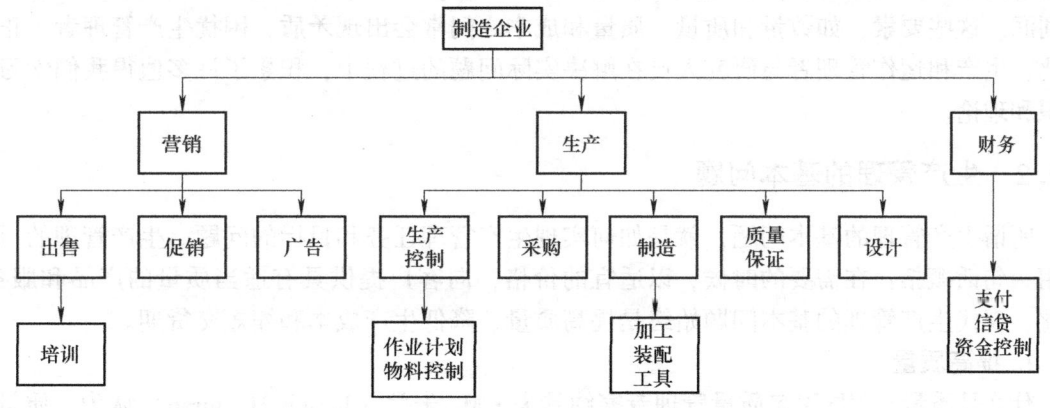

图1-7 制造企业组织流程图

(1) 制造企业的基本职能 一般制造企业有三项基本职能:生产、营销和财务,三者分别完成不同却又相互联系的任务。生产管理者和营销管理者以及财务管理者使企业管理行为形成循环,首尾相连。生产管理者负责企业生产系统高效、低成本地运作;营销管理者为企业的产品和服务创造需求,保持销售渠道通畅;财务管理者负责达到企业的财务目标,获取利润。生产系统失效,则生产不出产品;营销系统失灵,则产品卖不出去;企业的财务目标达不到,则企业无法生存。三者虽有不同功能和独立的运作方式,但都是为了实现企业获得利润和持续发展的目标。企业必须具备一定的财力以获得生产所需的各种资源,随后才有条件生产,将投入转换成产品或服务后,便要进行营销活动,将产品转化成资金,并将这些资金再投入生产,如此反复循环。这种循环活动要靠人完成,因此企业必须有人事管理。同时,企业要持续发展,就要不断地在产品、生产、财务和营销方面创新。

不同行业生产系统的管理内容也不同。例如:一个航空公司的生产管理内容,包括地面支持设施和飞机的维护、航班作业及地面作业等;商业银行的生产管理内容包括出纳、支票结算、汇付、保险库作业及安全维护等。从系统观点来看，航空公司、银行和制造企业都具有将投入转换成产出的转换系统。

（2）制造业和服务业的差异　首先，从产出的产品来看，制造业的产品是有形的，而服务业的产品是无形的。消费者在购买服务前是看不到、听不见、摸不着的，服务的购买者要对提供者具有很大的信心才可能购买。制造业的产品可以存储，而服务业提供的服务不能存储。相应地，制造业产出可以有提前期，而服务业产出没有提前期，即使有也很短暂，如企业的管理咨询报告就无法事先准备好。制造业的产品质量标准偏重客观，容易衡量，服务业的质量标准偏重主观，较难规范。其次，从投入来看，制造业投入的主体是物料，而服务业投入的主体是人力。最后，从转换过程来看，制造业属于资本密集型的生产过程，而服务业属于劳力密集型的生产过程。制造业容易建立标准化的生产流程，服务业则较难建立标准化的运作流程。制造业在生产转换过程完成以后才提供产品，而服务业在生产转换过程中为客户提供服务。由于服务和生产过程不可分离，服务型企业和客户的关系是密切接触型，提供服务的一方与客户在服务过程中保持密切联系，如医生治病、企业咨询等。

尽管制造业和服务业的产品不同，但对生产管理的要求都可以概括为四个基本点：适时、适质、适量和低成本，即考虑时间、质量、数量和成本四项要素。生产管理者所考虑的问题总离不开如何按时、保质生产出预定数量的产品，同时又尽可能保持低成本以谋求较高的利润。这些要素，如数量和质量、质量和成本之间常会出现矛盾，困扰生产管理者。正因如此，生产和运作管理者与研究人员在解决实际问题的过程中，积累了许多值得我们学习的知识和理论。

1.3.2　生产管理的基本问题

所谓生产管理的基本问题，就是如何实现生产管理任务和目标的问题。生产管理的目标可用一句话概括：在需要的时候，以适宜的价格，向客户提供具有适当质量的产品和服务。因此，现代生产管理的基本问题始终是提高质量、降低生产成本和缩短交货期。

1. 提高质量

什么是质量？美国著名质量管理专家约瑟夫·M.朱兰（Joesph M. Juran）认为：质量就是适用性。所谓适用性，就是产品或服务满足客户要求的程度，具体表现在以下八个方面：

1）性能，即产品的主要功能达到的技术水平和等级。
2）附加功能，即为使客户更加方便、舒适地使用产品而增加的产品功能。
3）一致性，即产品或服务符合产品说明书或服务规定的程度。
4）耐久性，即产品或服务应达到规定的使用寿命。
5）可靠性，即产品或服务完成规定功能的准确性。
6）美学性，即产品外观的吸引力和艺术性。
7）维护性，即产品是否易于修理和维护。
8）感觉性，即产品或服务是否使人产生美好联想。

产品质量由多种因素决定，从生产管理的角度看，产品质量的稳定主要是由生产过程的稳定所决定的。作业生产计划经常变更，操作工人经常变动，设备经常出现故障，作业活动缺少程序和标准，都是造成产品质量不稳定的重要原因。因此，企业应当加强系统的正常运行，对生产过程的每一个环节都把好质量关，给客户提供符合要求的产品或服务。

2. 降低生产成本

传统管理把降低生产成本的重点放在节约原材料上，因为原材料在单位产品成本中占有很大的比重，而现代生产管理则把重点放在提高生产能力、精减人员和压缩库存上。产品的原材料消耗主要是由设计决定的，当产品设计定型后，可以小批量生产，投放市场进行测试。如果产品评价较好，则可以批量投放市场，这时产品的材料消耗就相对固定并形成定额。因此，降低成本的重点也就发生了转移。

现代生产管理要解决的一个重要问题是如何降低库存，包括降低原材料库存、产成品库存、在制品库存。在制品是在加工过程中处于运输、停放、缓冲和等候状态的制品。造成在制品库存量大的原因很多，主要是设备布局不合理、运输距离长、停放时间长、生产批量大、生产周期长、生产过程缺乏同步化和存在"瓶颈"环节等。这些在制品库存不仅占用大量资金、占据大量生产面积，而且会造成损坏、丢失和因设计与工程改动而造成大量报废。因此，降低在制品库存将带动整个生产管理的合理化。

同时，现代生产管理重视提高生产率，因为提高生产率不仅是降低成本的关键，也是提升企业竞争力的基础。生产率等于产出和投入之比，可以采取节约投入的方式（产出不变、投入减少）提高生产率，也可以采取增产的方式（投入不变、产出增加）提高生产率，还可以合理地增加投入使产出更大幅度的增加，这通常是更有效地提高生产率的方式。

3. 缩短交货期

在现代市场中，交货期、质量和价格这三个因素是成交的决定因素。企业即使能够给客户希望的价格，但不能在客户希望的交货期内提供产品，他们也不会订购这种产品。如果把质量看作销售的先决条件，许多情况下，交货期是比价格更重要的决定条件。

缩短交货期也就是要缩短生产期限。生产期限是从下达生产指令到生产出合格产品并发运出去的期限。缩短交货期对生产管理来说，就是要解决快速地将产品或服务开发研制出来，并及时投放市场的问题。要缩短生产期限，就必须缩短设计期限、材料供应期限及产品生产周期。

如果把客户要求的交货期记作 D，把企业的生产期限记作 P，则二者的比值是衡量企业交货期绩效的重要指标，它有两种基本情况。

1）$D/P < 1.0$，即企业的生产期限超过客户要求的交货期。这时企业为了满足客户要求，只能在备货生产方式下运作，且不得不储备大量的产成品存货，以满足客户订货的需求。这必然导致因预测不准，使大量产成品存货积压过多的风险，这样不仅占用了大量资金，消耗大量生产能力，还可能带来严重的削价和报废损失。

2）$D/P \geqslant 1.0$，即企业的生产期限不超过客户要求的交货期。这时，企业可以在订货生产方式下运作，库存量可以压得很低，生产系统可以灵活地适应产品结构的变化、产量的变化，并满足客户的定制要求，具有很高的柔性，从而具有很高的经济效益。

所以，缩短生产期限会大大提升企业的竞争力，给企业带来巨大的经济效益。

质量、成本、交货期这三个生产管理基本问题的优先地位是随时间和企业战略而变化的。在当今的国际竞争中，产品质量正从一种竞争的"获胜标准"演变为竞争的"资格标准"。也就是说，如果一个企业的产品质量达不到竞争对手的水平，就根本谈不上与对手竞争，或者说还不具备竞争的资格。产品质量是国际市场竞争的"入场券"，当一个企业被质量不高或质量不稳定所困扰时，其生产管理必然处在很低的水平，在生产管理改进方面还面临艰巨的任务。

① 加强服务。质量、成本、交货期是生产管理的三个基本问题，但不是生产管理的全部问题，如何提供附加服务已逐渐成为当今市场的重要问题。对于产品制造企业来说，随着产品的技术含量、知识含量的提高，在产品销售过程中和顾客使用过程中所需要的附加服务也越来越多。当制造产品的技术基本一样时，企业通过提供独具特色的附加服务，就有可能赢得独特的竞争优势。对于服务业企业来说，在基本服务之外提供附加服务也会赢得更多的客户。现在我国有些企业在制造产品的技术上与国际上的一些企业已相差无几，但在提供服务上尚有较大的差距，从而影响了产品的竞争力。因此，我国企业在改进和加强售后服务上，还需要下大功夫。

② 提高对客户需求的响应速度。客户的需求越来越多样化，主要表现为对产品品种、款式以及数量等方面需求的不同。同时，客户对时间的要求也越来越苛刻，都希望企业能在最短的时间内满足自己的需求。因此，如何提高对客户需求的响应速度，成为生产管理面临的重要问题。现在新一代企业以弹性制造及快速反应系统参与竞争，并不断增加产品的种类，不断进行创新。它们将工厂设在接近客户的地方，使组织结构更有利于快速反应，而不只是降低成本或加强监控。企业为客户提供产品或服务时，即使不能完全消除延误，但能最大限度地快速反应、减少延误，从而吸引客户，并与其保持密切的联系。

1.3.3 生产管理的发展历程

1. 科学管理阶段

在科学管理理论出现之前，所有工作程序都由工人凭个人或师傅的经验去干，工作效率由工人决定。生产管理真正成为一门学科是从20世纪初期弗里德里克·温斯洛·泰勒（Frederick Winslow Taylor）提出科学管理方法与理论开始的。泰勒针对当时生产管理中存在的问题，提出操作合理化和时间-动作研究等提高劳动生产率的科学管理方法。他的主要观点有：每个工人每天生产多少，应依据科学规则来确定；发现和运用这些科学规则属于管理职能；工人的职责是无条件地执行这些管理要求。泰勒的方法在当时并未受到所有人的赞同，有些工人会抱怨并惧怕科学管理，许多管理者则片面推行泰勒的管理方法，而忽视了工作的合理组织和操作的合理化，于是出现了许多压低工人报酬、工作负荷过重以及采用未经设计的工作方法等情况，这种过分的反应导致1913年美国国会提出议案，在联邦政府工作中禁止采用时间-动作研究与激励计划，但此议案最后被否决。

在生产计划与控制方面，泰勒主张把计划职能与执行职能分开，并在企业设立专门的计划机构，以科学的工作方法取代了凭经验工作的方法，即研究规律、制定标准，然后按标准执行；在管理控制上要实行例外原则，最高管理者应该避免处理工作中的细小问题，集中精力处理企业方针政策、经营决策和人事任免等重大问题。与泰勒一起推行科学管理的亨利·劳伦斯·甘特（Henry Laurence Gantt）发展了生产管理中的计划控制技术，创制出了"甘特图"，他提出工作控制中的关键因素是时间，时间应当是制订任何计划的基础。解决时间安排问题的办法，是绘出一张标明计划和控制工作的线条图，这种图就是在管理学界享有盛誉的甘特图——生产计划进度图，它以图示的方式通过活动列表和时间进度形象地表示出任何特定项目的活动顺序与持续时间。甘特图既形象又简单，在企业管理工作中得到了广泛的运用，如图1-8所示。

月度工作计划与实际完成进度对比表

工作安排	负责人	备注	开始日期	结束日期	天数	2016 年 3月 "天数"和"进度条"根据"开始日期"和"结束日期"自动计算。																									
						1	2	3	4	5	6	7	8	9	10	11	12	13	14	15	16	17	18	19	20	21	22	23	24	25	26	27	28	29	30	31
任务一	张三	计划	1日	3日	3																																
		实际	1日	2日	2																																
任务二	李四	计划	4日	6日	3																																
		实际	3日	6日	4																																
任务三	王五	计划	7日	10日	4																																
		实际	7日	09日	3																																
任务四	赵六	计划	10日	13日	4																																
		实际	10日	12日	3																																
任务五	张小三	计划	14日	18日	5																																
		实际	13日	19日	7																																
任务六	李小四	计划	16日	20日	5																																
		实际	20日	21日	2																																
任务七	王小五	计划	21日	22日	2																																
		实际	22日	22日	1																																
任务八	赵小六	计划	23日	26日	4																																
		实际	23日	26日	4																																
任务九	钱七	计划	27日	29日	3																																
		实际	27日	28日	2																																
任务十	钱小七	计划	29日	31日	3																																
		实际	29日	30日	2																																

图 1-8 甘特图

2. 运筹学应用阶段

20 世纪 30 年代的霍桑实验,使泰勒的科学管理初次受到挑战。此项研究由哈佛大学商学院研究小组进行,并由社会学家乔治·艾尔顿·梅奥(George Elton Mayo)担任指导,研究对象是西屋电气公司设在霍桑的工厂,实验设计旨在弄清环境变化对装配工人产出的影响。结果出人意料,照明亮度对工作地产出的影响,在实验环境下比正常生产环境下要小得多,在实验条件下,亮度减小产出甚至还会增加。原因是,身处实验环境的工人有更大的责任感来维持高产出。霍桑实验对于工作设计和激励机制设计有很大的影响,导致此后许多企业设立了人力资源管理部门。

第二次世界大战期间,由于欧洲战场需要大量的人力、给养和物资运输,相应出现了飞机和船只调度难的问题,为了解决在此复杂环境下的管理决策问题,开发并形成了跨学科的以数学为基础的运筹学,用定量方法来构造和分析管理问题并求得数学意义上的最优解。第二次世界大战后,军事部门的运筹学方法被广泛推广到工业企业、咨询公司和大学,用于研究和解决库存管理、项目管理、生产管理中的预测和决策问题。

运筹学已经深入生活中的很多领域并发挥着越来越重要的作用,由于其兼有逻辑的数学和数学的逻辑的性质而成为系统工程学和现代管理科学中的一种重要的基础理论和方法,从而应用到各种管理工程中,在现代化建设中发挥着至关重要的作用。

3. 信息化时期

20 世纪 70 年代,计算机在生产管理中已有广泛应用,生产计划和控制领域中里程碑式的成果,便是由 IBM 公司开发、美国生产与库存管理协会(American Production and Inventory Control Society,APICS)推出的物资需求计划(Material Requirement Planning,MRP)系统。企业依靠 MRP 软件来制订生产计划,并根据需求和外界环境变化及时调整计划和库存水平。

20 世纪 80 年代发展起来的制造资源计划(Manufacturing Resource Planning,MRP Ⅱ),在闭环 MRP 的基础上引入成本与财务系统,包括了一个制造企业的供、产、销及财务等核心业务功能,实现了企业物流与信息流的统一。

20世纪90年代初由美国加特纳公司首先提出企业资源计划(Enterprise Resource Planning,ERP)的概念。ERP除了包括和加强了MRP的各种功能以外,还主张向内以精益生产方式改造企业生产管理系统,向外加强战略决策和供应链管理,并且支持多元化经营模式。

4. 日本的准时生产方式

20世纪60年代,日本丰田开始实行准时(Just In Time,JIT)生产方式。丰田的生产车间如图1-9所示。准时生产方式的核心是追求一种无库存的生产系统,或使库存达到最小的生产系统。为此,日本开发了包括"看板"在内的一系列具体方法,并逐渐形成了一套独具特色的生产经营体系。1973年以后,这种方式对丰田公司渡过第一次能源危机起到了巨大的作用,后引起其他国家生产企业的重视,并逐渐在欧洲和美国的日资企业及当地企业中推行开来。1985年,美国麻省理工学院的技术、政策与工业发展中心发起了名为"国际汽车计划"的研究项目,筹资500万美元,组织了50多位专家学者,历时5年,造访15个国家,调查了90多家汽车制造企业,将美国的大量生产方式与日本的丰田生产方式进行比较分析,充分肯定了丰田生产方式的先进管理思想和方法,并以Lean Production命名如此高效率的"精益生产"方式,以示其与传统生产方式的显著区别。1990年,詹姆斯·P. 沃麦克(James P. Womack)、丹尼尔·T. 琼斯(Daniel T. Jones)等在他们的研究著作《改变世界的机器:精益生产之道》(*The Machine That Changed the World*:*The Story of Lean Production*)中,第一次以精益生产的概念精辟地表达了精益生产方式的内容,指出这是一种以丰田生产方式为核心的、适用于所有制造业的先进生产理念和管理模式。

图1-9 丰田的生产车间

人们对JIT生产方式,有这样一种误解,即认为既然是"只在需要的时候,按需要的量生产所需的产品",那生产计划就无足轻重了。实际上恰恰相反,以看板为主要管理工具的JIT生产方式,从生产管理理论的角度来看,是一种计划主导型的管理方式。在JIT生产方式中,同样根据企业的经营方针和市场预测制订年度计划、季度计划与月度计划,然后再以此为基础制订日程计划,并根据日程计划制订投产顺序计划。但是,JIT的特点是:向最后一道工序以外的各个工序出示每月大致的生产品种和数量计划,作为其安排作业的一个参考基准,而真正作为生产指令的投产顺序计划只下达到最后一道工序。例如,在汽车生产中,生产指令只下达到总装配线,在总装之前的制造阶段和工序的作业现场,没有任何生产计划表或生产指令，而是在需要的时候通过看板由后工序依次向前工序传递生产指令。这一特点与历来生产管理中的生产计划指令下达方式有明显的不同。

5. 约束理论与高级计划排程

20世纪70年代，艾利·高德拉特（Eliyahu Goldratt）博士提出了最优生产时间表（Optimized Production Timetable）的概念，20世纪80年代它被称作最优生产技术（Optimized Production Technology，OPT）。OPT实质上是一种基于资源的瓶颈约束计划。1983年，高德拉特借助一本管理小说《目标》，将OPT扩展成了约束理论（Theory of Constraints，TOC），又陆续出版了《绝不是靠运气》《关键链》和《仍然不足够》，形成了一套完整的管理哲理，从制约整体的约束因素入手，解决约束，解放整体。

约束理论的计划与控制是通过DBR系统来实现的，即"鼓（Drum）""缓冲器（Buffer）"和"绳子（Rope）"系统。约束理论根据瓶颈资源的可用性来确定企业的最大物流量，作为约束全局的"鼓点"。"鼓点"相当于指挥生产的节拍。在所有瓶颈工序和总装工序前要保留物料储备缓冲，以保证充分利用瓶颈资源，实现最大的有效产出。必须按照瓶颈工序的物流量来控制瓶颈工序之前的各道工序的物料投放量。换句话说，瓶颈工序和其他需要控制的工序如同用一根传递信息的绳子牵住的队伍，按同一节拍，控制在制品流量，以保持在均衡的物料流动条件下进行生产。瓶颈工序前的非制约工序可以用倒排计划，瓶颈工序用顺排计划，后续工序按瓶颈工序的节拍组织生产。

约束理论擅长能力管理和现场控制，专注于资源安排，通过瓶颈识别、瓶颈调度，使其余环节与瓶颈生产同步，保证物流平衡，寻求需求和能力的最佳结合，使系统产销率最大，这是约束理论的优势所在。TOC也是对MRPⅡ和JIT在观念和方法上的发展。

高级计划排程（Advanced Planning and Scheduling，APS）最初的设计便是借助约束和排队论的简单理论来解决瓶颈问题和排序问题，但发展至今，APS理论本身不断扩展，从生产中的资源约束延伸到需求约束、运输约束、资金约束等多个方面，并与整个供应链的管理相结合。

APS在做决策时，会充分考虑能力约束、原料约束、需求约束、客户规则以及其他各种各样的实物和非实物约束，并将批量和提前期作为一种动态的、随实际情况变化而变化的数，利用各种基于规则、基于约束等的计划技术，自动根据工艺路线、订单、能力等复杂情况生成一个详细的、优化的生产计划，并加以检查和评估，它可以通过库存约束来保证物料的供应量，也可以通过对连续的库存、资金、运输等资源进行同步优化。APS的算法经常是综合性的，它除了包含传统的工序中重叠部分的时间处理来提升效率，甚至可以对供应链上优化算法，如线性规划和复合整数运算以外，还包含多种启发式算法。例如，解决约束规划的算法，可以归为系统搜索法、一致性计算法、约束传播算法、随机算法和推导算法、分支定界等五类十余种算法，许多算法非常复杂，而且需要较深的专业基础。这一点也限制了它在一般企业的应用。

 习题和思考题

1. 叙述生产系统的六个组成部分，并说明它们之间的关系。
2. 简述生产系统的类型。
3. 试说明工艺专业化的优缺点。

4. 企业生产过程一般涉及哪些部门？它们之间的主要关联因素是什么？
5. 生产作业计划与控制系统的设计有哪些类型？内容分别是什么？
6. 论述生产管理的基本问题。

拓展案例

阅读下面"日本生产个性化自行车"的案例材料，思考下列问题：

你的自行车是你想要的样子吗？你想要适合自己的自行车吗？如果你愿意付出比那些批量生产的自行车高20%~30%的价格，那么你将会买到一辆大小、重量以及颜色都非常适合你的松下牌自行车。订货后三周内（在日本境内只需两周），你就可以收到这辆车。这一切都是由"松下客户定制系统"来完成的。日本东京的国际自行车工业公司的工厂应用该系统，巧妙地运用计算机、机器人和少量工人，完成定制生产以满足客户的个性化要求。

国际自行车工业公司——电子巨人松下的附属公司，从1987年开始生产松下牌自行车。这个公司在日本市场引入个性化订单系统，由于定制生产，日益受到国际的广泛关注，并成为吸引客户的典范。工厂拥有21名员工和一个计算机辅助设计系统，客户可以在18种模式、199种颜色的模型中选择赛车、脚踏车、山地车等车型。

松下客户定制系统的工作程序如下：顾客先到当地松下自行车商店，在一架专门的车架上接受测量，然后店主将客户要求的自行车的说明书传真给工厂的主控制室。在那儿，数据被输入计算机中，然后自动生成自行车的初步蓝图，并且产生一个条码（CAD设计只需3min，而先前工厂的绘图员需要3h），之后条码被贴到金属管架和齿轮上，最后经组装生产出满足客户个性化要求的自行车。在生产过程中的不同阶段，一线工人持条码标签和扫描仪就可以知道客户的要求。这个显示在扫描仪的阴极射线管终端的信息直接传到计算机局域网控制的机器上。在生产的每个阶段，计算机读条码就可以分辨出属于特定自行车的零件，告诉工人如何焊接零件，并按哪种模式喷漆。

除了应用计算机和机器人，流程并非完全的自动化。齿轮组是手工装配的，装配人姓名和客户的姓名由工人手工完成。整个制造和装配时间是每辆150min。工厂一天可生产60辆自行车，国际自行车工业公司的工厂（完成其年产量的90%）可以在90min内生产一辆标准的自行车。也许有人会问：为什么3h之内就能做出的车，客户要等3周才能拿到？销售经理这样回答："我们是可以缩短时间的，但我们想让客户感觉那种期待着某种独特产品的激动心情。"

为与客户保持更多的联系，工厂将同客户建立直接联系作为自己的责任。收到客户的订单后，工厂立刻将计算机生成的客户定制的自行车图样，连同一封感谢客户惠顾的信一起寄给客户。3个月后寄出第二封信，询问客户对自行车的满意程度。最后，寄出一张"自行车生日卡"与客户共同庆祝这辆自行车的周岁生日。

国际自行车工业公司现在正在考虑将松下系统扩展到它所有的自行车生产上去，与此同时，松下还在考虑在工业机器制造中采用这种观念。

思考题

1. 你认为国际自行车工业公司的哪些理念和做法体现了现代生产和生产管理的发展趋势？
2. 国际自行车工业公司的做法对你有哪些启示？

第 2 章 生产运作战略

 学习内容

1. 掌握生产运作战略的基本概念和制定过程。
2. 了解如何确定产品的赢取订单要素。
3. 了解如何选择合适的制造过程。

 重点难点

重点：制造战略的形成过程与制定依据。赢单要素与达标要素的概念与选择。
难点：不同制造过程的特征。

 **引导案例**

　　汽车工业一直是竞争力很强的产业，作为汽车产业的两个代表：福特汽车公司与通用汽车公司，它们的战略不同，经营策略、组织架构、核心竞争力也不同。福特汽车公司于1903年创立，采取垂直领导的组织方式，目标锁定为大众化汽车。1908年，福特汽车公司生产出T型汽车，坚固结实、耐用、容易操作，每台售价950美元。1913年，福特汽车公司建立了T型汽车装配线。1908年到1912年，福特汽车降价20%，1920年经济衰退福特汽车再降价25%。1921年，福特汽车市场份额为55%，此时通用汽车市场份额为11%。通用汽车公司目标锁定为产品多样化、消费者分层化，采取统一加分散的组织结构，并通过采用通用配件来降低价格。因通用汽车公司产品多样，各分工厂具有高度自主性，难以采取福特式的垂直领导制，因此该公司成立了专业办公中心。通用汽车公司创立专业办公中心的根本目的是协调生产、创新交流，使各分公司贴近市场，具备高度创新性。1940年，通用汽车市场份额为45%，此时福特汽车市场份额为16%。福特汽车公司和通用汽车公司针对不同产品制定了不同战略，使它们的市场份额较高，因此企业应当制定适合自己的生产运作战略，确定产品的赢取订单要素，选择合适的制造过程。

2.1　企业战略与生产运作战略

2.1.1　企业战略与战略管理

1. 企业战略

　　企业战略一般是指重大的、具有全局性的或决定全局的谋划，即企业为了适应未来环境的变化，寻求长期生存和稳定发展而制定的总体性和长远性的谋划。制定企业战略需要回答三个问题：①我们现在在哪里？即要弄清楚企业所处的环境，包括宏观环境、行业环境和竞争环境；②我们想到哪里去？即确定企业的发展方向和目标，包括要进入哪个或哪些行业，满足哪些顾客的需求，想要取得什么样的结果；③我们如何到达那里？即应选择什么样的途径（竞争战略），是成本领先战略、差异化战略，还是快速响应战略等。

2. 企业战略管理

战略管理是企业高层管理人员为了企业的生存与发展，在充分分析企业外部环境和内部条件的基础上，选择和确定达到目标的有效战略，并将战略付诸实施及对战略实施的过程进行控制和评价的一个动态管理过程。

企业战略管理过程一般分为四个阶段：确定企业使命和主要目标、战略分析、战略选择、战略实施，如图 2-1 所示。

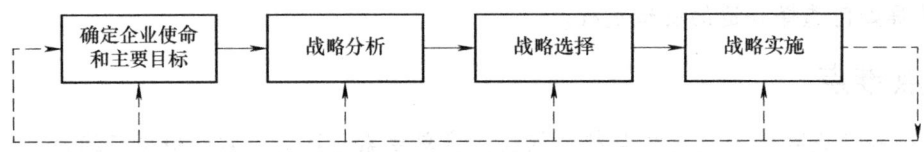

图 2-1　企业战略管理过程

（1）**确定企业使命和主要目标**　使命是一个企业的基础和组织存在的原因，它说明了企业在社会进步和经济发展中所应当担当的角色和承担的责任。没有一个明确的使命，就没有指导战略形成的方向。国际上著名的公司都有自己的企业使命，例如，亚马逊愿景宣言，"成为世界上最大、最好的在线大规模零售商"，惠普公司，"为人类的幸福和发展做出技术贡献"，微软的使命，"予力全球每一人、每一组织，成就不凡"。

一般来说，企业的使命包括企业哲学和企业宗旨两个方面的内容。企业哲学是指企业为其经营活动或方式所确立的价值观、态度、信念和行为准则；企业宗旨是指企业现在和将来应从事什么样的活动，以及成为什么类型的企业。

目标是企业在一定的时期内执行使命时所预期达到的成果或经营指标。企业的战略目标会因企业及其使命的不同而呈现多样化，常见的目标包括：市场目标（市场占有率、销售额、销售量等）、盈利能力目标（利润总额、投资收益率等）、客户服务目标（交货期、客户满意度等）等。

（2）**战略分析**　战略分析是指在制定战略目标时，对企业的环境进行分析，包括外部环境和内部条件。外部环境包括国内外宏观经济环境和产业经济政策、市场需求及其变化、技术进步、供应市场等；内部条件包括企业整体经营目标与各部门职能战略、企业能力等。

SWOT 分析法是对企业内外部条件进行分析时常用的一种方法，通过对企业内外部条件进行综合和概括，分析企业的优势（Strength）、劣势（Weakness）、机会（Opportunity）和威胁（Threat）。优劣势分析主要着眼于企业自身的实力及其与竞争对手的比较，而机会分析和威胁分析则将注意力放在外部环境的变化及对企业可能的影响上。

（3）**战略选择**　战略选择是指在战略分析的基础上，企业的不同管理层选择正确战略的过程。企业战略一般可分为三个层次，即企业总体战略、经营层战略和职能层战略，如图 2-2所示。

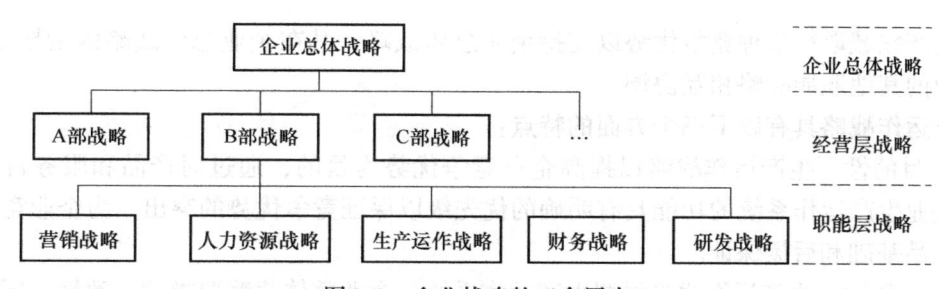

图 2-2　企业战略的三个层次

企业总体战略是企业的战略总纲，遵从企业的使命，决定企业的经营方向，从根本上影响企业的生存和发展。经营层战略又称事业部战略，是企业某一经营部门对总体战略的具体化，决定企业如何竞争、如何配置资源等问题。职能层战略是由企业各职能部门制定的职能战略，包括营销战略、人力资源战略、生产运作战略、财务战略、研发战略等。

职能层战略涉及企业的职能领域，支持事业部战略，而事业部战略支持企业战略，企业战略支持企业目标和使命。战术是实施战略的方法，指导运作，解决"如何做"的问题。运作解决"做什么"的问题。从企业使命到具体运作的层次关系如图 2-3 所示。

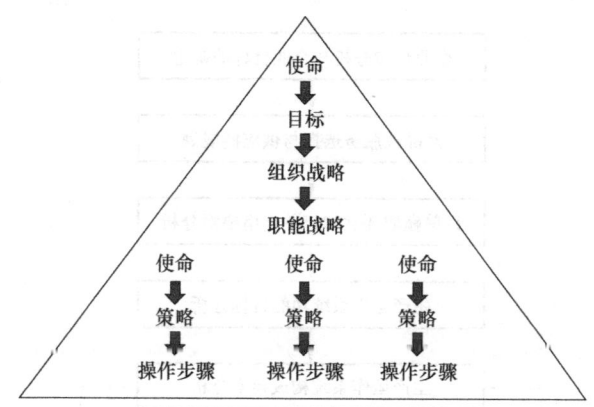

图 2-3　从企业使命到具体运作的层次关系

（4）战略实施　战略实施是一个自上而下的动态管理过程，一般可从三个方面来推进一个战略的实施。首先，将企业总体战略方案从空间上和时间上进行分解，形成企业各层次的具体战略，并确定企业资源的规划和配置方式，以及相应的步骤和措施；其次，构建所采取战略的相应组织机构，为战略实施提供一个有利的环境；最后，要使管理者的素质及能力与所执行的战略相匹配，即挑选合适的企业高层管理者来贯彻既定的战略方案。

为了适应环境的变化，实现既定的战略目标，企业必须对战略的实施过程进行控制。管理人员应及时将反馈回来的实际成效与预定战略目标进行比较，及时发现偏差，采取有效的措施进行调整，以确保战略顺利实施，甚至可能会重新审视环境，制定新的战略方案，进行新一轮的战略管理过程。

2.1.2　生产运作战略的概念和特点

生产运作战略是企业根据所选定的目标市场和产品特点来构造其生产系统时所遵循的指导思想，以及在这种指导思想下的一系列决策规划、内容和程序。生产运作战略的作用是使企业在生产领域取得某种竞争优势以支持企业总体战略，其在企业总体战略的指导下制定，并与企业的其他职能战略相互协调。

生产运作战略具有以下三个方面的特点：

（1）目的性　生产运作战略以提高企业竞争优势为目的，通过对产品和服务目标的明确，使企业生产运作系统的功能具有明确的优先级以保证竞争优势的突出，为企业竞争提供坚实的产品基础和后援保证。

（2）一致性　生产运作战略强调生产运作系统与企业整体战略要求的一致性，同时也强调生产运作系统内部各种构成要素的一致、协调关系，以此来保证整个生产运作系统的目标。

（3）操作性　生产运作战略强调战略既是一种计划思想，又便于贯彻实施。因此，它注重使各个决策之间的目标分解、传递和转化过程具有可操作性，以利于各级人员达成共识并积极参与。

2.1.3　企业生产运作战略的制定过程

生产运作战略属于组织内部的职能层战略，因此其制定过程与企业总体战略是密切衔接的，如图2-4所示。

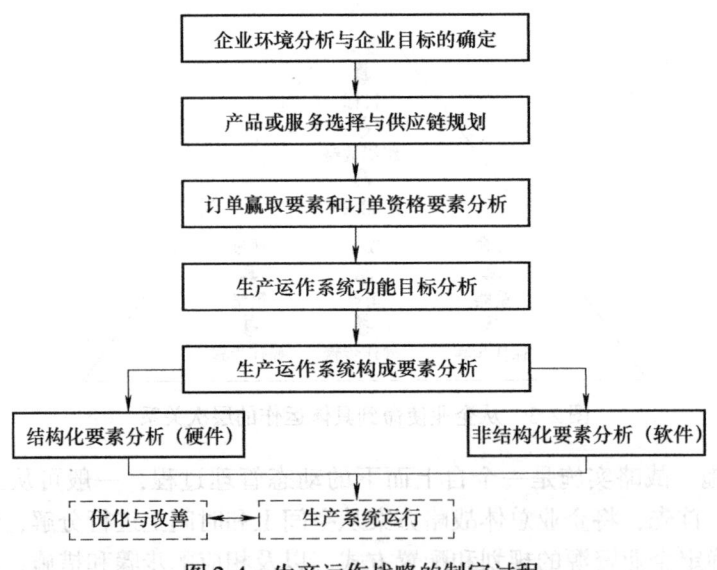

图2-4　生产运作战略的制定过程

1. 企业环境分析与企业目标的确定

企业环境分析与企业目标的确定属于企业整体战略制定阶段的内容。企业在不同时期、不同环境下和不同的发展阶段，目标可能是不一样的。例如：某些企业在建设初期，或者在遇到全球性金融危机时，可能将"生存"作为目标；某些新建企业可能在一定时期内将"投资回收"作为目标；有的企业将市场份额的"持续增长"作为目标；还有的企业将追求最大"利润"作为目标等。

2. 产品或服务选择与供应链规划

产品或服务选择即明确企业为社会提供什么样的产品或服务。按照现代供应链管理理论，产品或服务选择也是确定企业在供应链中所处的环节。例如：是从事产品的研发、制造，还是从事销售、售后服务，或是整个全过程都做。若从事制造，是做整机装配，还是只做某类零部件的制造等。这属于企业经营战略或营销战略的范畴，但是与生产运作战略密切相关，是制定生产运作战略的前提和依据。它包括市场营销定位、产品定位、供应链定位等内容。市场营销定位即明确产品市场细分，制定进入目标市场的战略等；产品定位即确定产品组合策略、确定标准化程度等；供应链定位即企业在产品或服务选择的同时需要关注自身所处的供应链位置，进行纵向集成和自制或外购决策等。

3. 订单赢取要素和订单资格要素分析

在产品或服务选择和定位之后，面对激烈的市场竞争，企业以何种方式提供产品才能战胜竞争对手赢取订单，这又是一个重要的决策。一般用户对产品的要求可以归纳为六个要素：品种、质量、数量、价格、交货期和服务。这些就是产品的市场竞争指标。不同用户对同一种产品在要求上往往有很大的差异。例如：有的用户追求款式新颖；有的用户希望产品经久耐用，并有良好的服务；有的用户对价格是否便宜有很强的要求；有的用户则不惜高价要求迅速交货等。在现实经济生活中，企业为了适应市场需求，并出于市场竞争的需要，常常根据不同用户的不同需求采用市场细分的营销战略。此时，企业要求自己的产品不仅要能满足用户对产品六个要素的基本要求，而且要具有一定的特色，并与其他企业的同类产品相比具有较明显的竞争优势。

这就要求企业具有一定的特殊能力。所谓特殊能力，是指一个企业拥有的、使其具有竞争优势的特性和能力，也称核心竞争力。特殊能力分析就是通过一定的方式寻找企业生产运作竞争的优势。针对企业竞争环境和竞争重点的不断变化，英国人德瑞·黑尔（Terry Hill）提出了订单资格要素和订单赢取要素这两种生产运作战略概念。订单资格要素是指允许一家企业的产品参与竞争的资格筛选标准，即企业可以获得订单必须具备的满足用户最基本要求的各项要素。订单赢取要素是指企业的产品或服务具有能够使企业赢取订单的某种（或某几种）竞争优势的要素。不同产品和不同的目标市场对两种要素的要求是不同的，因此需要根据目标市场的特点，将各竞争要素排列优先级，分清哪些是订单资格要素、哪些是订单赢取要素。

订单资格要素和订单赢取要素分析，是分析市场和用户对企业产品的要求，这属于营销管理的范畴。

4. 生产运作系统功能目标分析

生产运作系统的主要功能是生产产品或提供服务，生产什么样的产品或提供什么样的服务决定了需要什么样的生产运作系统。因此，在进行生产运作系统设计时，应在对市场、用户对产品的要求（订单资格要素和订单赢取要素）分析的基础上，研究企业生产运作系统应该具有什么样的功能，即进行生产系统的功能目标分析。

产品或服务对生产运作系统的功能要求可归纳为创新与柔性、质量保证、生产弹性、低生产成本、按期交货、继承性六个方面。其中，创新与柔性是针对企业环境不断变化、市场需求多样化和产品品种多变提出的，要求生产系统能够经常不断地推出新产品，并能够柔性地生产和提供多种产品和服务；质量保证是指生产系统的质量保证能力，反映系统的技术水平和质量管理水平；生产弹性是指生产系统对市场需求量波动的容纳能力，反映系统的生产能力及其柔性；低生产成本是指生产系统的成本控制能力，反映系统的效率和综合管理水平；按期交货是指生产系统保证按期交货的能力，反映系统的计划与控制水平；继承性也称兼容性，是指生产系统提供的产品在结构上的继承性和兼容性，反映产品设计的标准化和模块化水平，它对产品的品种柔性、质量、成本、交货期以及售后服务均有很大的影响。

实际上，企业生产运作系统的各项功能目标之间常常会发生"冲突"，一般表现为某些功能水平的提高可能会导致另一些功能水平的下降。例如，要迅速提高系统的创新功能和生产柔性，实行多样化产品生产，就会对产品质量保证能力提出挑战，还会因每种产品产量相对减少而达不到经济规模等引起成本指标的劣化。所以，生产运作系统的功能目标决策不是一个简单的问题，而是一项复杂的系统工程，需要在先进的经营理念指导下，运用先进的产品设计技术、工艺技术和先进的生产组织与管理模式，才有可能做好。

产品的竞争要素划分完优先级，由此顺推，即可确定生产系统各项功能指标的优先级。这就是生产系统的功能目标体系决策的过程。

5. 生产运作系统构成要素分析

生产运作系统的功能目标体系不同，则生产运作系统的整体结构形式不同，生产运作系统的结构形式取决于系统的构成要素及其相互关系的确定。如何正确设计生产运作系统的结构是企业生产运作战略的重要问题。

生产运作系统的构成要素很多，按性质和作用来划分，一般分为结构化要素和非结构化要素见表2-1。

表2-1 生产运作系统的构成要素

结构化要素（硬件）		非结构化要素（软件）	
生产技术	决定系统的功能性质	生产计划与控制	决定系统的运行特点
生产设施		库存管理	
生产规模		质量体系	
生产系统的一体化程度		人员与组织	

（1）生产运作系统的结构化要素分析　生产运作系统的结构化要素主要是指构成生产系统物质形式的那些硬件以及它们之间的相互关联，包括生产技术、生产设施、生产能力（规模）和生产系统的一体化（集成化）程度等。

1）生产技术是指生产工艺技术的特点、工艺技术水平、生产设备的技术性能等。它通过生产设备构成和技术性能反映生产系统的工艺特征和技术水平。

2）生产设施是指生产设施的构成和布置。例如，企业中的基本生产、辅助生产、生产服务等部门的厂房、建筑物，各种供水、供电、供暖设施，道路、运输设施等，以及对它们的选址和布置。

3）生产能力（规模）是指生产系统内机器设备等生产性固定资产的种类、技术性能、数量及其关系，它反映生产能力的大小。

4）生产系统的一体化（集成化）程度是指系统的集成范围、集成方向（生产过程的纵向一体化、横向一体化）、系统与外部的联系等。它表现出了企业生产运作系统专业化与协作化的程度。

结构化要素是形成生产运作系统框架的物质基础，决定了系统的功能性质。建立这些要素需要的投资多，一旦建立起来并形成一定的组合关系之后，再进行调整难度就比较大了，应该慎重。

（2）生产运作系统的非结构化要素分析　生产运作系统的非结构化要素是指在生产运

作系统中起支持和控制系统运行作用的要素。它们大部分以"软件"的形式出现，主要包括生产计划与控制、库存管理、质量体系和人员与组织等。

1）生产计划与控制是指计划与控制系统的模式、类型、编制、实施和控制。它决定着生产系统的顺利运行。

2）库存管理是指库存类型、库存储备量、库存控制方式等。它是使生产系统正常运转的基本条件之一，直接影响生产系统的经济效益。

3）质量体系是指质量标准的制定、质量检验、质量控制等体系。它是生产系统正常运作和产品质量的基本保证。

4）人员与组织是指人员素质特点、人事管理制度，劳动定额、定员、组织机构等。它是对系统进行组织，使其运作顺畅的决定性因素。

非结构化要素一般不需要很大的投资，建成后改变和调整也比较容易，因此风险较小。但是，它决定了生产运作系统的运行特点，并且与结构化要素有一定的对应关系。随着企业不断发展和进步，非结构化要素的作用会越来越大。在某些情况下，它能够给结构化要素带来很大的影响。

（3）生产运作系统的构成要素与功能目标的关系　生产运作系统的构成要素反映的是系统内部状态和内部作用，它体现了系统本身具有对外部环境发生作用的固有能力或潜力。生产运作系统的功能反映的则是系统对外部环境（如市场、用户需求）发生作用时呈现的外部状态和外部作用，是系统本身固有能力的外部表现。因此，系统的结构决定着系统的功能。系统结构一旦形成，若对系统的功能进行调整，就要改变系统的结构，如改变系统的构成要素或要素之间的组合关系，而系统结构的改变又必须服从和服务于系统的功能。所以，企业在设计生产系统时，首先应根据所需的功能和功能目标要求，研究系统的运行机制，在此基础上选择确定结构化要素和非结构化要素及其组合。

生产运作系统的功能目标随着市场需求的变化而变化，要求生产运作系统构成要素也要做出相应的调整，对生产系统进行优化和改善，使其具有柔性，满足日益变化的市场需求，保持企业的竞争优势。

长期以来，我国一些工业企业生产系统的规划设计，一直沿用从国外引进的工厂设计模式。这种模式的最大特点就是，工厂设计院只对生产系统结构化要素的相关内容进行规划设计，而不管非结构化要素。这致使工厂建成投产后，需要花很长时间由企业自己摸索这些非结构化要素的具体形式，造成许多企业长期达不到设计能力，有的甚至终生达不到设计能力。一些企业从国外引进了一流的硬件设备，但是达不到应有的一流效果。

2.2　产品赢取订单要素的确定

为了使生产和市场建立联系，企业要从制造角度来了解市场，同时从营销角度来看制造。市场是经营空间，而营销是管理功能。制定营销战略一定要先了解市场，以市场为导向提出营销过程需要解决的问题。

2.2.1　赢取订单的要素

德瑞·黑尔（Terry Hill）提出利用两类指标刻画企业的竞争优势，即赢取订单要素，简称"赢单要素"（Order Winners）和"达标要素"（Order Qualifiers）。

赢单要素是指企业的竞争优势所在，反映该企业所提供的产品和服务的差异性。产品价格低、质量好、性能可靠、更新快、送货及时等均可构成赢单要素。

达标要素则是指谋求竞争优势的约束条件。有些要素只有达到客户所要求的标准，才可能参与竞争。如果企业只是注重赢单要素而忽略达标要素，也可能失去市场。例如，企业某种产品价格低廉且性能可靠，具有明显的竞争优势，但客户在快速和准时发货及产品规格多样性方面也会有要求，如果这些方面达不到客户的要求，客户仍然不会因产品价格低廉和性能可靠就去购买它。赢单要素和达标要素并非固定不变的，它们之间可以转换，例如价格有时可以是赢单要素，有时可以是达标要素。因此，制造战略最终要从赢单要素和达标要素两个方面来分析竞争优势及其对企业绩效的影响。

1. 赢单要素和达标要素的辨识

赢单要素是制造战略制定中的关键项目，它使公司高层管理人员对市场的印象更加清晰，从宽广的市场视野来考虑其经营。各类产品赢取订单的方式不一样，有的还不止一个赢单要素，而且随着时间的变化发生变化。公司高层管理人员不弄清这些差异，就可能导致投资决策失误。为了厘清赢单要素，首先要区分营销规划和控制的对象，将类似赢单要素的产品归为一类，每个对象都有特定的细分市场和典型产品。然后按每个细分市场划分出若干时间段，估计各时间段内的实际和预测销售量。最后按照细分市场或典型产品列出赢单要素和达标要素，并分配各个要素的权重（见表2-2、表2-3），因为各种要素在不同的市场和企业情境下的重要程度是不一样的，权重一般由决策者和专业管理人员判定。

表 2-2　三个产品族的赢单要素和达标要素及权重分配

赢单要素和达标要素	产品 A			产品 B			产品 C		
	2014 年	2015 年	2017 年	2014 年	2015 年	2017 年	2014 年	2015 年	2017 年
设计能力	—	—	—	40	—	—	—	—	—
设计修改能力	—	—	—	—	—	—	20	—	—
技术关联支持	—	—	—	20	20	—	20	—	—
跨国供应商	10	—	—	10	20	10	20	—	—
现有供应商	10	60	90	10	10	30	—	—	—
价格	60	40	10	20	30	60	30	40	40
交货速度	20	—	—	—	—	—	10	30	30
交货可靠性	QQ	Q	Q	—	QQ	QQ	QQ	QQ	QQ
质量	Q	Q	Q	—	QQ	Q	Q	Q	Q
周产量	2500	1500	50	—	300	700	3000	4000	4000

注：表中 Q——达标要素，QQ——丧失订单的敏感要素。

2. 赢单要素和达标要素及其权重的变化

表2-2中是处在生命周期不同阶段的产品。产品A在2017年处于衰退期，价格因素的重要性逐渐下降；产品B计划于2014年投入市场，非制造型的要素开始很重要，后来逐渐转向制造型要素，同时价格的重要性逐步增强；产品C于2015年进入成熟期，主要靠价格和交货速度去赢取订单。

表 2-3 细分市场的赢单要素和达标要素及权重分配

代表产品	时间	赢单要素和达标要素							
		价格	设计支持	技术能力	交货速度	交货可靠性	质量	销售支持	跨国营销
市场 A									
6	14	30	40	—	—	Q	20	—	10
	15	40	20	—	—	Q	10	20	10
	16	70	—	—	—	Q	10	20	—
12	14	70	—	—	10	Q	Q	20	—
	15	50	—	—	20	Q	Q	30	—
	16	50	—	—	20	Q	Q	30	—
3 和 4	14	90	—	—	—	10	Q	—	—
	15	90	—	—	—	10	Q	—	—
	16	90	—	—	—	10	Q	—	—
市场 B									
10	14	40	—	Q	40	QQ	Q	—	20
	15	40	—	Q	40	QQ	Q	10	10
	16	60	—	—	30	QQ	Q	—	—
23 和 25	14	60	—	—	20	10	10	—	—
	15	65	—	—	15	10	10	—	—
	16	75	—	—	5	10	—	—	—

3. 赢单要素及达标要素信息

表 2-3 用来分析经营状况,便于公司对各市场的变化趋势做出判断。公司原本想以产品 3 和产品 4 为典型产品来分析经营市场 A 的策略,以产品 10 为代表分析经营市场 B 的策略。但表 2-3 中列出各种产品的赢单要素和达标要素以后,原先的设想显然不符合实际,产品 3 和产品 4 不能代表市场 A。例如,交货速度和销售支持是产品 6 的赢单要素,而对产品 3 和产品 4 来说,赢取订单主要靠价格。产品 10 同样不能代表市场 B 的总体状况。需要进一步细分市场 A 为三类产品(6,12,3 和 4),市场 B 为两类产品(10,23 和 25)。各类细分市场都有不同的赢单要素和达标要素。

表 2-2 和表 2-3 列出的赢单要素分制造型要素和非制造型要素两类。属于制造过程范围的,如技术关联支持、质量等。售后服务、客户的现有供应商、技术传播能力和设计领先等,都属于功能管理指标,称为非制造型要素。公司在执行制造战略时,一般要优先考虑制造过程的赢单要素。许多公司往往使用较抽象的语言讨论公司战略,话语难以和制造过程密切联系起来。用上述赢单要素和达标要素表述,便容易从经营战略中推断出后续的决策。

2.2.2 常见的竞争要素

不同企业的赢单要素和达标要素会有差异,常见的竞争要素如下:

1. 价格

在许多产品经营中,特别是处于生命周期成长期和饱和期的产品,价格是一项重要的赢单要素。如果选定价格为赢单要素，相应的制造任务便是提供低成本产品，创造足够的边际利润空间。

2. 设计能力

在产品生命周期的前期，设计领先往往可成为赢单要素，它不属于制造过程，而是公司产品设计能力，以及与设计相关的基础设施。

3. 质量与可靠性

质量与可靠性和产品设计有关，但主要取决于制造过程。

4. 交货速度

公司如果具备比竞争对手更敏捷的产品配送方式，能准时发货，也是赢取订单的途径，这意味着制造过程能够迅速响应客户需求。

发货期若成为赢单要素，就会面临以下两种情况：一是制造提前期虽然小于客户订货所要求的发货期，但由于现有订单积欠，两者相加超出所要求的发货时间。这种情况下，要加班加点或者重新安排生产计划；二是制造提前期大于客户要求的发货期，这时要加班加点或者增加库存，在订单到达前就完成部分零件的制造。

如果制造提前期和现有积压订单供货期之和小于客户要求的发货期，则发货期就不成问题，因此也就没必要作为赢单要素来处理。

5. 需求响应能力

需求增加的响应能力往往可成为赢单要素。公司的销售行为可能是一次性交易，但可能由此建立起信任关系而将交易关系延续下去，这样会使需求增加。当然，需求增加也可能由客户转移等其他原因引起。制造能力响应需求增加时受到许多因素的影响，例如产品更新速度和产品上架期。公司应如何响应需求，在战略阶段就要考虑，不能让各功能部门独立响应这种需求，临时做出相互矛盾的反应。

6. 技术关联支持

公司新产品的研发要有横向的技术支援和合作，这对更新高新技术产品特别重要。

7. 交货可靠性

公司要有效地协调客户和营销部门之间的关系，并控制好现有产品的生产能力，以便按时完成制造工作。

8. 产品多样化

客户需要多种规格和款式的产品，也就是定制化的要求。

2.2.3 辨识订单的赢单要素在制造战略制定中的作用

公司要保持市场地位，一定要符合达标要素的标准，但这并不是取得订单的原因，制造商一旦能满足各种达标要素的要求，便可把注意力转移到如何去赢取订单上，将那些用户关注的要素做得比竞争对手更好。同时，公司要注意赢单要素的动态变化和两类要素之间的转换，例如价格不属于赢单要素只是就一定的时空范围而言，一旦发现产品价格高于竞争对手是丧失订单的主要原因，价格就从达标要素转为赢单要素。公司要经常观察达标要素失去订单的灵敏度，如到达一次程度就得当作赢单要素来处理。

每类产品的赢单要素确定以后，专业人员便要依靠高层管理人员确定当前和此后各时段内每个赢单要素的权重。分析权重值变化的原因并做出主观判断，再根据权重的变化做出有关过程和基础设施投资的决策。辨识订单的赢单要素是制造战略制定中的首要内容。

制造战略制定的结果，便是输出各类产品的赢单要素和达标要素及其权重信息。

表2-2中，产品A的产量将逐渐缩减，接近退出，而价格的敏感性逐渐减弱；产品B的赢单要素将从制造型向非制造型转变，价格因素的重要性将增加；产品C则逐渐进入饱和期，靠价格和发货期赢取订单。这些信息促使公司的战略决策人员思考，应该通过哪些途径来解决问题。各类产品的赢单要素有不同的组合。不存在一种符合各类产品的统一的赢单要素策略，只有针对每个细分市场找出相应的赢单要素组合，才能制定合适的经营策略。

公司领导层关心部门之间的协调问题。有了表2-2和表2-3的信息，公司领导层才可能对营销战略和制造战略之间的匹配程度做出判断。匹配程度不外乎以下四种情况：两种战略很接近，只需稍做调整；两种战略不太吻合，必须调整，但公司无须基本投资；两种战略不匹配，需要调整营销战略；两种战略不匹配，需要调整制造战略，向制造过程投入资金和其他资源。有了赢单要素和达标要素的信息，公司领导层便可以从市场的角度来考虑制造过程了。

2.3　制造过程的选择

2.3.1　概述

制造过程的选择主要涉及硬件设施，不少公司只把它看成技术问题，没有从公司战略和市场的角度来审视，造成投资决策失误。制造的主要功能是将材料和劳动力等输入资源转换为产品。为了完成此任务，经营者通常面临许多可选择的空间，例如在若干种制造模式中选择一种，在多种指标的可行范围中选择某个合理值。

制造过程的选择有两种出发点：一种是从技术规范出发，这也是一般企业的做法，只关心做出什么样的产品，按设计要求加工出一定外形和精度的零件；另一种是从经营出发，选用最好的途径来完成此产品制造，这就要考虑产量和赢单要素及其他经营规范。满足技术规范是制造的基础，而满足经营要求是公司成功的关键。实际上，任何一项技术性决策都会对公司的经营、制造过程产生影响，包括对市场的需求响应速度、投资规模、产品成本和计划控制系统等。

在制造战略制定阶段，制造过程的选择并不涉及设备选择这类运作层面的具体事项，而是要对制造过程的一些特征指标做出选择。采用哪些指标来刻画制造过程的特征，并无统一的规范。制造过程的选择常涉及以下四类指标：

1. 制造类指标

制造类指标描述制造过程的特征，包括过程装备的功能、过程柔性、产量厂房利用率、生产能力、制造中的关键任务等。

2. 投资及成本类指标

投资及成本类指标是制造类指标派生出的一系列制造过程的财务支出指标。企业投资决策和成本控制是衡量制造的可行性和合理性的重要内容。投资及成本类指标包括基本投资水平、库存水平、制成品库存、成本份额等。

3. 基础设施类指标

基础设施类指标即选择与"硬件"投入相适应的管理方式，包括组织结构、管理行为模式、专家的参与度等。

4. 产品和市场类指标

产品和市场类指标并非制造过程选择的本质内容，但在对上述几个方面做出选择时，一定要以产品和市场情况为依据，它是选择的前提条件。

2.3.2 生产过程结构的类型

1. 生产过程结构的分类

上述所有指标的属性定位都与一个重要的因素相关，这就是由产品性质所决定的生产过程结构的类型。制造业的生产过程类型可归结为五类：连续生产、大量生产、批量生产、单件生产以及项目生产。这里的结构类型是指按生产过程设备专业化程度，以及物流的标准化和重复程度将生产过程分类，一般专业化程度高，标准化和重复程度也高，两者是一致的。显然，产品生产数量越多，专业化和标准化及重复程度越高。

(1) 连续生产　连续生产是根据需求长年无间歇地生产产品，从原料投入到产品产出全过程自动化，如炼铜、化工、炼钢等行业。

(2) 大量生产　大量生产的产品品种与连续生产的产品品种相比多一些，但产品数量很大。由于生产对象基本固定，产品设计和工艺过程的标准化程度高，工序划分和分工很细，操作工人可以重复进行相同的作业。典型的大量生产行业有汽车工业、电子工业。

(3) 批量生产　批量生产的产品品种较多，而每个品种的产量较少。一般为定型产品，有相同或类似的工艺路线，通常采用配以专用工艺装备的通用设备，从生产一批产品转到生产另一批产品要花费调整时间，故又称间歇性生产。典型的批量生产，如机床制造、轻工业机械制造等。由于批量的规模差别很大，通常又可分为大批量生产、中批量生产和小批量生产。大批量生产接近大量生产，可参照大量生产的特点来组织生产，故有大量、大批量生产之称。小批量生产接近单件生产，可参照单件生产的特点来组织生产，故常称单件小批量生产。

(4) 单件生产　单件生产的产品品种多而每一品种的产品数量很少。产品生产重复性差，各自有单独的工艺路线，生产技术准备工作的时间长。设备和工艺装备都不通用，设备利用率较低，产品生产周期长，产品成本高。重型机械制造等行业的生产属于单件生产。

(5) 项目生产　项目生产的产品体积庞大，难以搬运甚至固定不动，如船舶、飞机、桥梁和高速公路的构建。这类产品投资大、制造时间长，应作为一个工程项目来组织生产。在机械制造行业中，单件生产、批量生产和大量生产是主要的，很少遇到连续生产和项目生产。

大量客户化生产是新近发展起来的生产方式，它有望成为一种新的生产类型。它是单件生产方式在当代环境下发展而来的。大量客户化这个名词，就客户化这个概念而言，并不新颖。以服装业为例，从生产者的角度来说，难以满足每个消费者的要求，因此衣服都有标准尺码。但有两种情况生产者愿意按某人的需求来生产，一是用户要求很高，如名人要求定做，当然客户愿意出更高的价格；二是有些生产者按批量生产或大量生产竞争不过对手，靠"量体裁衣"制作以维持利润，因此只能做到"少量客户化"，满足少量客户的个人需求。

大量客户化生产提出的新意在于"大量"两个字，强调不只是满足个别客户或少数客户，而要满足大量客户的个性化需求。

2. 生产管理原则

传统的生产管理遵循 3S 原则，即专门化、简单化和标准化，使各项工作细分为简单的工序并由专门的人员负责，提供统一规格的大量产品，目标是追求规模经济效益。近代企业则逐渐转向遵循多元化原则，为了适应市场不断变化和客户的个性化需求，提供多样化的产品并追求生产柔性。大量客户化生产已显示出很好的发展前景，将成为与大量生产并驾齐驱的企业谋求经济效益的途径。大量生产靠产品数量扩大求效益，即靠规模求效益，而大量客户化生产在规模效益的基础上，靠产品多样，即靠品种、型号、规格的增加，让客户从产品中获益更多而求得企业效益。

2.3.3 生产过程的特征指标

大量客户化生产过程尽管发展前景很好，但它的基础仍然是单件生产、批量生产和大量生产。下文分析各类指标的属性时，仍按上文所讲的五类生产过程来讨论。表 2-4 表明了在各类生产过程中各类指标的属性，如产品和市场类包括产品类型、产品品种、订单规模、产品变化程度、销售亮点等，同时还列出了战略制定前期输出的赢单要素和达标要素信息。在制造业常遇到的单件生产、批量生产和大量生产中，这些指标存在一定的选择空间，有待做出决策。从表 2-4 可看出各类生产过程的不同特征，下面分别加以讨论。

表 2-4 各类生产过程的特征指标

特征指标	过程类型				
	项目生产	单件生产	批量生产	大量生产	连续生产
产品和市场：					
产品类型	定制	定制	→	标准	标准
产品品种	广泛	广泛	→	窄，标准产品	很窄，标准产品
订单规模	小	小	→	大	很大
产品变化程度	高	高	→	低	无
销售亮点	能力	能力	→	产品	产品
赢单要素	交货/质量/设计能力	交货/质量/设计能力	→	价格	价格
达标要素	价格	价格	→	质量/设计	质量/设计
制造：					
设备类型	通用	通用	→	专用	高度专用
过程柔性	高	高	→	低	无柔性
产量	低	低	→	高	很高
厂房利用率	混合	低	→	高	高
能力变化	渐增式	渐增式	→	阶跃式	新设施
制造中的关键任务	符合规格/交货期	符合规格/交货期	→	低成本生产	低成本生产
投资成本：					
基本投资水平	低/高	低	→	高	很高

(续)

特征指标	过程类型				
	项目生产	单件生产	批量生产	大量生产	连续生产
库存水平：					
零件/原材料	按需求	按需求	→	缓冲储备	缓冲储备
在制品	高	高	→	低	低
制成品	低	低	→	高	高
总成本份额：					
直接劳动消耗	低	高	→	低	很低
直接材料消耗	高	低	→	高	很高
工厂管理费	低	低	→	高	很高
基础设施：					
适宜的组织控制方式	分散/集中	分散	→	集中	集中
组织管理模式	企业家型	企业家型	→	科层型	科层型
最重要的生产管理要素	技术	技术	→	经营/人	技术
专家对制造支持程度	高	高	→	高	很高

1. 项目生产

项目生产通常是一次性产品，加工对象很难在生产过程中移动，只能现场施工，所有设备资源都往现场集中。这种企业的竞争力主要依靠生产能力，凭工人的经验、技术来满足用户需求。项目生产市场要求的产品品种多、产量小。项目生产主要靠设计能力、质量以及交货速度和可靠性来赢取订单，价格通常作为达标要素而非赢单要素。

项目生产制造过程通常采用通用设备，生产过程的柔性程度高。其工厂和过程的基本投资并不大，但需要一些贵重设备（可购买或租用），在制品量大，制成品量小。其各功能管理部门要对客户需求做出迅速反应，组织结构分散化而非阶层式。

2. 单件生产

单件生产的经营主要依靠符合顾客需求的制造能力，而制造能力体现在技术熟练工人的技能上，制造中的关键任务是符合技术规格，按期交付产品。其价格一般是达标要素并非赢单要素，赢单要素大多是交货时间或售后服务等其他要素。其制造过程的柔性程度高，能快速响应市场的要求。其生产能力可逐步调整扩充，虽然有的设备很贵，但一般说来基本投资较低，厂房利用率较低。其属于订货生产，订单确定以后才购买材料，在制品数量大。其组织结构分散，多属于企业家型管理。

3. 大量生产

大量生产销售标准产品，靠价格竞争以取得大量客户订单，产品变化局限在规定范围内，产品设计和质量符合客户的需求。其制造过程设计按照产品事先确定的规格进行，产量高，柔性差，过程的任何变化都会引起高成本，要求制造过程各个环节保证质量。其产出一旦变化，生产能力就很难适应。其制造过程投资额大，原材料和零配件可按计划采购，要求有一定的安全储备以应付供应的不确定性，在制品储备低，直接劳动消耗在成本中所占比重不大。在基础设施方面，其大量生产要素集中。

4. 批量生产

批量生产处于单件生产和大量生产之间，覆盖大部分生产过程。按照产量高低，批量生产可分为不同类型，在接近低产量端，制造过程的产品品种多，新产品投入多，竞争力主要靠生产能力；在高产量端，产品趋于标准化，品种稳定，订单扩大，价格因素显得重要。批量生产既要满足市场对多品种的需求，又要满足生产效率对产量规模的要求。企业要在相互矛盾的需求下找到合理的解决办法，可通过成组加工将各种品种产品归入同一制造过程，也可将各种订单中同样的产品放在同一制造过程，减少调整时间，提高效率。

5. 连续生产

与大量生产类似，连续生产销售标准产品，且产品的质量与设计能够符合客户需求是其达标的关键要素之一。连续生产的赢单要素主要是价格，因此连续生产在制造过程中的关键任务是低成本生产。与上述四种类型相比，连续生产的产品种类范围最窄、订单的规模最大，故连续生产的制造过程采用专用的设备，且生产过程无柔性、产量很高、厂房利用率高。企业对零部件及原材料保有一定量的缓冲储备以应对突发性事件的冲击，但在制品库存水平低。连续生产的基本投资水平很高，且总成本当中工厂管理费用占比很高，直接劳动消耗占比很低。在基础设施方面，连续生产的大量生产要素集中化，其中最重要的生产要素是技术。

以上讨论过程选择所涉及的问题表明，每种过程选择都反映出一种不同的产品制造模式，而表达某种制造模式的工具便是表2-4列出的特征指标体系。相应于一种制造模式，各个指标都有一个确定的属性值。各个指标的属性值组合便是一种模式。表2-4表明，在制造过程选择中，产量是个关键变量。随着产量变化，单件生产可过渡到小批量生产，小批量生产可过渡到大批量生产，大批量生产可过渡到大量生产。不过项目生产与单件生产、大量生产与连续生产之间不存在过渡问题。项目生产和连续生产主要由产品的性质和产量决定。选择过程方案必须考虑产量这个首要因素。

 习题和思考题

1. 试述企业生产运作战略的制定过程。
2. 举例说明影响生产率的因素和提高生产率的方法。
3. 分析目前我国生产手机的企业在生产运作中哪些要素是赢单要素，哪些要素是达标要素。
4. 生产过程结构的分类有哪些？
5. 举例说明单件生产和大量生产各自的特点。
6. 选择一家制造企业，分析其产品在产业链上的位置，并绘制其生产系统简图，写出分析报告。
7. 选择一家制造企业或服务企业，调查和分析其生产运营战略的构成，提出见解，写出分析报告。

拓展案例

阅读下面的"品牌突围"案例材料，思考下列问题：

主嘉宾：
　　柳传志　联想集团有限公司董事局主席
　　杨元庆　联想集团有限公司总裁
连线嘉宾：
　　李焜耀　明基电通董事长
　　邓德隆　特劳特（中国）品牌战略咨询有限公司总经理
次嘉宾：
　　金碚　中国社会科学院工业经济研究所副所长
　　刘克丽　每周电脑报专栏记者

……

　　柳传志："我在1984年办企业的时候，也许真的没有外国人那么大的雄心壮志。当时就是想企业能活着就不错了，做着做着就发现了品牌非常重要。品牌的管理意识，当时我确实是很欠缺的。但是对一个牌子、一个人的信誉的重要性，我是很清楚的。例如，1987年，有小公司想借我们公司的牌子，给我们一定的管理费。在这种情况下我们不愿意去做那样的事情，可能那时候就有一种要保证自己的信誉好、让人信得过我们的潜意识。但是这种意识和品牌的管理意识可能还不是一回事。一个品牌本身首先是实力，其次才是品牌本身的管理意识。实力的意思是什么呢？品牌要做到诚信、创新等，技术水平要高，承诺要能兑现。那么这时候不仅是信念问题，还有实力问题。这些东西我觉得是基础，同时可能要有一定的品牌管理意识。像刚才元庆介绍的，你做一个企业，产品和企业的形象不能混乱等，这是属于品牌的管理意识。如果有条件的话，一开始就注意到管理意识那就更好了。"

……

　　主持人："现在联想的决心已经表了，非要走国际化这个道路。您有什么建议？联想用什么方式来做国际化是最佳的？"

　　金碚："我认为联想在我国市场上仍然要做扎实，把我国这个大市场、十几亿人口的市场做得非常扎实。"

　　主持人："克丽，您是怎么想的？"

　　刘克丽："我认为联想真的要走全球化、国际化道路，应该把制造业包出去。因为我认为联想的制造业是很扎实、很成熟的一个产业了。"

　　主持人："您说的包到什么？包到海外去？"

　　刘克丽："不，包给乡镇企业，或者包给别人。这样的话，刚才柳总和元庆都讲了品牌管理的问题，没有谈到品牌经营的问题。如果要专心一意地去经营品牌的话，可能就要放弃一些东西。"

　　主持人："管理是联想的一个优势，而品牌其实处于开始学步的时候。如果说联想放弃了它的特长去管理品牌的话，您认为会不会有风险呢？"

　　刘克丽："我认为没有风险。因为我认为制造业这方面我国是很强的，而个人电脑的制造业也是很多企业可以做得很好的。所以我认为联想走国际化也好，跨国化也好，要专心一意地经营和管理自己的品牌。管理是内部管理，经营是对外经营。所以我认为联想的制造业可以包出去。"

柳传志："克丽说的经营具体是指什么意思呢？"

刘克丽："经营就是对外做市场。例如 intel inside 就专门有一个集体在经营它的品牌，像耐克、可口可乐，都在经营品牌，而制造业则是包出去的。"

主持人："元庆您觉得呢？"

杨元庆："根据她的意思，首先一个企业在设定自己的业务模式的时候，或者设定自己的竞争力的时候，是需要更关注、专注某一个方面。我觉得可能要分阶段来看这个问题。例如，在我国，IT产业以前的一个阶段，我认为恰恰是联想由于既自己经营品牌，又做生产制造，所以提升了竞争力。因为这个使联想更加贴近客户，而且生产制造的成本比较低。其次，能够快速响应，就是客户需要什么样的产品，都能够快速地给他提供。其实今天即使像戴尔这样的在全球经营品牌的企业，它是有外包的方面，但是它最后一道工序，就是把它总装起来的这道工序依然是由自己来把握的，而且是全球运筹。"

刘克丽："元庆，可是你发现没有，戴尔并没有经营它的形象品牌，它所有的广告都是打的它的产品价格，这是我的一个想法。还有一个想法，我不认为你自己想走国际化，或者你认为国内的市场满了你就想去做跨国经营，我认为这是你的一厢情愿。那么还有一厢，就是联想的实力。我觉得联想可能要重新评估自己的实力。我有一个数据，宏碁在30亿美元营业额的时候，也就是和联想一样大的时候，它的国际化是走了回头路的。"

杨元庆："因为在这之前的话，我国市场一些特殊情况，就是市场并不是很规范，制造业也没有像今天这样的全都转移到我国来做，所以我们觉得这恰恰是我们的一个竞争力。但是未来的话可能情况有所不同，因为现在制造业越来越完善，专门有一个群体在做。我国台湾地区的很多企业就是专门在做制造业，而且规模做得非常大，所以它的竞争力非常强。在这些东西都已经非常发达和完善的情况下，如果一个企业选择要去做全球化，选择在全球经营它的品牌，它的确可以把制造业拉出来。"

金碚："我国现在的产业，最强的竞争能力还是在制造环节上。"

刘克丽："可是我没有说不在我国制造，我是说联想如果真的经营品牌的话，应该专营一些。联想的制造业很成熟，所以我认为联想的制造业可能包出去是挺合算的。"

柳传志："成熟了不正是我们可以赚钱的地方吗？我想经营品牌，如联想的品牌拿到海外去，怎么能把牌子做响，这是你的经营品牌的意思吧。做响就有两种做法，就要人买我们的东西，第一种就是靠东西便宜，质量还不错。第二种就是产品性能好，如日本的东西、韩国的东西，越来越这样了。这是靠技术，技术领先型。那么当前联想到海外去我们走哪一步呢？一般按目前的情况，可能还是要先走产品成本比较低，价格比较便宜这一步。要做这一步的话，凭什么产品成本低呢？如果不把制造业的性能充分发挥出来，怎么能让产品的成本低呢？我把它再包出去，然后我拿什么来做呢？这就是个问题。"

刘克丽："其实我认为联想的强项不在于生产，而是在于销售。联想对我国的信息产业的贡献是渠道的打造，而我国能年产100万台、200万台、300万台个人电脑的公司大有人在，而能卖出去的只有联想。"

主持人："那我们想问问李焜耀先生，就大家现在的争论，谈到联想的国际化战略应该怎么走的问题，您有什么好的建议吗？"

李焜耀："刚刚刘女士这个问题，我比较赞同柳总的意见，就是说今天联想可能有部分制造自己做。因为我们看到很多国外的大厂，像戴尔，它没有做制造，实际上它还是花了很多精力、资源在做最后段的组装。这对它的竞争力是有很大的影响的，而且能够缩短它的物流速度。当然今天联想如果完全不做这段，它必须有非常好的合作伙伴帮它解决这部分问题。尤其到国外去的话自己要做制造，那种规模经济没有建立，成本反而更高了。"

思考题

1. 你如何评价上述嘉宾的观点？
2. 你认为一个企业应如何思考建立竞争优势的问题？

第 3 章 需求预测

 学习内容

1. 需求预测的作用和内容，把握定性预测方法。
2. 移动平均法。
3. 指数平滑法。
4. 因果预测法。
5. 线性回归预测法。

 重点难点

重点：移动平均法，包括简单移动平均和加权移动平均；指数平滑法，包括一次指数平滑和二次指数平滑。

难点：因果预测法、线性回归预测法。

 **引导案例**

在明星电器公司市场信息部的办公室里，经理李长浩望着办公室桌的一堆文件资料陷入沉思。上周，公司领导班子已下达任务，要求他们在年底之前对未来五年全国彩电需求情况做出趋势分析，同时要求在近期解决未来五年公司的目标市场和优先发展产品的问题。

预测方法的选择是个至关重要的问题，李长浩经过反复琢磨，认为至少有以下两个方法可供选择。方法一：采用回归分析预测法。首先，选择自变量，对影响彩电需求水平的相关因素，如购买者因素、购买力因素、购买动机因素和社会、环境因素展开定性分析，在此基础上，选择可得到的、相关系数较大的相关因素作为自变量。然后在此基础上，建立回归分析模型。方法二：采用时间序列趋势外推法。首先，利用时间序列分析法中的线性趋势外推法分别预测未来的彩电百户拥有量和城乡户数。然后据此推算未来彩电的总需求。彩电总需求包括彩电新增需求和更新需求，计算公式如下：

彩电总需求 = 彩电新增需求 + 彩电更新需求

第 N 年城镇(农村)彩电新增需求 = 第 N 年城镇(农村)户数 × 第 N 年城镇(农村)百户彩电拥有量 − 第 $(N-1)$ 年城镇(农村)户数 × 第 $(N-1)$ 年城镇(农村)百户彩电拥有量

第 N 年城镇(农村)彩电更新需求 = 第 $(N-T)$ 年城镇(农村)户数 × 第 $(N-T)$ 年城镇(农村)彩电百户拥有量 − 第 $(N-T-1)$ 年城镇(农村)户数 × 第 $(N-T-1)$ 年城镇(农村)彩电百户拥有量

式中 T 为彩电的生命周期。

采用方法一，只需要彩电百户拥有量和城乡户数数据资料，并且计算方法简便，但效果如何？若采用方法二，需要更多的影响彩电需求的相关因素的历史数据，就已有的资料，建立回归模型能否达到预期的要求？看来预测方法的选择还得费一番功夫。需要进一步分析的是，供需相比（包括总量和结构），彩电市场还有没有发展空间？明星电器公司在生产战略上应做如何调整？李长浩又陷入了深深的深思。

3.1 需求预测的概念

3.1.1 需求预测的作用

预测是根据反映预测对象过去和现在的有关信息，通过科学的方法和逻辑推理，对事物未来的发展趋势和水平做出推测和判断。需求预测是预测未来一定时期对某产品需求的数量和发展趋势、企业该产品的市场占有率等。需求预测之所以可能，是因为产品的市场需求有一定的规律，而这种规律可以被人们认识和掌握。同时，产品的未来需求情况是其过去和现在需求情况的延续和发展。需求预测可帮助人们认识产品市场需求发展的趋势和规律，是企业经营决策的前提。企业要进行生产经营决策、安排生产计划，就要对产品的需求做出科学的预测。否则，做出的决策和安排的生产计划是不可靠的。为此，企业首先要调查研究，搜集有关市场需求的信息，掌握影响市场需求的因素及其变化的规律，根据预测对象的特点及掌握的数据信息的情况，选择预测方法，建立预测模型，对特定时期某一种产品的市场需求进行预测；其次，根据本企业的资源条件、技术条件、竞争能力及产品的特色，参考专家的建议以及有关因素的变化情况对预测结果进行修正；最后，确定本企业的生产计划以及生产资源需求。

3.1.2 影响需求的因素及相互关系

影响需求的因素有两个方面，首先是企业的努力，这个方面的影响因素包括：广告、销售努力、服务信誉、产品和服务的设计、信用政策和质量等；另一个方面是市场中的影响因素，包括商业周期、产品生命周期、随机变动、客户偏好、竞争者的努力与价格、客户购买计划和时间等。产品需求的信息资料来源主要有：国家政府部门的计划和统计资料，本行业和有关行业的计划和统计资料，商业部门的市场统计和分析资料，情报部门整理的有关技术经济情报和国内外市场动态资料，政府出版物、期刊和书籍上有关数据和资料，企业有关部门如生产部门和销售部门的有关实际活动（产品展销会、订货会等）的统计资料。

3.1.3 预测的分类

总的来说，预测的类型有以下几种：①经济预测，通过对通货膨胀率、货币比率等指标预测未来经济的发展；②技术预测，对未来产品开发方向，以及工厂发展和制造技术发展方向的预测；③需求预测，预测在未来一定时期内对某产品需求的数量。与生产计划直接相关的是需求预测。

另外，按市场预测的时间跨度可以将预测分为长期预测、中期预测和短期预测。长期预测时间跨度通常为 3 年或 3 年以上，用于规划新产品、生产系统的配置等。中期预测通常从 3 个月到 3 年，用于制订销售计划和生产计划。短期预测通常少于 3 个月，是制订主生产计划的依据。不同的行业对预测的要求、预测的时间范围不一样。对一些计划性、垄断性比较强的行业（如石油、煤炭、钢铁等）来说，长期预测显得很重要，而对一些需求动态特性较强的行业如汽车零部件厂来说，由于国内汽车产量远低于经济规模，并且适应市场需求的产品也变化不定，则不仅要进行长期预测，而且要进行短期预测，并不断修正预测结果。企业在进行市场预测尤其是长期预测时，还要考虑产品生命周期的影响，对处于导入阶段和增长阶段的产品，要注重长期预测，而对成熟和衰退阶段的产品，要注重中期和短期预测。

按市场预测的空间层次分类可以分为国内市场预测（又可进一步分为地区、城市、农村）和国际市场预测（又可进一步分为东欧、西欧、北美洲、拉丁美洲、亚洲等）。按市场调查的主体分类可以分为宏观预测（国家）和微观预测（企业）。预测的方法有定性预测法和定量预测法。本书讨论的预测既不是经济预测，又不是技术预测，而是基于对企业生产的产品（广义的）的需求预测，预测值通常采用销售数量来表示。预测不可能完全准确，因为它只是对未来的一个估计值，预测结果与未来是否吻合，一方面取决于事物本身的发展进程及发生作用的影响因素，另外一方面取决于人类认识客观事物和自觉控制事物发展方向的能力。

3.2 需求预测的方法

根据美国斯坦福研究所的统计，预测方法有 150 多种，常用的有 30 多种，通常可分为定性预测方法和定量预测方法两类。各种方法都有其特点和适用范围，究竟选择哪种方法是由需求预测的预测对象、预测周期、信息资料、对预测精度的要求和预测费用综合决定的。在可能的情况下，最好将定性预测方法与定量预测方法结合起来进行预测。

3.2.1 定性预测方法

定性预测方法是指主要靠专家的知识、经验和综合分析判断能力，来预测事物的发展变化趋势和水平的非数量化方法。它具有速度快、费用低的特点，在信息资料数据缺少或较少的情况下，如对技术和新市场产品需求进行预测时，多采用此类方法。

定性预测法有很多，在此主要介绍德尔菲（Delphi）法、专家会议法、一般预测方法、市场调研法、小组共识法和历史类比法。

1. 德尔菲法

德尔菲法是美国兰德公司奥拉夫·赫尔默（Olaf Helmer）博士于 20 世纪 40 年代末首创的，它是定性预测方法中最重要且最有效的一种方法，应用十分广泛，可用于预测市场需求、商品供求变化、产品成本与价格、市场占有率、产品生命周期等方面。对于那些缺少历史和现实资料的预测尤为实用。

德尔菲法有匿名性、反馈性、收敛性、数理性等特点，采用函询形式进行匿名交流，在进行过程中专家互不见面，减少了权威、资历、口才、人数、心理等各种因素对专家的影响，便于他们消除顾虑、大胆思考、畅所欲言，克服了专家会议法的缺点。收敛性是指将第一轮预测的结果汇总分类，列出不同看法和依据，再反馈给每位专家，各位专家从汇总资料中可以了解别的专家的意见，参考有价值的信息并互相启发，取长补短，重新预测。一般经过几轮的反馈与预测可以得到比较趋于一致的预测结果。数理性是指不同专家提出的不同预测结果，可以用统计方法对结果进行处理，如用平均得分值、比重系数、满分频率和等级数总和等统计方法来表示，以达到预测结果统一的目的。当然，随着信息技术和通信技术的发展，德尔菲法也可采用电子邮件、网上交流、多媒体会议等方式进行。

德尔菲法的基本程序：首先成立预测小组。

1) 确定预测主题。

2) 选择专家。选择时要注意三个问题：一是广泛性，二是自愿性，三是人数要适度。参加预测的专家越多，预测精度将越高。一般以 20~50 个人为宜。

3) 编制预测事件一览表：①预测某事件实现的时间；②预测事件的相对结构比重；③选择性预测；④排序性预测；⑤简明询问。

其次进行轮番征询工作。一般采用三轮制，按以下步骤进行：

第一轮，发给专家预测主题及相应的预测事件表，请其在一定期限内将应答寄回。预测小组在对应答结果整理、统计和分析的基础上，制定第二轮函询表。它所列预测事件的预测目标更加集中和明确，表述也更准确。

第二轮，将第一轮的统计结果和第二轮函询表发给专家。请专家提出或修改自己的预测，并说明理由，也可以对第一轮统计结果提出质疑。收到专家回复后进行统计分析，将分析整理结果再反馈给专家。

第三轮，根据第二轮初步所得预测结果制定第三轮函询表，发给专家，请其提出评价意见和理由并寄回。

最后是应答结果的最终处理。

2. 专家会议法

专家会议法是指聘请预测对象所属领域的专家，通过座谈讨论，依靠专家的知识和经验进行预测的一种方法。这种方法要求选择的专家必须具有较高的专业水平和较丰富的实践经验。预测的方法是先向专家提出问题、提供信息，由专家讨论、分析、综合，根据本人的知识和经验的深度和广度做出个人判断，然后把专家意见归纳整理，形成预测结论。这种方法的优点是占有信息量大，考虑的因素比较全面具体，专家之间可以互相启发、集思广益、取长补短。其缺点是容易受权威人士观点的影响，与会者不能畅所欲言。

3. 一般预测方法

一般预测方法也称销售人员汇集意见法，通常由各地区的销售人员，根据本人的判断或与地区有关部门交换意见且判断后逐层向上汇报。公司在获得这些资料后进行汇总，最后形成预测。此预测包含未来市场的产品发展方向和产品的销售金额，销售人员进行判断时也可把公司过去的实际销售情况作为参考资料。一般预测方法因为是根据销售人员的判断做出的，而销售人员最接近市场，对客户的需求最了解，所以预测结果比较接近于和能反映顾客的需求。另外，因为取样较多，预测结果较稳定。但是，一般预测方法往往带有销售人员的主观意见，销售人员受专业水平的限制，对整个经济发展状况不易了解，对产品的未来发展方向不易做出预测。销售人员的主要业务是销售，可能对预测工作不太重视。如果预测结果作为销售人员未来销售的目标，则预测的结果易偏低。另外，由销售部门进行市场预测会耗用他们太多的时间。

4. 市场调研法

市场调研法有时也可以称为客户期望法，通常是聘请第三方专业市场调研公司进行预测，以此获得客户需求的详细资料。市场调研法主要用于新产品研发，了解对现有产品的评价，了解客户对现有产品的好感，了解特定层次的客户偏好。本方法效果的好坏，很大程度上取决于如何获得客户反映实际的真实数据和信息。故调研时应对客户的相关资料绝对保密。

市场调研法的数据收集方法有问卷调查和访谈两种。问卷调查又可以采取网络问卷调查和直接书面调查；访谈则可以用电话的方式，也可以以电子邮件或上门访问的方式进行。

利用市场调研进行预测，因为是根据客户的期望获得，故比较能反映客户的实际需求，由此可以获得未来客户购买的愿望。若在开发新产品无历史数据时，可采用这种方法进行预测。采用市场调研法预测时，应考虑客户太乐观或太悲观的可能，必须取得客户的合作，避免其提供不准确甚至是错误的数据。客户期望值往往随着时间的推移发生变化，所以在调研后做最终决策时要考虑此因素。

5. 小组共识法

小组共识法通常由高级决策人员召集不同层次和不同部门的人员，包括销售、市场、生产、工程、采购、财务、研发等部门的人员集体参与讨论。由所有成员提出预测值，通常将全部人员的预测结果进行平均而取得数据，或认为某些人的意见较为合理，而加大此类人的权重。这种方法简单易行，不需要过去的资料。这种方法集中了各部门主管的经验与判断，如果没有足够的历史数据，则其是较好的方法。这种方法的缺点是，低层人员的意见往往易受市场营销的左右，且因不同层次的人在一起讨论，作为下属往往不敢与领导相背，这就违背了共识的原则。对于重要决策，如引进流水线等，往往由高层人员讨论。另外，由于是集体讨论，故没有人对预测的正确性负责。

6. 历史类比法

当尝试去预测一个新产品的未来市场需求时，往往会面临历史数据太少的问题。一种较好的方法是利用产品的相关性，以同类型产品作为类比模型，这是最理想的情况。类似产品相关性很好，则可以用定量的预测技术。历史类比法可用于很多产品类型——互补产品、替代产品等竞争性产品或随收入而变的产品，等等。例如，网球和网球拍是互补的产品，则网球的季节性需求模型可建立在对网球拍需求模型的基础上，即用网球拍的需求模型做类比分析。家电如电视机、电冰箱等的预测量与国民的收入有很大的关系，因此可利用这种相关性进行预测。

利用历史类比法进行分析时，应考虑哪种因素之间有相关性、相关性因素之间的相关程度如何，以便剔除相关性不大的因素。当相关性因素有多个时，则应以复相关性处理，并给每种因素赋以一定的权重系数。

利用历史类比法可以获得各相关因素对销售的影响，可以根据公开的数据，不需要准备历史数据。在历史数据没有或者很少的情况下，用历史类比法是很好的方法。但是，由于相关因素本身存在不确定性，并且是随机的、动态的，往往难以保证预测的正确性，需要一定的经验来判断相关系数及其权重，这种预测方法对预测人员的要求往往较高。

3.2.2 定量预测方法

定量预测方法有时间序列分析预测技术和因果预测法两种。时间序列分析预测技术有简单移动平均法、加权移动平均法、指数平滑法、线性回归预测法和时间序列分解法等。因果预测法是线性回归的因果模型。时间序列分析预测技术是基于这样一种观念：与过去需求相关的历史数据可用于预测未来的需求。从历史数据中可以分析出影响需求的一些因素，如季节、周期、趋势等，这些影响因素对后期市场需求分析有借鉴作用。时间序列分析预测技术可以用来对生产及库存管理做预测。因果预测是基于这样一种观念：某些因素之间存在着相互影响的关系。还有一种预测方法是聚焦预测，它根据某些规则对预测结果进行试算，这些规则符合逻辑，将其历史数据外推至未来的过程也易于理解。本节主要介绍时间序列分析预测技术和因果预测的一些知识，不涉及聚焦预测。定量预测方法可以借助计算机，通过仿真来进行模拟。

1. 影响因素分析

定量预测方法是根据历史数据并假定将来是过去的函数，从而外推至未来所获得的预测结果。定量预测方法需要基于时间的历史数据，需要找出影响需求预测的各相关因素。图 3-1 是一个假设的历史需求曲线，该曲线表明每个时期的实际需求都不相同。除了需求的平均值外，通常可以将影响预测的因素分为以下几个：①周期性，即历史数据每隔一定周期重复发生的时间序列形式；②趋势性，是数据在一定时间内呈现向上或向下的趋势；③季节性，数据存在季节性的影响；④随机性，是由偶然、非正常原因引起的数据变动。在这几个因素中，周期性因素、趋势性因素和季节性因素都有规律可循，只有随机性因素毫无规则，最难预测。

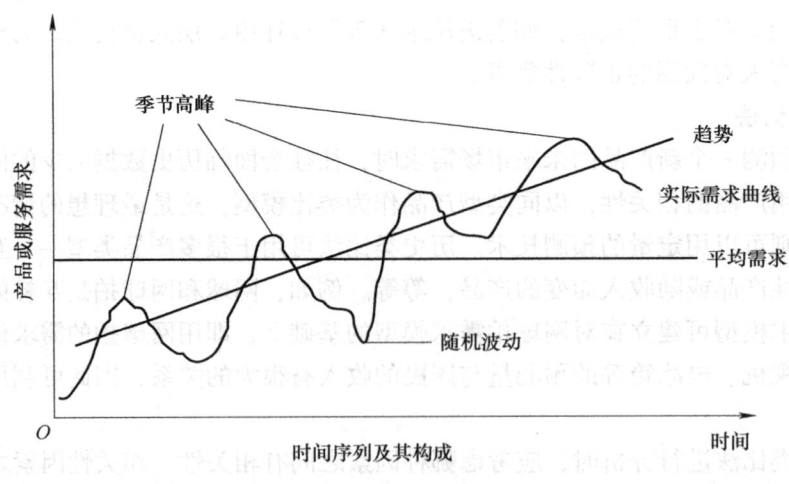

图 3-1 假设的历史需求曲线

在影响需求预测的众多因素中，平均需求因素如图 3-2 所示，周期性因素如图 3-3 所示，季节性因素如图 3-4 所示，随机性因素如图 3-5 所示。趋势性因素又可以分为以下四种典型性因素：①线性趋势：反映了数据呈连续的直线关系，如图 3-6a 所示；②S 形趋势：产品成长和成熟时期的需求，如图 3-6b 所示；③渐进趋势：优质产品大量投放市场时出现，如图 3-6c 所示；④指数增长：销售势头特好的产品，如图 3-6d 所示。

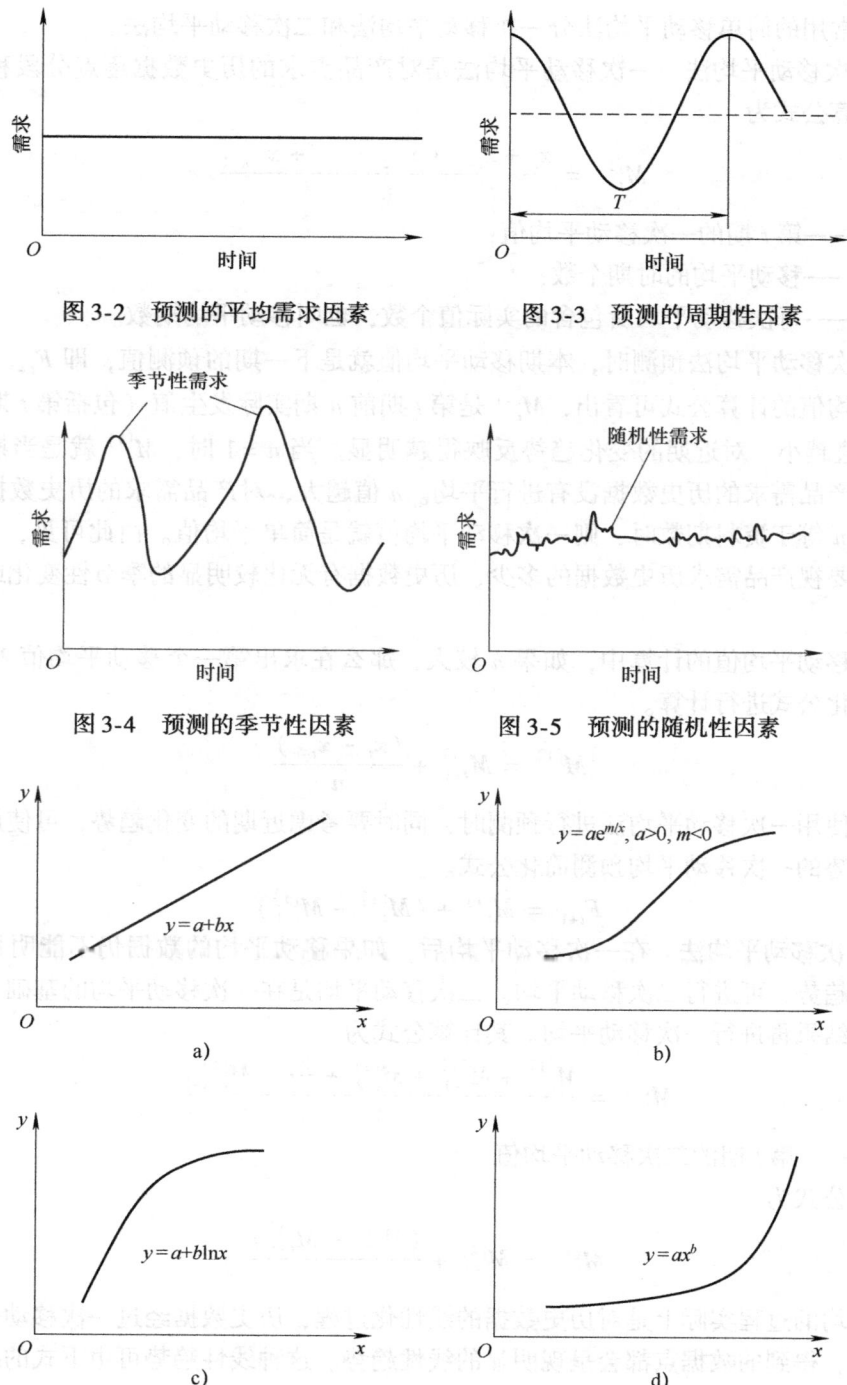

图 3-2　预测的平均需求因素

图 3-3　预测的周期性因素

图 3-4　预测的季节性因素

图 3-5　预测的随机性因素

图 3-6　预测的四种趋势性因素

2. 简单移动平均法

简单移动平均法是对历史数据按顺序逐点分段移动平均，以反映产品需求的长期变化趋势。当产品需求既不快增长又不快下降，且不存在季节性因素时，简单移动平均法能有效消除预测中的随机波动。选择移动平均的最佳区间很重要。它的主要缺点在于若区间周期太长则太复杂。常用的简单移动平均法分一次移动平均法和二次移动平均法。

（1）一次移动平均法　一次移动平均法是对产品需求的历史数据逐点分段移动平均的方法。其计算公式为

$$M_t^{[1]} = \frac{x_t + x_{t-1} + x_{t-2} + \cdots + x_{t-n+1}}{n} \qquad (3\text{-}1)$$

式中　$M_t^{[1]}$——第 t 期的一次移动平均值；

　　　n——移动平均的时期个数；

　　　x_t——每次移动平均所包含的实际值个数，也叫移动平均期数。

采用一次移动平均法预测时，本期移动平均值就是下一期的预测值，即 $F_{t+1} = M_t^{[1]}$。从一次移动平均值的计算公式可看出，$M_t^{[1]}$ 是第 t 期前 n 期实际发生值（包括第 t 期）的算术平均值。n 值越小，对近期的变化趋势反映得越明显。当 $n=1$ 时，$M_t^{[1]}$ 就是当期的实际发生值，即对产品需求的历史数据没有进行平均。n 值越大，对产品需求的历史数据的修匀程度越大。当 n 等于资料期数时，则一次移动平均值就是简单平均值。由此可见，n 的取值是关键，一般要视产品需求历史数据的多少、历史数据有无比较明显的季节性变化或周期性变化等而确定。

在一次移动平均值的计算中，如果 n 较大，那么在求出第一个移动平均值 $M_t^{[1]}$ 后，可应用以下简化公式进行计算。

$$M_t^{[1]} = M_{t-1}^{[1]} + \frac{(x_t - x_{t-n})}{n} \qquad (3\text{-}2)$$

如果在使用一次移动平均法进行预测时，同时要考虑近期的变化趋势，可使用下面考虑近期变化趋势的一次移动平均预测简化公式。

$$F_{t+1} = M_t^{[1]} + (M_t^{[1]} - M_{t-1}^{[1]}) \qquad (3\text{-}3)$$

（2）二次移动平均法　在一次移动平均后，如果移动平均的数据仍不能明显反映预测对象的变化趋势，可进行二次移动平均。二次移动平均是在一次移动平均的基础上，对一次移动平均的结果再进行一次移动平均。其计算公式为

$$M_t^{[2]} = \frac{M_t^{[1]} + M_{t-1}^{[1]} + M_{t-2}^{[1]} + \cdots + M_{t-n+1}^{[1]}}{n} \qquad (3\text{-}4)$$

式中　$M_t^{[2]}$——第 t 期的二次移动平均值。

其简化公式为

$$M_t^{[2]} = M_{t-1}^{[2]} + \frac{(M_t^{[1]} - M_{t-n}^{[1]})}{n} \qquad (3\text{-}5)$$

移动平均的过程实际上是对历史数据的线性化过程，历史数据经过一次移动平均或二次移动平均后，得到的数据点都会呈现明显的线性趋势。这种线性趋势可由下式的线性方程表示，可采用该式进行预测。

$$y_{t+T} = a_t + b_t T \qquad (3\text{-}6)$$

式中　y_{t+T}——$t+T$ 期的预测值；

　　　T——从目前周期 t 到需要预测的周期个数；

　　　a_t——线性方程所表示直线的截距，即目前数据水平；

　　　b_t——线性方程所表示直线的斜率，即预测对象随 T 的变动趋势。

a_t，b_t 的确定：在移动平均时，预测值与实际值之间存在一个偏差，当 n 为奇数时，一次移动平均值相对实际发生值从时间上滞后 $(n-1)/2$ 期，偏差为 $(n-1)b_t/2$；同样，二次移动平均值与同期的一次移动平均值的偏差为 $(n-1)b_t/2$。由此可得

$$\begin{cases} y_t - M_t^{[1]} = (n-1)b_t/2 \\ M_t^{[1]} - M_t^{[2]} = (n-1)b_t/2 \\ y_t = a_t \end{cases} \quad (3\text{-}7)$$

解此方程组得

$$\begin{cases} a_t = y_t = 2M_t^{[1]} - M_t^{[2]} \\ b_t = 2(M_t^{[1]} - M_t^{[2]})/(n-1) \end{cases} \quad (3\text{-}8)$$

在求得 a_t 和 b_t 的值后，就可用 $y_{t+T} = a_t + b_t T$ 进行预测。在实际应用中一般二次移动平均法常用于短期的预测，而一次移动平均法多用于近期预测和对预测对象原始数据的处理，以消除原始数据因随机性因素引起的异常现象。

例 3-1 某型号彩电的销售统计数据见表 3-1。取 $n=5$，用二次移动平均法建立预测模型，并预测 $t=17$、$t=19$ 时该产品的销售量。

解：根据式（3-1）、式（3-4），用一次移动平均公式计算得

$$M_5^{[1]} = \frac{(6460+3560+4990+3490+1160)}{5} \text{台} = 3932 \text{台}$$

$$\vdots$$

$$M_{16}^{[1]} = \frac{(36990+31060+30820+24540+23680)}{5} \text{台} = 29418 \text{台}$$

对一次移动平均的结果再进行一次移动平均，根据二次移动平均公式计算得

$$M_9^{[2]} = \frac{(15292+11618+8012+5652+3932)}{5} \text{台} = 8901.2 \text{台}$$

$$\vdots$$

$$M_{16}^{[2]} = \frac{(29418+25728+25054+22276+21992)}{5} \text{台} = 24689.6 \text{台}$$

由表 3-1 可知，$t=16$，由式（3-8）得

$$a_{16} = 2 \times 29418 - 24689.6 = 34146.4$$

$$b_{16} = \frac{2 \times (29418 - 24689.6)}{(5-1)} = 2364.2$$

得预测方程为

$$y_{16+T} = 34146.4 + 2364.2T \quad T=1,2,\cdots$$

2013 年、2015 年的对应预测长度 t 分别为 1 和 3，预测该企业 2013 年、2015 年 74cm 彩色电视机的销售量分别为

$$y_{17} = (34146.4 + 2364.2 \times 1) \text{台} \approx 3651 \text{台}$$

$$y_{19} = (34146.4 + 2364.2 \times 3) \text{台} \approx 41239 \text{台}$$

在移动平均法中，各期数据的权重是相同的。如果近期数据对预测结果的影响大，远期数据对预测结果的影响小，这时采用加权移动平均法预测更合适。

表 3-1　彩色电视机的销售统计数据及一、二次移动平均值　（单位：台）

序号 t	实际销售量 y_i	一次移动平均	二次移动平均
1	1160	—	—
2	3490	—	—
3	4990	—	—
4	3560	—	—
5	6460	3932	—
6	9760	5652	—
7	15290	8012	—
8	23020	11618	—
9	21930	15292	8901.2
10	22690	18538	11822.4
11	18640	20314	14754.8
12	23680	21992	17550.8
13	24540	22276	19686.4
14	30820	25054	21442.8
15	31060	25728	22884.8
16	36990	29418	24705.6

3. 加权移动平均法

简单移动平均法是将过去的若干期的真实销售量求一个平均值，得到要求的预测量，这里认为各期的权重都是一样的。一般来说，新数据与旧数据相比，应该更接近于预测值，考虑到这个因素，在简单移动平均的基础上，给新数据以较大的权重，这种做法得到的值与简单移动平均法得到的值相比更加准确，这就形成了加权移动平均法。在加权移动平均法中，给各期的值赋予一定权重，并且其权重之和必须等于 1。

计算公式为

$$F_t = w_1 A_{t-1} + w_2 A_{t-2} + w_3 A_{t-3} + \cdots + w_n A_{t-n}$$

$$\sum_i^m W_i = 1 \tag{3-9}$$

式中　F_t——第 t 期的加权移动平均值；

W_i——第 i 期的权重；

A_{t-n}——前 n 期的实际值。

例 3-2　一家百货店发现在某 4 个月内，其最佳预测结果由倒数第 1 个月销售额的 40%、倒数第 2 个月销售额的 30%、倒数第 3 个月销售额的 20% 和倒数第 4 个月销售额的 10% 组成，这 4 个月相对应的销售额分别为 100 万元、90 万元、105 万元、95 万元。用加权移动平均法预测第 5 个月的销售额。

解：根据式 (3-9) 得

$$F_5 = (0.40 \times 95 + 0.30 \times 105 + 0.20 \times 90 + 0.10 \times 100)\text{万元} = 97.5\text{万元}$$

权重是对不同时间的历史数据在预测时的重要性的评估，可为任意值。对于新产品，而且正在产品生命周期的成长阶段,一般就比较缺乏用来估计时间序列中的趋势及季节性因素的数据。由前文可知,在移动平均法中,预测值相对真实值总是滞后。加权移动平均法可以减少这种滞后,但是加权移动平均法的结果仍是落后于趋势的。经验法和试算法是选择权重的最简单的方法。一般而言,最近期的数据最能预示未来的情况,因而其权重应大些。但是其权重是季节性的,故权重系数也应是季节性的。一般对季节性产品而言,季节权重系数要大。由于加权移动平均法能区别对待历史数据,因而在某些方面要优于简单移动平均法。

用经验法或试算法确定权重系数时通常基于两种原则:第一种原则是按原始指标数值先后顺序依次加大。第二种原则是对移动项中间位置的原始数值给予较大的权数,然后以它为中心左右依次递减。例如在五项移动平均法中,前一种权数可为:0.1、0.15、0.2、0.25、0.3。若采用第二种原则,则权数可为:0.15、0.25、0.3、0.2、0.1。第一种考虑是基于越近的信息越重要;第二种考虑是基于移动项中间位置的原始数值,对所预测的趋势值应有较大的影响。

要使加权法既能剔除非基本因素的影响,又能准确地预测长期的趋势值,可以采用一种所谓变动权数加权法。其权数的确定,主要根据原始动态数列各指标值受基本因素影响的大小而定,如果该原始数值在整个移动项中受基本因素影响比较大,就应给它较大的权数。动态数列受基本因素的影响大小,可以通过将定性认识和定量认识相结合的方式来确定。

简单移动平均法和加权移动平均法在使预测保持平稳和平衡需求的突然波动方面是有效的。但是,移动平均法有以下几个问题:①移动平均需要大量的历史数据;所选移动时期个数越多,需要的数据越多;②增加移动平均时期个数将会使平滑波动的效果更好,但是会使预测值对数据实际变动不敏感;③移动平均值并不能总是很好地反映趋势。由于是平均值,预测值总是停留在过去的水平,而无法预计将来更高或更低水平的波动,于是造成预测值比实际值总是存在一定的滞后性。

如何修订移动平均法各期权重系数,如对最近资料赋予较大权重系数,以迅速反映实际情况,并使所需历史数据最少,并使预测误差最小,由此发展出指数平滑法以克服上述缺点。

4. 指数平滑法

指数平滑法是从移动平均法演变而来的,是指将现在的实际值和上一周期指数平滑值加权平均。指数平滑法实质上是对各期数据按照发生的先后顺序不同分别给出具有指数变化规律的权重,求出加权平均值,以此为基础进行预测的方法,是一种权重特殊的加权平均法。常用地有一次指数平滑法、二次指数平滑法。

(1) 一次指数平滑法 一次指数平滑法是对原时间序列进行一次指数平滑后,再进行预测的方法。计算公式为

$$S_t^{[1]} = \alpha x_t + (1-\alpha) S_{t-1}^{[1]} \tag{3-10}$$

式中 $S_t^{[1]}$——第 t 期的一次指数平滑值;

$S_{t-1}^{[1]}$——第 $(t-1)$ 期的一次指数平滑值;

x_t——第 t 期的实际发生值;

α——指数平滑系数,$0 \leq \alpha \leq 1$。

在应用一次指数平滑法进行预测时,是以第 t 期的指数平滑值作为第 $(t+1)$ 期的预测值,即 $x_{t+1} = S_t^{[1]}$。

假定有一组时间序列 $x_t, x_{t-1}, x_{t-2}, \cdots, x_1$，应用式 (3-10)，可得到

$$\begin{cases} S_t^{[1]} = \alpha x_t + (1-\alpha) S_{t-1}^{[1]} \\ \quad\quad = \alpha x_t + \alpha(1-\alpha) x_{t-1} + \alpha(1-\alpha)^2 x_{t-2} + \cdots + \alpha(1-\alpha)^{t-1} x_1 + (1-\alpha)^t S_0^{[1]} \end{cases} \quad (3\text{-}11)$$

可以看出，第 t 期的一次指数平滑值实际上是第 t 期和第 t 期以前各期实际发生值（包括初始值）的加权平均值。

在计算指数平滑值时，从上面推出的 $S_t^{[1]}$ 可知，除 α 值对指数平滑值有很大影响外，初始值 $S_0^{[1]}$ 对指数平滑值也有影响，因此就存在初始值如何确定的问题。初始值 $S_0^{[1]}$ 对 $S_t^{[1]}$ 大小的影响为 $(1-\alpha)^t S_0^{[1]}$，在 $0<\alpha<1$ 的情况下，$(1-\alpha)<1$。$(1-\alpha)^t$ 值随 t 值的增大而减小，当 $t\to\infty$ 时，$(1-\alpha)^t\to 0$，即在 t 比较大时，初始值 $S_0^{[1]}$ 对 $S_t^{[1]}$ 几乎没有影响；在 α 取值较大时，随 t 值的增大，$(1-\alpha)^t$ 值减小的速度更快，初始值 $S_0^{[1]}$ 对 $S_t^{[1]}$ 的影响就更小。因此，通常在原始数据较多时，就直接把第一期的实际值 y_1 当作初始值 $S_t^{[1]}$；在原始数据较少时，建议用最初几期实际值的算术平均值作为初始值。但在实际中使用较多的是以第一期的实际值作为初始值。

一次指数平滑法主要用于短期的预测或对原始数据的处理。如果一次指数平滑后的时间序列还有较大波动、不够平滑时，或者想用指数平滑法进行更多期预测时，就需要用二次或三次指数平滑法进行预测。

（2）二次指数平滑法　二次指数平滑法就是对一次指数平滑后所得到的时间序列再进行一次指数平滑。二次指数平滑值的计算公式为

$$S_t^{[2]} = \alpha S_t^{[1]} + (1-\alpha) S_{t-1}^{[2]} \quad (3\text{-}12)$$

式中　$S_t^{[2]}$ 和 $S_{t-1}^{[2]}$——第 t 期和第 $(t-1)$ 期的二次指数平滑值。

二次指数平滑法中指数平滑系数 a 的确定与一次指数平滑法一样。初始值的确定一般也是取第一期的一次指数平滑值，即 $S_0^{[2]} = S_1^{[1]}$。应用二次指数平滑法预测，不像一次指数平滑法直接用上期的平滑值作为下期的预测值，而是要根据指数平滑值找出时间序列所具有的线性趋势，建立线性趋势来进行预测。

$$y_{t+T} = a_t + b_t T \quad (3\text{-}13)$$

式中　y_{t+T}——$t+T$ 期的预测值；

T——从目前周期 t 到需要预测的周期个数；

a_t——线性方程所表示直线的截距，即目前的数据水平；

b_t——线性方程所表示直线的斜率，即预测对象随 T 的变动趋势。

对于 a_t、b_t 的确定，与前面二次移动平均法中 a_t、b_t 的确定方法一样即考虑指数平滑值滞后于当期实际发生值。这样 a_t、b_t 分别为

$$\begin{cases} a_t = 2S_t^{[1]} - S_t^{[2]} \\ b_t = a(S_t^{[1]} - S_t^{[2]})/(a-1) \end{cases} \quad (3\text{-}14)$$

求得 a_t、b_t 的值后，即可应用式 (3-13) 进行预测。在原时间序列具有线性变化趋势时，可得到比较准确的预测结果并能进行较多期的预测。

例 3-3　某公司微电动机的市场需求量及指数平滑值见表 3-2，用指数平滑法预测 $t=21$、$t=25$ 时该产品的市场需求量（一次指数平滑系数和二次指数平滑系数均取 0.3，小数保留两位数）。

第3章 需求预测

表 3-2　微电动机的市场需求量及指数平滑值

序　号	需求量（万台）	一次指数平滑值($S_t^{[1]}$)	二次指数平滑值($S_t^{[2]}$)	序　号	需求量（万台）	一次指数平滑值($S_t^{[1]}$)	二次指数平滑值($S_t^{[2]}$)
1	50	50.00	50.00	11	51	49.33	48.69
2	52	50.60	50.18	12	59	52.23	49.75
3	47	49.52	49.98	13	47	53.66	50.92
4	51	49.96	49.97	14	64	56.76	52.67
5	49	49.67	49.99	15	68	60.13	54.91
6	48	49.17	49.67	16	67	62.19	57.09
7	51	49.72	49.69	17	69	64.23	59.23
8	40	46.80	48.82	18	76	67.76	61.76
9	48	47.16	48.32	19	75	69.87	64.23
10	52	48.61	48.41	20	80	72.95	66.85

解：由表 3-2 可以看出，微电动机的市场需求量随着时间的推移有上升的趋势，因此选择二次指数平滑法进行预测。

① 根据公式 $S_t^{[1]} = \alpha x_t + (1-\alpha) S_{t-1}^{[1]}$ 计算各年的一次指数平滑值，例如：
$S_2^{[1]} = \alpha x_2 + (1-\alpha) S_1^{[1]} = 0.3 \times 52 + (1-0.3) \times 50.00$ 万台 $= 50.60$ 万台

② 根据公式 $S_t^{[2]} = \alpha S_t^{[1]} + (1-\alpha) S_{t-1}^{[2]}$ 计算各年的二次指数平滑值，例如：
$S_2^{[2]} = \alpha S_2^{[1]} + (1-\alpha) S_1^{[2]} = 0.3 \times 50.60 + (1-0.3) \times 50.00$ 万台 $= 50.18$ 万台

③ 计算参数值，确定预测（模型）方程：
$a_{20} = 2S_{20}^{[1]} - S_{20}^{[2]} = (2 \times 72.95 - 66.85)$ 万台 $= 79.05$ 万台
$b_{20} = \dfrac{\alpha(S_{20}^{[1]} - S_{20}^{[2]})}{1-\alpha} = \dfrac{0.3 \times (72.95 - 66.85)}{1-0.3}$ 万台 $= 2.61$ 万台

预测方程为 $y_{t+T} = a_t + b_t T = 79.05 + 2.61 T$

④ 进行预测：
$y_{21} = a_{21} + b_{21} T = (79.05 + 2.61 \times 1)$ 万台 $= 81.66$ 万台
$y_{25} = a_{25} + b_{25} T = (79.05 + 2.61 \times 5)$ 万台 $= 92.1$ 万台

该公司 $t=21$ 和 $t=25$ 时微电动机的市场需求量分别为 81.66 万台和 92.1 万台。

5. 因果预测法

在时间序列模型中，客观事物之间的所有因果关系和结构关系都通过时间这个独立变量来反映。这种方法虽然简单，但忽略了其他影响需求的因素。例如，各种经济政策、物价水平、居民的消费观念、市场竞争态势等都会对需求产生影响，这时不能仅靠时间这个唯一的变量反映。因果预测法有效克服了时间序列法的缺点。

因果预测法通过对需求预测目标有直接或间接影响的因素分析找出其变化的规律，并根据这种变化规律来确定预测值。由于反映需求及影响因素之间因果关系的数据模型不同，因果关系模型又分为回归模型、经济计量模型、投入产出模型等。

在这里介绍一元线性回归模型，可用下式表达：

$$y = a + bx \tag{3-15}$$

式中 a, b——回归系数，a 是回归直线的截距，b 是回归直线的斜率。

根据最小二乘法原理，a、b 的计算公式为

$$a = \frac{\sum y_i - b \sum x_i}{n} = \bar{y} - b\bar{x}$$

$$b = \frac{n \sum x_i y_i - \sum x_i \sum y_i}{n \sum x_i^2 - (\sum x_i)^2} = \frac{\sum x_i y_i - n \overline{xy}}{\sum x_i^2 - \overline{x_i^2}} \tag{3-16}$$

$$i = 1, 2 \cdots n(n > 0), \bar{x} = \frac{\sum x_i}{n}, \bar{y} = \frac{\sum y_i}{n}, \overline{xy} = \frac{\sum x_i y_i}{n}$$

最后还应说明，衡量一元线性回归的偏差，可采用两个指标：线性相关系数 r 和标准差 S。

$$r = \frac{n \sum x_i y_i - \sum x_i y_i}{\sqrt{[n \sum x_i^2 (\sum x_i)^2][n \sum y_i^2 (\sum y_i)^2]}} \tag{3-17}$$

$$S_{yx} = \sqrt{\frac{\sum (y - y_i)^2}{n - 2}} \tag{3-18}$$

当 r 为正时，说明 y 与 x 正相关，即 x 增加，y 增加；当 r 为负时，说明 y 与 x 负相关，即 x 增加，y 减少；当 $|r|$ 越接近 1 时，说明 y 与 x 具有越强的线性关系，S 越小，表示预测值与直线的距离越接近。

例 3-4 某汽车配件销售量为 y（单位：万件），汽车保有量为 x（单位：千辆），根据表 3-3 的数据，运用一元线性回归法，建立汽车配件销售量与汽车保有量之间的回归模型，数据计算结果见表 3-3，根据表中数据得

$$a = \frac{\sum y_i - b \sum x_i}{n} = \bar{y} - b\bar{x} = \frac{481.78 - 1.114 \times 373.37}{19} = 3.4656$$

$$b = \frac{\sum (x_i - \bar{x})(y_i - \bar{y})}{\sum (x_i - \bar{x})^2} = \frac{n \sum x_i y_i - \sum x_i \sum y_i}{n \sum x_i^2 - (\sum x_i)^2}$$

$$= \frac{19 \times 15021.95 - 373.37 \times 481.78}{19 \times 12323.16 - 373.37^2} = 1.114$$

其中，$\bar{x} = \frac{\sum x_i}{n}, \bar{y} = \frac{\sum y_i}{n}, n = 19$

回归预测方程为

$$y = a + bx = 3.4656 + 1.114x$$

表 3-3 数据计算结果

n	x_i	$\bar{x}$	y_i	$\bar{y}$	$x_i y_i$	$\overline{xy}$	x_i^2
1	6.54	6.54	7.20	7.2	47.088	47.088	42.772
2	4.76	5.65	9.30	8.25	44.268	45.678	22.658
3	5.93	5.74	9.90	8.8	58.707	50.021	35.165

(续)

n	x_i	$\bar{x}$	y_i	$\bar{y}$	$x_i y_i$	$\overline{xy}$	x_i^2
4	6.80	6.01	10.96	9.34	74.528	56.148	46.24
5	6.70	6.15	11.12	9.7	74.504	59.819	44.89
6	7.30	6.34	10.57	9.84	77.161	62.709	53.29
7	8.52	6.65	12.34	10.2	105.137	68.77	72.59
8	8.43	6.87	11.23	10.33	94.669	72.008	71.06
9	10.43	7.27	14.65	10.81	152.800	80.985	108.785
10	11.97	7.74	16.90	11.42	202.193	93.116	143.281
11	13.84	8.29	20.15	12.21	278.876	110.003	191.546
12	16.79	9	17.81	12.68	299.030	125.755	281.904
13	20.57	9.89	31.30	14.11	643.841	165.608	423.125
14	24.55	10.94	26.84	15.02	658.922	200.837	602.703
15	30.52	12.24	42.02	16.82	1282.450	272.945	931.470
16	36.92	13.79	49.31	18.85	1599.005	355.824	1363.086
17	43.45	15.53	49.52	20.65	2156.625	461.753	1887.903
18	51.36	17.52	61.06	22.9	3136.042	610.325	2637.850
19	57.99	19.65	69.60	25.36	4036.104	790.629	3362.840
合计	373.37	—	481.78	—	15021.95	—	12323.16

已知该地区汽车保有量每年递增10%，则 $t=20$、$t=21$、$t=22$ 时的汽车保有量分别达到 63.79 千辆、70.17 千辆和 77.18 千辆。将其代入预测方程可得 $t=20$、$t=21$、$t=22$ 时的汽车配件销售量分别为 75.198 万件、82.448 万件、90.414 万件。

6. 季节性需求

许多产品有季节性或周期性需求特征，如滑雪板、割草机、泳装和圣诞树彩灯等。这些产品的需求每天、每周或每月都不同，如一天的电力使用或一周的食品采购，电力使用高峰期是下午4点到7点，而超市往往在周末或者节假日前最忙。

（1）季节指数　衡量产品季节变化程度的一个有效指标是季节指数。季节指数是估计一个季节内产品需求高于或低于平均需求的程度。例如，泳衣需求平均每月100件，但在7月份是175件，而9月份是35件。7月份需求的季节指数是1.75，9月份需求的季节指数则是0.35。

季节指数的计算公式如下：

$$季节指数 = \frac{单期平均需求}{所有时期平均需求}$$

这里的期可以是天、周、月或季度，取决于需求的季节性这个基础。

所有时期的平均需求是抵消季节性的一个值，叫作非季节性需求。上面的公式也可以写为

$$季节指数 = \frac{单期平均需求}{非季节性需求}$$

例3-5　季节性需求的某季节性产品过去3年的需求见表3-4，产品需求未表现出趋势，但存在明显的季节性。平均每季度需求是100单位。图3-7也给出了实际季节性需求和平均季度需求，图中的平均需求是所有时期的历史平均需求。预测平均需求不是预测季节性需求。

表 3-4 季节性产品需求

年	季度				总计
	1	2	3	4	
1	122	108	81	90	401
2	130	100	73	96	399
3	132	98	71	99	400
平均	128	102	75	95	400

解：季节指数计算如下：

季节指数 $= \dfrac{128}{100} = 1.28$ （第 1 季度）

$= \dfrac{102}{100} = 1.02$ （第 2 季度）

$= \dfrac{75}{100} = 0.75$ （第 3 季度）

$= \dfrac{95}{100} = 0.95$ （第 4 季度）

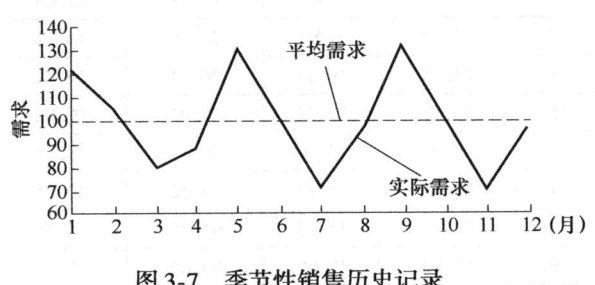

图 3-7 季节性销售历史记录

季节指数合计 $= 4.0$。

注意季节指数的总和等于期数，这是检查计算结果是否正确的一个好方法。

（2）季节性预测 计算季节指数的公式也可以用来预测季节性需求。如果公司预测得到了所有期的平均需求，季节指数可以用来计算季节性预测，变换公式得

$$\text{季节性需求} = \text{季节指数} \times \text{非季节性需求}$$

例 3-6 在例 3-7 中，公司预测下一年的年需求为 420 单位，计算每一季度的销售预测。

解：预测平均每季需求 $= \dfrac{420}{4}$ 单位 $= 105$ 单位

预测每季需求 = 季节性指数 × 预测每季需求

预测第 1 季度需求 $= 1.28 \times 105$ 单位 $= 134.4$ 单位

预测第 2 季度需求 $= 1.02 \times 105$ 单位 $= 107.1$ 单位

预测第 3 季度需求 $= 0.75 \times 105$ 单位 $= 78.75$ 单位

预测第 4 季度需求 $= 0.95 \times 105$ 单位 $= 99.75$ 单位

总预测需求 $= 420$ 单位

（3）非季节性需求 预测不考虑随机变化，预测的结果是平均需求。季节性需求通过季节指数由平均需求计算得来。图 3-8 所示为实际需求和预测需求。预测需求也叫非季节性需求。历史数据属于实际季节性需求，在用于计算平均需求预测前必须进行非季节化。

不同时期的销售对比需要非季节化数据。例如，销售网球拍的公司发现网球拍夏季的需求量最大，然而有些人打室内网球，因此冬季网球拍也有需求。如果网球拍的需求量 1 月份是 5200 单位、6 月份是 24000 单位。如何将 1 月份的需求量和 6 月份的需求量相比来判断哪个是更好的需求月份？季节性存在使对比实际需求量没有意义，进行对比必须有非季节性的数据。

计算非季节性需求的公式从季节性公式得来，如下：

$$非季节性指数 = \frac{实际季节性需求}{季节指数}$$

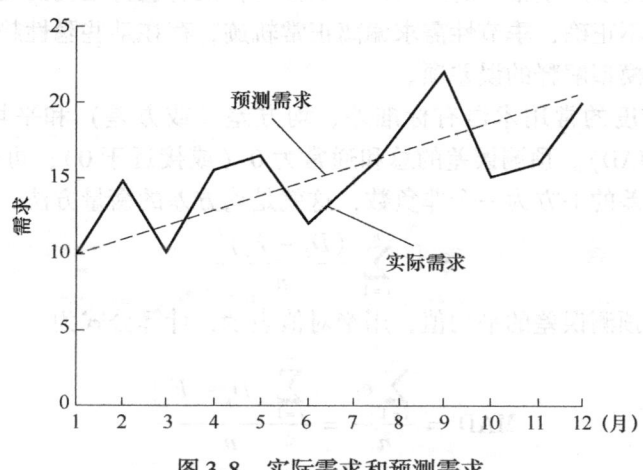

图 3-8 实际需求和预测需求

例 3-7 销售网球拍的公司发现 1 月份网球拍的需求量是 5200 单位，6 月份网球拍需求量是 24000 单位。如果 1 月份的季节指数是 0.5，6 月份的季节指数是 2.5，计算 1 月份和 6 月份网球拍的非季节性需求。如何比较这两个月的需求？

解：

1 月份非季节性需求 = 5200 单位 ÷ 0.5 = 10400 单位

6 月份非季节性需求 = 24000 单位 ÷ 2.5 = 9600 单位

6 月份和 1 月份的非季节性需求可以进行比较，所以考虑非季节性因素的存在，1 月份的需求大于 6 月份。

预测必须使用非季节性数据。预测的结果是平均需求，季节性需求的预测通过使用适当的季节指数由平均需求计算而来。

预测季节性需求的原则是只使用非季节性数据进行预测。将季节指数作为预测基础，预测季节性需求量。

7. 预测误差分析

预测是一种预估计，影响预测的因素有很多，建立预测模型时难以将所有因素都定量考虑进来，所以作为一种估算，其结果和实际情况必然存在一定的偏差，这个偏差就是预测误差。预测误差是个变量，在所有预测方法中都是不可避免的，问题是必须深入研究产生误差的原因，计算并分析误差的大小，以对误差进行适当的控制，提高预测的准确度。

由前文关于移动平均法和指数平滑法的介绍可知，上述方法不考虑季节性和趋势因素，只考虑随机波动因素。所谓随机因素，是反映预测值和实际值之间的一种偏差，由前文的例题也可以看出，预测值和实际值总存在差异，这种差异的大小对预测的精确度有非常大的影响。设 D 为实际需求量，而 F 为预测量，预测误差为 e，则 $e = D - F$。预测误差通常是平均值为 0 的正态分布。

产生预测误差的原因有很多，因为产品的实际需求是很多因素共同作用的结果，而这些因素往往难以用一个准确的数学模型来描述，所以预测一定会存在误差，只是应该尽量降低这种误差的影响。

误差源于预测人员根据过去的趋势外推至未来的过程,可分为随机误差和偏移误差两种。偏移误差出现在连续产生错误的时候,其来源有:没有包含正确的变量,变量间的关系定义错误,趋势曲线不正确,季节性需求偏离正常轨迹,存在某些隐性趋势等。随机误差可以定义为无法由预测模型解释的误差项。

用来描述误差程度的常用术语有标准差、均方差(或方差)和平均绝对偏差(Mean Absolute Deviation, MAD)。预测误差的总和通常为0(或接近于0),可以用每一误差的平方和来预测,因为误差的平方为一个非负数,这就是均方差的衡量方法,即

$$S = \sum_{i=1}^{n} \frac{(D_i - F_i)^2}{n} \tag{3-19}$$

平均绝对偏差是预测误差的平均值,用绝对值表示,计算公式为

$$\text{MAD} = \frac{\sum_{i=1}^{n} e_i}{n} = \frac{\sum_{i=1}^{n} |D_i - F_i|}{n} \tag{3-20}$$

式中　i——第 i 时期;

　　　n——时期总数;

　　　D_i——第 i 时期实际需求量;

　　　F_i——第 i 时期需求预测量;

　　　e_i——预测误差。

用 MAD 可以很好地估计时间序列的随机部分,但在决定哪一种预测方法产生的预测结果较优时,均方差则是一个好的指标。举例来说,假如有两种方法进行 10 周期的时间序列分析,第一种方法每期均相差 10 单位,但时高时低。第二种方法前 9 期预测均非常准确,只是在第 10 期偏差 100 单位。显而易见,这两种方法的 MAD 都是 10。第一种方法的均方差为 $10^2 \times 10 \div 10 = 100$,第二种方法的均方差为 $100^2 \div 10 = 1000$ 单位。由此可见,均方差能更好地表明哪种预测结果较优。如果预测结果呈正态分布,则平均绝对偏差与标准偏差的关系为

$$1 \text{ 倍标准差} = \sqrt{\frac{\pi}{2}} \times \text{MAD} \approx 1.25 \times \text{MAD} \tag{3-21}$$

为保证预测的准确性,可以采用跟踪信号(Tracking Singal, TS)这个指标,通常用平均误差和平均绝对偏差的比值计算,即

$$\text{TS}_i = \frac{E(e_i)}{\text{MAD}_i} \tag{3-22}$$

式中　$E(e_i)$——i 期累计预测误差。

例 3-8　根据 6 个月预测量和实际需求量计算平均绝对误差(MAD)、累计预测误差($E(e_i)$),以及跟踪信号(TS)见表 3-5。

表 3-5　各误差和跟踪信号的计算结果

期间(月)	需求预测量	实际需求量	偏　　差	累计偏差	绝对偏差	累计绝对偏差	MAD	TS
1	1000	950	-50	-50	50	50	50	-1
2	1000	1070	+70	+20	70	120	60	0.33
3	1000	1100	+100	+120	100	220	73.3	1.64
4	1000	960	-40	+80	40	260	65	1.2

(续)

期间（月）	需求预测量	实际需求量	偏差	累计偏差	绝对偏差	累计绝对偏差	MAD	TS
5	1000	1090	+90	+170	90	350	70	2.4
6	1000	1050	+50	+220	50	400	66.7	3.3

跟踪信号在纠正指数平滑预测偏差中很有用处，跟踪信号可为正也可为负，并存在一个临界值范围。若跟踪信号落在临界值范围内，则预测误差可信度较好；反之则表明预测误差可信度较差。此时，必须寻求原因，对预测数据进行重新评估。跟踪信号临界值可选得相对小一些；相反，对不太重要的预测，临界值可选得相对大一些。

一种改正预测偏差的方法是，当使用指数平滑法时，使用跟踪信号的绝对值作为平滑常数 a 值。这种预测常数称为调整平滑法，因为每次预测时平滑常数均不同，即平滑常数是一个动态变量。如果跟踪信号绝对值增加，那么也增加了平滑常数，故较新的数据权数较大，而较旧的数据权数较小。如果预测不偏，那么跟踪信号接近于0，平滑常数也接近于0，若发生一个随机波动，则赋予该随机波动以较小的权重系数，若该随机波动呈明显趋势后，则平滑常数随着跟踪信号的增大而增大，从而产生自动更正。

 习题和思考题

1. 简述需求预测的程序。
2. 需求预测有哪些常用的方法？
3. 什么是德尔菲法？它有哪些特点？
4. 某杂货店一年来每月牛奶的销售情况（单位为100L），见表3-6。

表3-6　某杂货店牛奶销售情况

月份	销售量	月份	销售量	月份	销售量	月份	销售量
1	97	4	101	7	100	10	106
2	107	5	101	8	95	11	103
3	101	6	99	9	107	12	100

（1）若1月份预测值为100，$a=0.2$，用一次指数平滑模型预测需求量。
（2）若初始预测值为100，$a=0.3$，用一次指数平滑模型预测需求量。

5. W厂生产的A产品目前的市场份额与最大竞争对手的市场份额的比值（相对市场份额）为1.2，市场成长率为14%。鉴于目前的市场态势，该厂拟调整下一季度的生产计划。为此，委托Y咨询公司对该厂所在地区的A产品销售量进行预测。Y公司根据本公司目前仅有的行业统计信息库，统计了W厂所在地区上半年各月的A产品销售量，见表3-7。

表3-7　A产品销售量

时间	1月	2月	3月	4月	5月	6月
销售量（万台）	5.54	5.75	5.59	5.33	6.06	6.57

同时，Y公司为了进一步提高自己的竞争能力，并为业主提供更加优质的咨询服务，拟进一步完善本公司的数据库。

1）采用一次指数平滑法，预测该地区下月的A产品销售量（平滑系数取0.3，初始值取前3个观测值的平均值）（列出计算过程，中间结果保留到小数点后三位，最终结果保留到小数点后两位）。

2）除了指数平滑法外，还有哪些常用的延伸预测法？各自的适用条件是什么？

拓展训练

用德尔菲法对一家企业的人力资源进行需求预测，并写出一份分析报告。

拓展案例

Northcutt自行车的预测问题

Jan是Northcutt自行车公司的老板，该公司成立于1995年。当时，Jan注意到她采购的用以销售的自行车的质量下降而价格却不断上升，并且她还发现，要想收到定制的自行车越来越困难，有时候要等几个月。于是她决定自己制造自行车以满足顾客的特殊需求。

Jan开始购买必要的零部件（车架、车座、轮胎等），并且有两个助手帮助她在租赁的仓库里组装。她的店铺在交货和自行车质量方面的声誉越来越大，她的顾客除了个人外，还增加了当地的自行车商店。随着生意的不断发展，她不得不花费更多的精力。于是她意识到，有必要卖掉她的自行车租赁商店，而集中精力在一个大的租赁厂生产自行车。

随着业务的进一步扩大，Jan整合越来越多的工序，进行自己生产，所以现在她采购整个自行车不到50%的零部件。这不但加强了她对产品质量的控制，也帮助她降低了生产成本，使她的产品更加吸引顾客。

1. 现在的状态

Jan认为自己是一个动手能力较强的管理者，充分利用了自己的直觉和市场经验来预测产品需求。基于她所建立的经营原则：快速、可靠地把产品交给每一个顾客。她认为必须在顾客提出需求之前，生产出每一种特定自行车的基本零部件。因此，她需要在确认实际需求之前有基本的车架、车轮和标准配件以供生产，而一旦收到订单只需要装配上可供选择的配件。她完成一个订单的时间低于行业平均时间的$\frac{1}{2}$，这被认为是一个战略性优势。Jan认识到，如果想保持现在的成功，就必须持续改善响应时间。

然而，Jan发现Northcutt自行车公司的顾客数却在减少，很多新的顾客在期望着，甚至要求更短的反应时间，这也是吸引他们来Northcutt自行车公司的最初原因，再加上需求总数的减少，使制订生产能力计划迫在眉睫。Jan发现，有时存在很多空闲时间（明显增加了成本），有时需求又超过了生产能力，进而增加了对顾客的响应时间，因此，她转而预测某些品种的需求，对那些品种建立成品库存。此举并不令人满意，因为这实际上增加了成本和一些响应时间。原因如下：

成品库存不是"正确"的库存，这就意味着某些产品品种缺货，而其他品种库存过多。

这种情况既影响了响应速度，又增加了成本。

为了帮助维持响应速度，撤销成品库存，而后又重新建立，增加了生产成本。

重建库存占用了其他顾客订单的可利用生产能力，进一步又导致了更差的响应时间和增加了赶工成本。在需求高峰期，现有的生产订单和重整订单同时竞争必需设备和资源，生产排程成了一大难题。

另外一个困扰 Jan 的难题是对自行车需求的减少。她担心空闲时间的低生产率，又不愿意在低需求时期解雇她的工人，她要求工人继续稳定地生产自行车。这使生产"正确"的自行车的问题显得尤为重要，尤其是在库存空间紧张的时候。

2. 历史需求

表 3-8 列出了对一个主要生产线的每月需求：标准 26in（1in＝2.54cm）10 速自行车。尽管它只是 Jan 的产品之一，但是它代表了 Northcutt 自行车公司现有的大部分产品的主要生产线。如果 Jan 可以利用这些数据找到一种方式，可以更好地理解产品需求，她相信可以用同样的方法预测其他主要产品的需求。她认为，这些知识可以让她更有效地做计划，同时继续保持好的响应速度并控制好成本。

3. 实际需求

表 3-8　一个主要生产线的每月需求　　　　　　　　　　　　（单位：辆）

月　份	2008 年	2009 年	2010 年	2011 年
1	437	712	613	701
2	605	732	984	1291
3	744	829	812	1162
4	893	992	1218	1088
5	901	1148	1187	1497
6	1311	1552	1430	1781
7	1055	927	1392	1843
8	975	1284	1481	839
9	822	1118	940	1273
10	893	737	994	912
11	599	983	807	996
12	608	872	527	792

思考题

1. 用至少两种方法做需求预测，越准确越好。
2. 用这些方法预测此后 4 个月的需求。

第 4 章
库存分析与控制

学习内容

1. 库存的作用与库存管理控制的主要内容。
2. 需求不确定情况下的订货模型。

重点难点

重点：需求确定情况下的订货策略，包括连续盘点与周期盘点两种方式。

难点：供应合同及其对订购数量的影响，需求不确定情况下的一次订货与多次订货模型。

 引导案例

库存专家王丽怀着既害怕又兴奋的心情小心地走近那座宽敞的灰色厂房。她做了一次深呼吸，紧握公文包，步入某机械设备公司宽敞的接待区。她填完表格时，公司库存改善经理李立从通往厂房底层的大门中走进了接待区。他走近王丽低声说："您就是库存专家吧。真高兴终于和您见面了！他们讲了很多关于您的故事啊！这次就请您来帮我们解决库存问题的！"

王丽走进工厂车间时，她觉得自己好像步入了另一个世界。庞大的机器在切割或碾磨金属时发出刺耳的声音，伴着低沉的隆隆声，而这些机器周围是堆满金属块的架子。

"我们工厂生产 200 多种不同塑钢机械的固定部件。每种机型都需要不同的部件，而每个部件又需要不同的原材料。所以我们工厂现在出现了严重的库存问题。"公司库存改善经理李立告诉王丽。

"在厂房里我们有各种原材料——从铆钉到钢板，我们现在对原材料库存的管理出了问题。我们订购了某些固定部件足够生产一年的原材料，但其他部件却只订购了够生产一周的原材料。我们在存储没用的原材料上浪费了大量的时间，却因为处理到货迟了的订单而损失了大量的钱。您需要告诉我们应当如何控制库存——对每一种部件我们应储备多少原材料，我们应该多长时间订购一次原材料，以及应该订购多少。"

王丽一边在走道上走着，一边检查这些架子上的存货。看来她在这家工厂要完成的任务很艰巨！

李立继续说："每当我们公司的销售部接到某种塑钢机械的订单时，订单就传到客户当地的装配厂。接着装配厂就向我们发一份订单，订购装配这种机械所需的固定部件。不幸的是，由于我们这里经常发生原材料短缺，从我们收到订单到完成订单并发货到装配厂要一个月的时间。"

王丽打断李立说："我想现在是收集订单的详细资料来解决库存问题的最佳时机！"李立笑着说："这正是我所希望的解决问题的时机！好吧，我来给您看看我的计算机。三年

前，我们曾请另一家咨询公司为我们建立了公司的数据库。您可以从计算机上查到任何您想要的数据！"

王丽意识到这个库存系统非常复杂。她想起了她的咨询公司的一条黄金法则：将复杂的系统分解成简单的组成部分。于是她决定对每一种固定部件独立地分析其库存控制。但是200多种部件，从何处开始呢？

她想起当装配厂收到某种机械的订单时，就会向工厂订购装配这种机械所需的固定部件。工厂也是在订单中所有部件都完成后才向装配厂发货。一份订单的交货时间是由订单中所需时间最长的部件来决定的。

王丽决定从装配常用的机械所需的生产时间最长的固定部件开始入手分析。她向计算机输入了一条命令以确定最常用的发动机。她得知过去一年QXT536的订购量最大。她又键入一条命令，得到了表4-1列出的QXT536的每月订货清单。

表4-1　QXT536的每月订货清单

月　份	6月	7月	8月	9月	10月	11月	12月	1月	2月	3月	4月	5月
订购数量	35	41	28	32	50	29	48	31	36	46	45	38

她将QXT536每月的订购量输入一个计算机统计程序以判断它所服从的分布。她发现订单数大致服从正态分布。这说明某一个月的订单数并不取决于上个月或下个月的订单数。

下一步就要研究装配QXT536所需部件中生产时间最长的部件。她键入一条命令，得到了装配QXT536所需的所有部件列表。她发现通常100348号部件所需的生产时间最长，而且这一部件只用于装配QXT536。她进一步调查发现，在过去一年中，完成100348号部件从下订单算起平均需要一个月的时间。她还发现如果整个生产工序所需的原材料齐全，工厂几乎能马上生产出这一部件。因此，生产完成时间实际上取决于从供应商那里取得原材料的时间。在库存中所有原材料齐全的情况下，这一部件的完成时间几乎为零，但通常的完成时间是一个半月。

王丽进一步研究发现，每台QXT536机械需要两个100348号部件。每个100348号部件需要一个在圆柱形模型中浇铸的钢件作为主要原材料。数据显示，几次供给装配厂的装配QXT536的固定部件交货延期到一个半月，都是因为100348号部件没有完成。因为工厂装配这种部件的钢件用完了而不得不等待供应商下一次送货！而供货商从收到订单到生产出来再送到需要一个半月。一旦钢件送到，工厂就开始用所有钢件迅速准备并进行一个生产批次来生产100348号部件。显然这家工厂的生产问题主要是这种不起眼的钢件的库存管理造成的。

找到了原因，王丽径直去库存改善部门索要完成分析所需的财务数据，得到了如下财务信息。

生产100348号部件的一个生产批次的准备成本5800元。

生产100348号部件的持有成本650元/件/年。

100348号部件的缺货成本（包括原料短缺成本、生产延迟成本和损失未来订单的成本）2350元/件/年。

在钢件供应商收到订单到钢件到货期间，不会发生生产100348号部件原料短缺的期望概率0.90。

至此，王丽获得了完成100348号部件的库存分析的所有信息！

4.1 基本概念

库存包括生产和销售过程中所用的各种物料，库存有其固有的优缺点，一方面它可以有效地保证生产的正常运行，在生产过程中及企业和市场之间起到缓冲作用，以缓解供需之间的矛盾，如果缺少适当的存货，生产线可能由此而中断。由此看来，一定量的库存是必要的。另一方面，库存占用大量的资金（建造仓库的静态投资和仓库运行中的运作管理成本，以及物料本身所占用的资金等），使企业不能将有限的资金用在开拓市场和研发上，并且库存太多，会使企业中所存在的问题不易暴露出来。这样日积月累，企业的问题会越来越多，形成恶性循环。因此，必须对库存进行合理的计划和控制，保证在不影响生产的情况下，使库存量尽可能低，以减少库存资金，提高资金周转率。

4.1.1 库存的定义和分类

在19世纪末期以前，外国资本家以其拥有的库存多少作为衡量财富的重要指标，库存即是财富。在19世纪末至第一次世界大战期间，美国由于生产过剩而造成库存过剩，从而引起恐慌，库存占用了大量的资金，影响企业的投资扩张，企业的发展受到库存过剩的束缚。这时库存再也不是财富，企业也从此意识到了库存管理的重要性。随后，众多的企业加强了对订购量的管理，初期库存管理的模型相对简单，并做了许多假设。随着对库存控制的要求越来越高，市场需求也越来越呈现动态的一面，这个阶段，有必要在库存控制中引入统计学和运筹学的理论和方法进行分析。到了20世纪50年代，计算机出现了，原来对库存进行分析和控制均采用手工操作，工作量太大，影响了效率，现在借助计算机，一方面计算处理的速度大大提高，另一方面，也发展出许多综合的比较复杂的库存控制策略。

1. 库存的定义

从广义上讲，库存是指企业所有资源的储备，包括与生产直接相关的物料和间接相关的备品、备件等。狭义的库存则只是与生产直接相关的物料。库存系统是指用来控制库存水平、决定补充时间及订购量大小的整套制度和控制手段。对于制造业来讲，其库存一般可分为：

1) 原材料或采购件。
2) 在制品。
3) 产成品。
4) 零件、工具等的备件。
5) 运送到仓库或顾客手中的在途产品。
6) 维持正常生产所需的消耗。

其中与产品生产和计划控制直接相关的是前面三种库存。几乎一切与库存管理相关的基本问题都与下列几个问题相关：①订购何种物料？②什么时候订货？③什么时候到货？④一次订货的数量是多少？

2. 库存的功能性分类

库存的主要功能在于作为缓冲，从原材料到产成品的生产过程的观点来看，有原材料、零件、组件（装配件）、半成品和成品等。从库存所在的位置来看，有独立的仓库库存、存在于制造过程中的在制品库存，以及由供应商供应的、在途或在工厂内专门活动区域存放的供应件。从库存的功能看，可以分为周转库存、缓冲库存、运输库存和预期库存。

（1）周转库存　周转库存有时也称批量库存。不管是用 MRP 做计划还是用 JIT 做计划，通常订货或拉动都存在一定的批量，这在相关应用软件里均有所体现。按批量订货是从订货的规模经济来考虑的，如果物料按批量组织订货，那么由此形成的周期性库存就称为周转库存。关于批量的大小及订购时间点的确定，以及决定批量大小及选择订购点的方法，将在后文介绍。

（2）缓冲库存　市场需求是不确定的，供应商的供货也存在诸多不确定因素，所以有必要设置安全或缓冲库存。设置的安全或缓冲库存能满足成品需求的最高点。这种为防止缺货而设置的库存为缓冲库存，有时也称安全库存或保留库存。有了缓冲库存，即使在某段时间，市场的需求值高于平均值，或者供货发生延迟，也可以满足顾客的需求。

（3）运输库存　生产过程各个阶段通常是分开的，尤其在建立全球化的供应体系过程中更是如此，大公司更加关注的是核心能力的竞争，因此经常将许多非核心业务外包出去。汽车行业就是如此，汽车组装需要的众多零部件通常在不同的地点生产，然后运送到总装厂进行组装；成品车生产出来后，也不一定直接送到顾客手中，而是经过销售商再送交顾客，零部件或产成品在到达顾客（总装厂也是一种广义的顾客）的过程中存在许多运输。这种从一个阶段到达下一个阶段、从一个地点到另一个地点的物料就是运输库存。它是处于运输过程中的物料，以及在两地之间的库存。运输库存的多少取决于运输时间的长短。

（4）预期库存　由于许多产品的市场需求存在季节性，例如夏季通常冰箱、电风扇、空调等的销量增加，所以有时需要进行一定量的储备，以防销售旺季到来时，由于生产能力的限制，出现产品供不应求的情况。但是，设定预期库存对企业来说通常存在一些风险，一旦某种因素没有出现预期的季节性时，就会造成大量库存积压，相应地就会造成大量资金的积压。

4.1.2　库存的作用

总体来说，库存的作用可以概括为以下几点：

（1）满足预期顾客的需求　顾客对产品的需求在时间与空间上均有不确定性，库存可以满足随时发生的顾客需求。

（2）平滑生产要求　当需求与生产能力不平衡时，企业可以利用库存来调节需求的变化。季节性需求模式的企业总是在淡季积累库存，满足特定季节的过高需求。这种库存被命名为季节性库存。

（3）分离运作过程　若设备故障或者原材料运输中断，企业的生产可能会中断，不能进行连续生产。在生产过程中维持定量的在制品库存，就能够保持生产的连续性，可以防止生产中断。例如，当某道工序的设备发生故障时，如果有在制品库存，其后续工序就不会中断。同样，在运输途中维持一定量的库存，可以保证供应，使生产正常进行。正因如此，由于库存的存在，可以使生产过程中密切相关的加工阶段和作业活动相对独立，使生产效率不同的各加工阶段和作业活动可以更独立和更加经济地运行。

（4）防止脱销　因为天气条件、供应商缺货等原因不能及时送货，或者意料之外的需求增长、增加等，都增加了缺货风险。维持一定量的库存可以降低缺货损失。

（5）合理规划订货周期　适量的库存能够使企业批量地采购和生产，无须为短期需求与采购或生产的平衡而费尽心机。合理地规划和利用订货周期，通过集体订货和固定时间订货会更现实或更经济。

（6）避免价格上涨　有时企业管理者预测到物价要上涨，为避免增加成本，他们就会以超过正常水平的数量进行采购。储存多余的制品可以使企业通过更大的订单获取价格折扣。

（7）辅助业务运营　生产运作过程需要花费一定量的时间，这意味着通常都会有一些在制品库存。另外，产品的中间库存（包括生产现场的原材料、半成品和产成品，以及存在仓库里的产品）会产生经由生产线至销售系统的在途库存。这些库存能够辅助和调节运营过程。

4.1.3 库存的缺点

对于维持企业的正常运转，库存有重要的作用。但是，任何事物都具有两面性，如果不能实现有效的库存管理，也会给企业带来不利影响。库存的缺点主要包括以下几个方面：

1. 占用资金

企业的资金有限，而库存货物要占用大量资金，使企业资金运转速度减慢。通常情况下，库存占企业总资产的20%～40%，若库存管理不当，则会形成大量资金的沉淀，并对企业的资金运转造成不利影响。

2. 增加库存成本

库存成本是指企业为持有库存所花费的成本。库存成本包括占用资金的利息、储藏保管费（仓库费用、搬运费用、管理人员费用等）、保险费、库存物品价值损失费（丢失或被盗，库存物品变旧，库存物品发生物理、化学变化或者过时导致价值的降低）等。持有库存，企业会占用一定的库存成本。在满足生产需求的前提下，实现库存总成本最小，是库存控制的基本目标。

3. 掩盖企业的经营问题

现代生产管理理论，尤其是精益生产方式认为，高库存有可能会掩盖一系列的经营问题。例如：库存可能被用来掩饰产品、零部件的质量问题。一般当废品率或者返修率比较高时，企业会加大生产批量和在制品、产成品库存；库存可能被用来掩盖缺勤、技能训练差、操作不规范、劳动纪律松弛、现场管理混乱等问题。企业生产经营中的很多问题有可能用高库存来掩盖。如果库存水平很低，所有的问题都会立刻暴露出来，迫使企业去改进。因此，在精益生产方式中，把库存看作"万恶之源"，致力于通过尽量减少库存来暴露生产经营中的潜藏问题，从根本上提高生产经营系统的运行效率和质量。

正是由于库存存在上述重要作用和缺点，因此在生产管理活动中，必须建立完善的库存控制系统，实现对库存的有效控制。

4.2 库存控制的目的和基本决策

4.2.1 库存控制的目的

对库存的控制不力，就会导致库存的不足或者过剩。库存不足将错过送货、降低销售额、使顾客不满、产生生产瓶颈等；而库存过剩则会导致占用过多的资金，使库存持有成本过高。有效地库存控制，要做到既能满足需求，又能降低库存成本，实现两者的平衡。

因此，库存管理的目的是在库存成本的合理范围内达到满意的顾客服务水平。

4.2.2 库存控制的基本决策

库存管理人员必须做出两项基本决策：订货点与订货批量（何时订货与订多少货）。在此基础上，一个比较完整的库存控制决策应该包含以下内容：

1）确定相邻两次订货的间隔时间。
2）确定每次订货的订货批量。
3）确定每次订货的提前期。
4）确定库存满足供货的服务率，如满足用户需求的服务水平的控制。

4.3 有效库存管理的必要条件

总体来说，为了达到有效的库存管理，必须具备以下条件：建立一个有效的库存管理系统，用于监控现有库存并确定合理的订货量；建立库存项目分类系统；做好需求预测，其中包括对可能预测失误的说明；了解生产提前期及其变化幅度；对库存持有成本、订货成本、缺货成本合理评价。

4.3.1 建立库存管理系统

独立需求库存的库存管理系统的基本系统模式主要可分为定量订货系统和定期订货系统两种形式。

1. 定量订货系统

定量订货系统也称永续盘存系统、固定订货量系统、连续检查控制系统。这种库存系统持续追踪库存变化，使系统能够提供各个细项的当前库存水平信息。当库存量达到预先确定的最低水平时，就进行固定数量的订货，订货的批量为 Q。

这种系统的主要特征是每次订货的订货量相同，订货点也相同，对系统的监控是连续的。理想的定量订货库存模型（确定型模型）如图 4-1 所示。

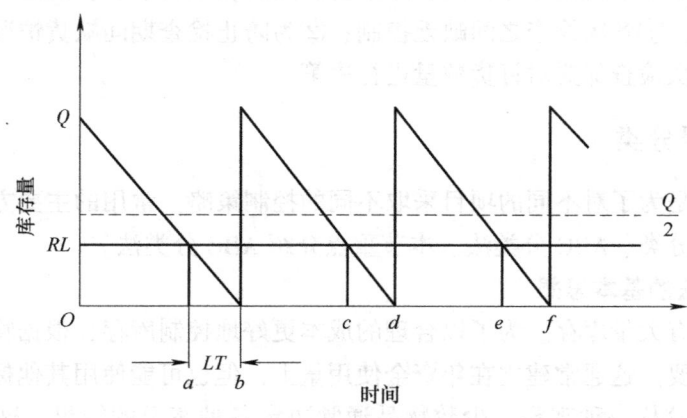

图 4-1 定量订货库存模型

从图 4-1 中可以看出，系统的最大库存量为 Q，最小库存量为 0，不存在缺货。库存按某一固定需求率减少。当库存量降到订货点 RL 时，就按固定订货量 Q 发出订货。经过一个固定的订货提前期 ab 或 cd 或 ef 后，新的一批货到达（订货刚好在库存变为 0 时到达）。平均库存量为 $Q/2$。

这种系统有两个优点：①持续监控库存有利于库存控制；②订货批量固定，方便操作，同时管理部门还能根据需要调整经济订货批量。缺点是为了保持记录增加了成本。另外，因为损坏、偷窃等原因都会减少库存，仍然需要定期检查实际数量是否与库存记录相符。

2. 定期订货系统

定期订货系统也称为定期盘存系统、固定订货间隔期系统。它是以时间为基础的库存系统，即每经过一个固定的间隔期以后，就应该发出一次订货指令。它的两个主要决策变量是固定检查期和最高库存水平，其他变量都可以通过它们推导出来。图 4-2 所示为确定型定期订货系统图。

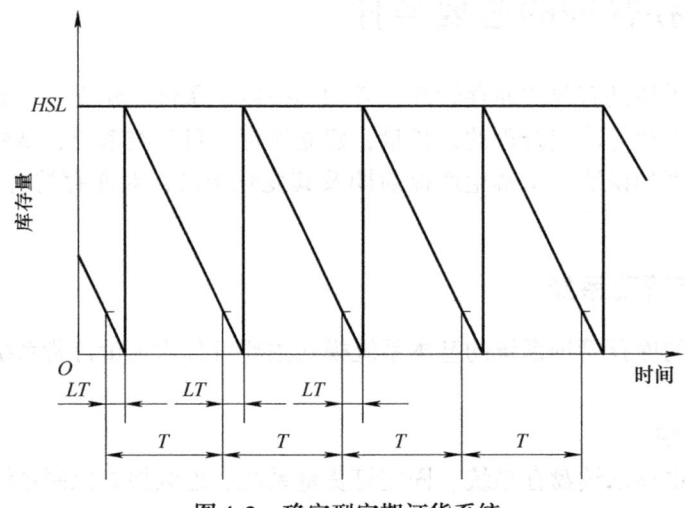

图 4-2 确定型定期订货系统

如图 4-2 所示，系统的最高库存水平是 HSL，每经过一个固定的间隔期 T，便发出一次订货，经过 LT 的订货提前期之后，新的订货到达，库存量又回到最高水平。

定期订货系统需要定期盘点库存的实际数量，然后确定需求量，发出一次订货。定期订货系统有一些缺点：①各次检查之间缺乏控制；②为防止检查期间缺货情况的发生，需要持有额外库存；③每次检查都要对订货数量进行决策。

4.3.2 库存项目分类

库存项目分类是为了对不同的项目采取不同的控制策略。常用的主要方法有按照物料属性分类、按照用途分类、ABC 分类法。本节重点介绍 ABC 分类法。

1. ABC 分类法的基本思想

多数公司都持有大量库存。为了以合理的成本更好地控制库存，根据物品的重要性对库存进行分类很有必要。这通常建立在年资金使用量上，但也可能使用其他标准。

ABC 原则基于这样一种观察：少数物品通常决定各种情况的结果。这一观察首先由意大利经济学家维尔弗雷德·帕累托得出，因此称为帕累托法则（Pareto's law）。当帕累托法则用于库存管理时，经常发现物品的百分比与年资金使用百分比的关系遵循这样一条曲线，其中共分三类：

A 类：大约 20% 的物品占 80% 的资金使用量。
B 类：大约 30% 的物品占 15% 的资金使用量。
C 类：大约 50% 的物品占 5% 的资金使用量。

这里的百分比不是绝对的。这种分类方法有助于控制库存。

2. ABC 分类法的步骤

第一，建立影响库存管理结果的物品特征。通常使用年资金使用量，但是也可能使用其他标准，如物品稀缺性。

第二，根据已经建立的标准将物品分类。

第三，根据每一类物品的重要性，对其进行不同程度的管理。

影响物品重要性的因素包括年资金使用量、单位成本和物品稀缺性。为简单起见，本书中只使用年资金使用量。用年资金使用量进行分类的步骤如下：

1）确定每类物品的年用量。
2）将每类物品的年用量乘以该物品的成本得到总的年资金使用量。
3）根据年资金使用量排列物品。
4）计算累计年资金使用量和累计物品所占比例。
5）检查年资金使用分布情况，根据年资金使用百分比将物品分为 A、B、C 三类。

例 4-1 某公司生产一系列产品。物品使用量、单位成本和年资金使用量如表 4-2 所示。年资金使用量是由物品使用量乘以单位成本得到的。

1）计算每种物品的年资金使用量。
2）根据年资金使用量排列物品。
3）计算累计年资金使用量和物品累计百分比。
4）将物品分成 A、B、C 三类。

解：

1）计算每一种物品的年资金使用量见表 4-2。

表 4-2 物品使用量、单位成本和年资金使用量

零 件 号	物品使用量（件）	单位成本（元）	年资金使用量（元）
1	1100	2	2200
2	600	40	24000
3	100	4	400
4	1300	1	1300
5	100	60	6000
6	10	25	250
7	100	2	200
8	1500	2	3000
9	200	2	400
10	500	1	500
总计	5510	139	38250

2)、3)、4) 步骤的解答见表 4-3。

表 4-3 2)、3)、4) 步骤的解答

零件号	年资金使用量（元）	累计资金使用量（元）	累计资金使用百分比（%）	累计物品百分比（%）	类别
2	24000	24000	62.75	10	A
5	6000	30000	78.43	20	A
8	3000	33000	86.27	30	B
1	2200	35200	92.03	40	B
4	1300	36500	95.42	50	B
10	500	37000	96.73	60	C
9	400	37400	97.78	70	C
3	400	37800	98.82	80	C
6	250	38050	99.48	90	C
7	200	38250	100	100	C

ABC 曲线：价值百分比和物品百分比通常以图形表述如图 4-3 所示。

3. 基于 ABC 分类法的控制

使用 ABC 库存管理方法，需要遵循以下两个基本原则：

（1）有大量低价值物品 C 类物品占大约 50% 库存，但只占库存总价值的 5% 左右。持有额外的 C 类物品库存几乎不增加库存总值。只有当某一 C 类物品缺货时，C 类物品才显得真正重要。因此，C 类物品的供应总是可用的。例如，一次采购一年的供应量，持有充足的安全库存。这样一年仅有一次缺货的可能。

（2）用节省的资金和精力减少高价值物品的库存 A 类物品代表了 20% 的库存，却占库

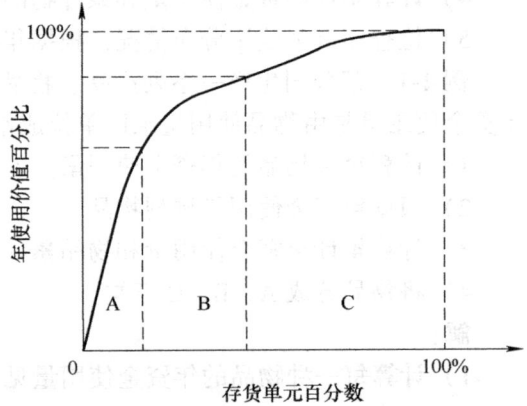

图 4-3 ABC 曲线：价值百分比和物品百分比

存总价值的 80%。因此，A 类物品至关重要，需要严密控制和频繁检查。

使用不同的分类需要采取不同的控制方法：

1) A 类物品：最高优先级。严密控制，包括完整准确的记录、管理层定期频繁地检查需求预测、密切追踪以及缩短提前期。

2) B 类物品：中度优先级。正常控制，包括良好的记录、定期检查及正常处理。

3) C 类物品：最低优先级。可能的最简单的控制，确保充足的供应。简单记录或者没有记录，可能采用双箱系统或定期检查系统大批量采购并持有安全库存。

4.3.3 需求预测和订货提前期信息

库存是满足生产经营需求的，因此可靠地预测需求数量与时机很关键。需求信息是可以预测到的。独立需求项目，可以通过市场预测得到；非独立需求项目，则根据 MRP 产生的

计划信息得到。

同样，了解送货需要多长时间也很关键。另外，生产经营需求与订货提前期（从订货到收货的时间，时长取决于路途的远近和运输工具速度的快慢）之间可能会有差异。潜在差异越大，就越需要额外库存，以减小运货间隔期内发生的缺货风险。

在现实中，由于需求和订货期都是随机变化的，因此准确把握比较困难。但是，作为库存管理的决策者，应该通过统计、预测、运筹等相关方法，大体掌握其变化范围，尽可能地做到准确。

4.3.4 库存成本

库存分析通常建立在对成本分析的基础上，通过建立库存模型，寻求使总成本最小来确定库存的订购策略，常用的库存成本有存储成本、订购成本、短缺成本和生产准备成本，现分述如下。

1. 存储成本

为存储保管库存所需的成本，通常称为存储成本，也可称为保管成本。它的构成要素主要有处理与存储成本、过时损坏与失窃成本、保险与税收成本、资金投资成本即机会成本。

（1）处理与存储成本　处理与存储成本包括贮藏空间的成本，如仓库成本、供暖照明等设备成本。若利用现成的仓储设备而不另做其他用途，则存储成本为固定值，不随库存水平变化而变化，但一旦超出既定的库存水平后，成本就随库存水平的增加而上升。处理成本也随库存水平大小的变化而变化，主要包括物料搬运人员和仓库保管人员所产生的成本，如监督、实地清点物料、搬运等。若遇无效率的存储布置，则会增加处理成本。

（2）过时损坏与失窃成本　许多物料在存储中，会发生变质，其损坏程度因物料性质的不同而异。过时情况发生在成本市场需求消失后，仓库仍有许多库存，从而造成损失。失窃成本也会造成资产的损失。

（3）保险与税收成本　库存是公司的一种投资，常常需要支付保险费、税收等，从而产生成本。

（4）机会成本　库存需要资本投资，一旦资金用于库存后，就无法用于其他地方，故机会成本只能取决于该项资金用于其他备选方案时的投资回报率。

2. 订购成本

采购每批物料时通常要耗费固定成本，此固定成本常称为订购成本。它的构成要素常有填写请购单、制造订单、记录订单、追踪订单、质量检验、处理发票或工厂报告，以及付款准备的成本等事务的工作成本。另外，还包括每批物料的生产成本，该成本与批量大小有关。订购成本与每批订购量大小成反比，每批订购量越大，每年订购次数越少，则订购总成本越低。

3. 短缺成本

短缺成本的主要内容包括停工待料或无法立即满足需求所发生的各种损失，如加班费、特殊管理费、违约罚款、赶工成本、特殊处理成本、信誉损失成本等。通常存在两种情况：第一种情况是发生需求时仓库无库存，且无法立即得到补充，这种缺货会失去销售机会，从而造成利益损失，也可能是一种信誉损失，还可能面临失去顾客的严重后果；第二种是库存量无法满足市场需求，但可以等待，此时可由系统的应急处理程序通过特殊的手段增加能力,如加班、赶工、外包等,此时也产生成本。

年库存总成本 = 年存储成本 + 年订购成本 + 年短缺成本

库存控制的总体目标,就是确定合理的库存水平,使年库存总成本最小。

4. 生产准备成本

生产准备成本是指向外部的供应商发出采购订单的成本或是指内部的生产准备成本。向外部供应商发出采购订单的成本包括提出请购单、分析卖主、填写采购订货单、来料验收、跟踪订货,以及完成交易所必需的业务等各项费用。内部的生产准备成本是指外购转为自产的情况下,为生产从前订购的物品而调整整个产程的成本,通常包括准备工作命令单、安排作业、生产前准备和质量验收等费用。订购/生产准备成本与订货批量无关,只与订购次数有关。

4.4 库存问题的基本模型

库存问题的基本模型是库存控制的定量决策模型。首先,通过对与库存有关的费用进行分析,明确库存控制的目标。在此基础上,讨论经济订货批量模型、经济生产批量模型和有价格折扣的经济订货批量模型三个基本模型,并针对定量订货系统和定期订货系统讨论在确定型情况和随机型情况下的决策模型和方法。

4.4.1 基本的经济订货批量模型

1915 年,F. W. 哈里斯(F. W. Harris)发表了著名的经济订货批量(Economic Order Quantity,EOQ)公式。后来,通过一个名叫威尔逊(Wilson)的咨询顾问的努力,这个公式得到了广泛应用,因而这个公式通常也被称为威尔逊 EOQ 模型。即使到现在,EOQ 模型及其一些变形模型仍然广泛地应用于独立需求的库存管理中。

经济订货批量就是在一定条件下使年库存总成本最小的订货批量。经济订货批量模型提供了一种简单有效的物料订货批量决策方法。

EOQ 模型基于以下的基本假设:①需求已知而且不变;②发出订货和接受订货之间的时间已知,而且不变;③一批订货是瞬时到达的;④数量不打折扣;⑤订货成本是固定不变的,与订货量无关,并且与保管成本库存水平成正比;⑥没有缺货现象,及时补充。

在以上假设条件下,库存量的变化如图 4-4 所示。Q 是批量,平均库存量是 $Q/2$,L 是货点,$ac(ac=ce)$ 是订货间隔期,$ab(ab=cd=ef)$ 是订货提前期。

在假设条件下,物品购入单价为常数且不允许缺货,全部物品在同一时间入库。由于前期固定,所以可以取订货点为提前期内的需求量。设系统最大库存量为 Q,最小库存量为 0,不存在缺货。由于需求速率固定,库存数量以固定的速率降低,当库存量降低到订货时,就按照 Q 发出一批新的订货。经过一个固定的订货提前期后,物品到达并入库。物品即将入库时,库存

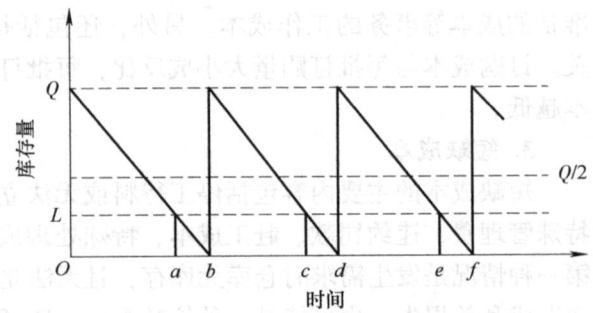

图 4-4 库存量与成本的模型

数量为 0；物品入库后，库存量立即达 Q。

库存相关成本包括存储成本和订购成本和材料成本。假设：

D = 全年需求量

P = 单位物品的购入成本

C = 每次订货的订购成本

H = 每单位物品每年的存储成本

材料费 = 全年需要量 × 单位产品的购入成本 = $D \times P$

全年订购费 = 全年订购次数 × 每次订购的订货成本 = $\dfrac{D}{Q} \times C$

储存费用包括库存物资占用资金的利息，库房建筑物和仓库机械设备折旧费、修理费等；仓库管理费包括仓库职工的工资、办公费等，库存物资在保管过程中的短缺损失、积压损失等费用。

全年储存费 = 年平均库存量 × 该物资每件每年储存成本 = $\dfrac{Q}{2} \times H$

例 4-2 某一五金备件分销商持有 3in 螺钉库存，年使用量为 1000 箱，全年需求相对稳定，单个订单的订购成本是 20 美元，持有库存成本预计为 20%，单位成本是 5 美元。求年订购成本、年持有成本和总成本。

解：

这里 D = 1000 箱，C = 20 美元，H = 20% × 5 = 1 美元。

$$年订购成本 = \dfrac{1000}{Q} \times 20$$

$$年储存成本 = \dfrac{Q}{2} \times 5 \times 0.2$$

$$总的年成本 = \dfrac{20000}{Q} + \dfrac{Q}{2}$$

不同订购批量的成本见表 4-4。

表 4-4 不同订购批量的成本 （单位：美元）

订购量（箱）	订购成本	持有成本	总成本
50	400	25	425
100	200	50	250
150	133	75	208
200	100	100	200
250	80	125	205
300	67	150	217
350	57	175	232
400	50	200	250

表 4-4 说明了以下重要事实：

存在一个订购量使得订购成本和持有成本之和最小。

EOQ 发生在订购成本等于持有成本的点上。

在 EOQ 附近的较大批量范围内总成本变化很小。

图 4-5 表示了库存成本随订购量变化而变化的情况。有时会发生缺货的情况，因此缺货费用 = 0。

因此，年库存总成本 = 材料费 + 全年订购费 + 全年储存费

即

$$TC = \frac{Q}{2} \times H + \frac{D}{Q} \times C + D \times P \quad (4\text{-}1)$$

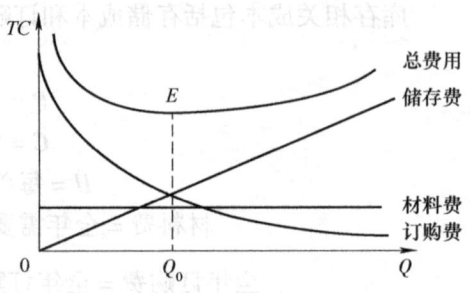

图 4-5 订购量与成本的关系

为求经济订货量，将年库存总成本对订货批量求一阶导数，并令其为 0，得

$$\frac{dTC}{dQ} = \frac{H}{2} - \frac{CD}{Q^2} = 0$$

解得

$$\text{经济订货批量 } Q_0 = \sqrt{\frac{2DC}{H}} \quad (4\text{-}2)$$

用这个公式计算前面例子中的 EOQ，得

$$\text{EOQ} = \sqrt{\frac{2DC}{H}} = \sqrt{\frac{2 \times 1000 \times 20}{0.2 \times 5}} \text{ 单位} = 100 \text{ 单位}$$

从公式（4-2）可以看出，经济订货批量随 C 的增加而增加，随 H 的增加而减少，因此价格昂贵的物品订货批量要小，难采购的物品一次订货批量要大一些。

4.4.2 经济生产批量模型

EOQ 假设整批订货在一定时间同时到达，补充率为无限大。这种假设是不符合生产实际的。一般来说，库存是边消耗边补充的。库存的补充是物料的生产率与消耗率共同作用的结果。当生产率大于消耗率时，库存是逐渐增加的，而不是一瞬间到达最大值。要使库存不至于无限增加，当库存达到一定的量时，应该停止生产一段时间。由于生产系统调整准备时间的存在，在补充库存的生产过程中，有一个经济批量的问题，也就是经济生产批量问题。

经济生产批量（EPQ）模型的库存量变化过程如图 4-6 所示。

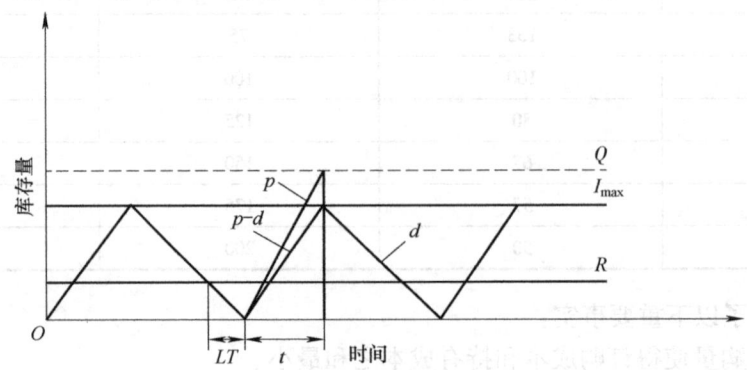

图 4-6 经济生产批量（EPQ）模型的库存量变化过程

图4-6中的符号代表的意义如下：

p——生产率；
d——消耗率（$d<p$）；
t——生产时间；
I_{max}——最大库存量；
Q——生产批量；
R——订货点。

生产在库存为0时开始进行，经过生产时间t结束。由于生产速率大于需求速率，因此在此过程中，库存量将以$p-d$的速率上升，经过时间t，库存达到I_{max}。生产停止后，库存按照消耗率d下降，当库存减少到0时，又开始新一轮的生产。Q是在t时间内的生产量，也是一个订货周期内的消耗量。

在EPQ假设条件下，"年库存总成本＝年存储成本＋年订货成本＋年缺货损失费"中的年缺货损失费为0。

$$年库存总成本 = 年购入成本 + 年订货成本 + 年存储成本$$

在EPQ模型中，由于是按照$p-d$的速率补充库存的，因此平均库存量与EOQ模型不同，平均库存量不是$Q/2$，而是$I_{max}/2$，即

$$TC = \frac{I_{max}}{2}H + \frac{D}{Q}C + DP$$

而

$$I_{max} = t(p-d)$$

由$Q = pt$，可得

$$t = \frac{Q}{p}$$

$$TC = H\left(1 - \frac{d}{p}\right)\frac{Q}{2} + \frac{DC}{Q} + DP \tag{4-3}$$

对生产批量求一阶导数，并令其等于0，可求得经济生产批量为

$$Q_1 = \sqrt{\frac{2DC}{H\left(1 - \frac{d}{p}\right)}} \tag{4-4}$$

例4-3 某企业装配车间组装某产品每天需要零一部门提供A部件20件，该部门每年年产A部件1万件。若年工作日为250天，生产系统为生产A部件的调整成本为每次800元，A部件的生产成本为40元/件，年存储费用率为10%，求经济生产批量。

解：由已知，$p = 10000$件/250天$=40$件/天，$d = 20$件/天，$D = 20$件/天（5000件/250天），$C = 40$元/件，$I = 10\%$，$H = CI = 10\% \times 40$元/件$= 4$元/件，$S = 800$元，则

$$Q_1 = \sqrt{\frac{2DC}{H\left(1 - \frac{d}{p}\right)}} = \sqrt{\frac{2 \times 5000 \times 800}{4 \times \left(1 - \frac{20}{40}\right)}}\text{件} = 2000\text{件。}$$

4.4.3 有价格折扣的经济订货批量模型

采购物品时，供应商通常对超过一定批量的订单给予折扣。这样做是因为较大的订单能

够降低供应商的成本。为得到较大数量的订单，供应商愿意提供数量折扣，而采购方必须决定是否接受折扣。这样做必须考虑相关成本：材料成本、订购成本、储存成本。

例 4-4 产品信息见表 4-5，年需求是 25000 单位，单位成本是 10 美元，准备成本是每个订单 10 美元，库存持有成本是 20%，供应商对该产品超过 10000 美元的订单给予 2% 的折扣，这一折扣是否应该接受？

解：
$$EOQ = \sqrt{\frac{2 \times 250000 \times 10}{0.2}} \text{ 美元} = 5000 \text{ 美元}$$

折扣订单量 = 10000 美元 × 0.98 = 9800 美元

表 4-5 折扣订单量计算表　　　　　　　　　　　（单位：美元）

项　目	无　折　扣	折　扣　批　量
单位价格	10	9.8
批量	5000	9800
平均批量库存	2500	4900
年订购次数	50	25
采购成本	250000	245000
库存持有成本（20%）	500	980
订单准备成本（10/个）	500	250
总成本	251000	246230

从以上例子可以得出，接受折扣会带来以下结果：
1）节省采购成本。
2）订购量增多使订购次数减少，订购成本降低。
3）订购量增加，库存持有成本增加。

买方必须权衡前两点和最后一点的利弊，然后决定如何去做。需要着重考虑的是总成本，根据给出的数据，接受折扣或许是最好的决策，也或许不是最好的决策。

4.4.4　成本未知时产品族的订购量

EOQ 公式取决于订购成本和持有库存成本。在实际计算过程中这些成本并不总是已知或很难决定的。然而 EOQ 公式应用于产品族时仍然有利。

对于产品族来说，每个产品的订购成本和持有成本一般都是相同的。例如，如果我们订购五金零部件：螺母、螺栓、螺钉、钉子等，每个产品的持有成本（存储成本、资金成本和风险成本）是完全相同的，向供应商下达订单的成本也一样。这种情况下，产品族内的所有产品的下达订单成本（C）和持有库存成本（H）都是相同的。即

$$Q = \sqrt{\frac{2DC}{H}}$$

其中，D（年需求量）用货币表示。

第4章 库存分析与控制

由于产品族所有产品的 C 和 H 都相同，那么 $\sqrt{\dfrac{2C}{H}}$ 也就都相等。为简便起见，令

$$K = \sqrt{\dfrac{2C}{H}}$$

那么

$$Q = K\sqrt{D}$$

而 $Q = \dfrac{\text{年需求量}}{\text{年订购次数}} = \dfrac{D}{N}$，即

$$K = \dfrac{\sqrt{D}}{N} \tag{4-5}$$

现在看该公式如何应用。

例4-5 产品族信息见表4-6，假设产品族的决策规则是每年订购4次。由于订购成本和持有库存成本未知，每年订购4次不是基于EOQ。在EOQ不能计算的情况下能否制定一个更好的决策规则？

表4-6 产品族信息

产品	年使用量（美元）	年订购次数（次）	目前批量（美元）	D（美元）	$K=\dfrac{D}{N}$
A	10000	4	2500	100	25
B	400	4	100	20	5
C	144	4	36	12	3
		12	2636	132	33
平均库存			1318		

解：批量总和是2636美元。由于平均库存等于订购量的一半，平均库存就是2636美元÷2＝1318美元。

由于是准备成本相等，持有成本也相等的同一产品族，那么所有物品的 K 也应该相等。前面的计算结果显示并不是这样。K 的正确数值仍然未知，一个更好的 K 值应该是所有数值的平均值：

$$K = \dfrac{\sum \sqrt{D}}{\sum N} = \dfrac{132}{12} = 11$$

这个 K 值可以用来重新计算每个物品的订购量。

产品A：

新的批量 $= K\sqrt{D} = 11 \times 100$ 美元 $= 1100$ 美元

新的年订购次数 $= \dfrac{D}{Q} = \dfrac{10000}{1100}$ 次 ≈ 9 次

产品B：

新的批量 $= K\sqrt{D} = 11 \times 20$ 美元 $= 220$ 美元

$$新的年订购次数 = \frac{D}{Q} = \frac{400}{220}次 \approx 2 次$$

产品 C：

$$新的批量 = K\sqrt{D} = 11 \times 12 \text{ 美元} = 132 \text{ 美元}$$

$$新的年订购次数 = \frac{D}{Q} = \frac{144}{132}次 \approx 1 次$$

因此，批量总和为 1452 美元，平均库存从原来的 1318 美元降低到 726 美元，而每年的订购次数（12）保持不变，与库存相关的总成本也降低了。

4.5 确定性订货系统的库存控制模型

在需求量和提前期都是常量的情况下，针对确定型订货系统，分别讨论定量订货系统和定期订货系统的不同参数的确定方法。

4.5.1 订货点

经济订货批量模型解决了一次订货的数量问题。另一个重要问题是何时下达下次订单。如果不能及时补充存货，就会出现缺货及潜在客户流失的情况。但是，太早订货会产生多余库存。此时要解决的问题就是如何平衡保管多余库存的成本和缺货损失的成本。不管是什么商品，我们都要设立补充订货的条件。需要的时候，每月订货一次，或者是当存货消耗到预定水平时发出订单。在生活中，我们或多或少地使用订购规则，这些规则视物品的重要性不同而不同。家庭主妇凭直觉来准备每周的购物单。例如，买足够一周吃的肉，盐罐要空的时候买盐，下周需要的话就买一些香油，等等。

当现有存货消耗到预先设定的水平时，称为订货点（Order Point），此时发出订单。订购数量通常是预先通过经济订货批量计算出来的。

4.5.2 确定型定量订货系统

在确定型定量订货系统（订货点）中，采用连续检查的方法，每次取货的时候都与事先设定好的订货点水平进行比较。订货点是控制订购时间的决策变量，它表示需要发出一个新的订货时的库存水平。一旦库存水平达到订货点，就需要立即进行订购。

对于需求量和提前期都是常数的确定型定量订货系统来说，订货点的库存储备量 R 的计算方法为

$$R = dL \tag{4-6}$$

式中　R——订货点的库存水平；

　　　d——单位时间内的需求量，一般是日需求量；

　　　L——订货提前期。

4.5.3 确定型定期订货系统

确定型定量订货系统的基本问题是确定订货批量和订货点。确定型定期订货系统（订货间隔期）的基本问题是确定订货间隔期 T 和最高库存量 E。下文将对基本经济订货间隔期

(EOI) 模型进行分析。

EOI 的基本假设与 EOQ 的基本假设相同。在这样的假设条件下，年总库存成本计算如下：

年总库存成本 = 年购入成本 + 年订货成本 + 年存储成本

$$TC = DP + mC + \frac{DH}{2m} = DP + \frac{C}{T} + \frac{DHT}{2} \tag{4-7}$$

式中 $m = \frac{1}{T}$ ——$\frac{1}{订货间隔期}$；

$\frac{D}{2m} = \frac{TD}{2}$ ——平均库存量；

$T = \frac{1}{m}$ ——订货间隔期，以年计。

上式中对订货间隔期 T 求一阶导数，且令其等于零，得到经济订货间隔期为

$$T_0 = \sqrt{\frac{2C}{DH}} \tag{4-8}$$

最优年检查次数为

$$m_0 = \frac{1}{T_0} = \sqrt{\frac{DH}{2C}} \tag{4-9}$$

最低年总库存成本，即用经济订货间隔期 T_0 替换总成本公式中的 T：

$$TC_0 = DP + DHT_0 \tag{4-10}$$

例 4-6 某厂每年以单价 10 元购入 8000 个元件，每次订货成本为 30 元，每单位物品每年的存储成本为 3 元。提前期为 10 天，一年按 250 个工作日计算，求经济订货间隔期和最低年总库存成本。

解：经济订货间隔期为

$$T_0 = \sqrt{\frac{2C}{DH}} = \sqrt{\frac{2 \times 30}{8000 \times 3}} \text{年} = 0.05 \text{ 年} = 12.5 \text{ 天}$$

最低年总库存成本为

$$TC_0 = DP + DHT_0 = (8000 \times 10 + 8000 \times 3 \times 12.5 \div 250) \text{元} = 81200 \text{ 元}$$

4.6 随机型订货系统的库存控制模型

在前面的讨论中，需求率和提前期都是确定的常量，但是在实际中，两者都是随机的而非确定的。对于需求率的提前期，只要有一个是或两者都是随机变量的订货系统，其类型都属于随机型订货系统的库存控制问题。

4.6.1 定量订货系统中考虑安全库存的订货点

1. 订货点系统

在应用订货点系统时，确定订单发出时间必须满足的条件是：当时手头的存货数量能够满足从订货点至货物到达期间（称为提前期）的生产需求。假设某产品的平均需求为每周 100 单位，提前期为 4 周。如果手头有 400 单位存货时发出订单，平均来说所持存货就能满足订货到达前的生产需求。但是，任一提前期的需求都可能多于或少于平均数。从统计学

的观点来说，有一半的概率需求大于平均数，发生缺货；一半概率需求小于平均数，出现过量库存。为防止缺货必须采取保护措施，即安全库存。当现有存货消耗到提前期需求量与安全库存之和时，发出订单。

$$OP = DDLT + SS \quad (4-11)$$

式中　OP ——订货点；

　　　$DDLT$ ——提前期内需求量；

　　　SS ——安全库存。

需要注意：重要的是提前期内的需求量。缺货现象只可能出现在提前期内。若提前期内需求高于预期水平，就会出现缺货，除非有足够的安全库存。

2. 确定安全库存

安全库存用于预防供给与需求中的不确定性。不确定性分为两种：数量的不确定性和时间的不确定性。当供应或需求数量发生变化时产生数量的不确定性，如给定期间内需求大于或小于预期数量。当供应或需求的接收时间与预期不符时产生时间的不确定性，如客户或供应商可能变更交付日期。

有两种方式可以预防不确定性：保留额外库存——安全库存，或提前订货——安全提前期。安全库存是指计算出来的额外保留的库存量，用于防止数量的不确定性。安全提前期是指通过早于需要的时间下达采购订单，预防时间的不确定性。安全库存与安全提前期都会产生多余库存，但其计算方法不同。

安全库存是预防不确定性最常用的方法，安全库存的需要量取决于以下因素：

1）提前期内需求的变动性。

2）再订货频率。

3）期望服务水平。

4）提前期时长。提前期越长特定服务水平下所需安全库存越多，这也是为什么要尽量减少提前期的一个原因。

3. 提前期内需求变化

实际需求偏离预测值主要有两个原因：预测平均需求时的偏移误差及需求与预测值之间的随机误差。在确定安全库存时主要关注后者。

假如两种产品A与B有10周的销售历史记录，两种产品的实际需求见表4-7。两种产品提前期的平均需求都是每周1000单位。但产品A的每周需求变化区间为700～1400单位，产品B为200～1600单位。产品B比产品A需求更不稳定。如果订货点都为1200单位，则产品A出现1次缺货，而产品B出现4次缺货。如果要提供相同的服务水平（即每种产品缺货次数相同），就

表 4-7　两种产品的实际需求

周	产品A（单位）	产品B（单位）
1	1200	400
2	1000	600
3	800	1600
4	900	1300
5	1400	200
6	1100	1100
7	1100	1500
8	700	800
9	1000	1400
10	800	1100
总计	10000	10000
平均	1000	1000

需要运用一些预测产品需求随机性的方法。

4. 平均需求的变化

假设过去 100 周内某产品的历史需求显示其平均每周需求为 1000 单位。期望情况是大部分需求都在 1000 单位左右，只有少数偏离平均值较远，更少的几个偏离非常远。如果把每周需求归入平均值附近的组或区间，就产生了需求平均值的分布图。假设需求分布如下：

每周需求	频率
725 ~ 774	2
775 ~ 824	3
825 ~ 874	7
875 ~ 924	12
925 ~ 974	17
975 ~ 1024	20
1025 ~ 1074	17
1075 ~ 1124	12
1125 ~ 1174	7
1175 ~ 1224	3
1225 ~ 1274	2

将这些数据整理后的结果是一个柱状图。实际需求柱状图如图 4-7 所示。

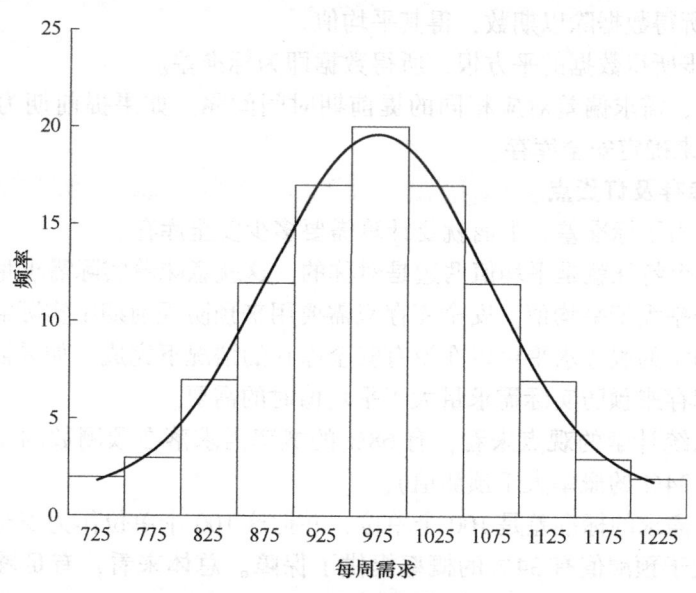

图 4-7　实际需求柱状图

5. 正态分布

在生活中任何事物都是不同的，需求平均值分布模型也随着产品与市场的不同而不同。因此需要一些方法来描述这些分布：分布的形状、分布中心及其分布宽度。

图 4-7 的柱状分布的形状表明，虽然分布不同，但是遵循一定的模型，如图中平滑的曲线所示。这样一个自然的模型表明其可预测性。只要需求条件不变，我们就可以预测到大致

不变的需求模型。如果需求不确定，那么需求模型也就不确定，预测也就更难准确。幸运的是，大多数需求是稳定且可预测的。

最常见的可预测模型类似图4-8中所显示的柱状图的形态，称为正态曲线或钟形曲线，因为它的形状像一口钟。标准正态分布的形状如图4-8所示。

正态分布的大部分数值集中在中心附近，其他少数逐步分散在两边。正态分布中心的两边是相互对称的，分别朝两边均匀延展。

正态分布由两个特征值来描述。一个与其趋势或平均值有关，另一个与实际值同平均值的偏差或离差有关。

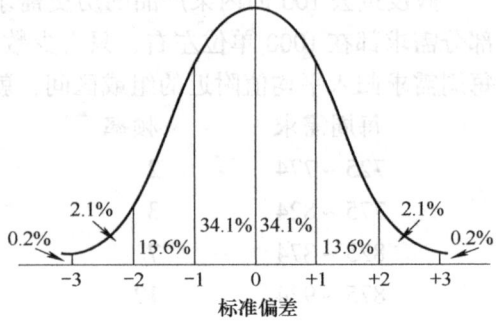

图4-8 标准正态分布的形状

6. 标准差

标准差是一个统计学数据。度量单个数据相对于平均数的聚集程度。用希腊字母 σ 表示。标准差的计算步骤如下：

1）预测需求减去实际需求，计算每一期的偏差。
2）计算每一期偏差的平方值。
3）加总这些偏差的平方值。
4）将第三步所得数据除以期数，得其平均值。
5）计算第四步所得数据的平方根，所得数据即为标准差。

应该指出的是，需求偏差对应相同的提前期时间间隔。如果提前期为1周，那么需要1星期的需求变化来确定安全库存。

7. 确定安全库存及订货点

我们已经计算出了标准差，下面就要计算需要多少安全库存。

正态曲线的一个特征就是平均值两边是对称的。这就意味着实际需求量一半的概率小于平均值，一半的概率大于平均值。安全库存只需要用来预防提前期中实际需求量大于平均值的部分。因此，50%的服务水平可以在没有安全库存的情况下完成。如果需要更高的服务水平，就需要安全库存来预防实际需求量大于平均值时的需要。

如前所述，从统计学的观点来看，有68%的概率需求落在预测数的 $\pm\sigma$ 之内（34%的概率小于预测值，34%的概率大于预测值）。

假设提前期内需求的标准差是100个单位，并把这100个单位作为安全库存。这些安全库存为实际需求大于预测值有34%的概率提供了保障。总体来看，有足够的安全库存为可能缺货的84%（50%+34%）的概率提供保障。

服务水平等于不缺货的概率。但是有84%的概率能够为客户供货意味着什么呢？它意味着当可能出现缺货时能够照常供货，而缺货只有可能在发出订单时发生。如果我们每年订货100次，就有100次缺货的可能。如果安全库存相当于一个平均绝对偏差，平均来说，我们可以预测这100次中将有84次不会出现缺货。

例4-7 用表4-7中的数据，σ 等于200单位。计算在84%的服务水平情况下的安全库存与订货点。如果保留两个标准差的安全库存量，计算安全库存与订货点。

解：

安全库存量 $= 1\sigma = 1 \times 200$ 单位 $= 200$ 单位

订货点 $= DDLT + SS = (1000 + 200)$ 单位 $= 1200$ 单位

其中 $DDLT$ 与 SS 是预先确定的。在这种安全库存与订货点条件下，平均有 84% 的可能缺货时间不会发生缺货。

$SS = 2 \times 200$ 单位 $= 400$ 单位

$OP = DDLT + SS = (1000 + 400)$ 单位 $= 1400$ 单位

8. 安全系数

服务水平与作为安全库存量的标准差直接相关，通常称为安全系数。

表 4-8 展示了不同服务水平下的安全系数。注意服务水平是不缺货的订货周期的百分比。对于表中未给出的值，可以通过给定系数运用差值法计算安全系数的近似值。例如，如果要计算服务水平为 77% 的安全系数，那么计算服务水平为 75% 和 80% 的安全系数的平均值，就可以估计出服务水平为 77% 的安全系数：

表 4-8　安全系数表

服务水平（%）	安全系数	服务水平（%）	安全系数
50	0.00	96	1.75
75	0.67	97	1.88
80	0.84	98	2.05
85	1.04	99	2.33
90	1.28	99.86	3.00
94	1.56	99.99	4.00
95	1.65	—	

例 4-8　如果标准差是 200 个单位，应该保留多少安全库存以提供 90% 的服务水平？如果提前期内的预测需求为 1500 个单位，那么订货点为多少？

解：

由表 4-8 可知，服务水平为 90% 时的安全系数为 1.28，即

安全库存 $= \sigma \times$ 安全系数 $= 200$ 单位 $\times 1.28 = 256$ 单位

订货点 $= DDLT + SS = (1500 + 256)$ 单位 $= 1756$ 单位

9. 确定服务水平

从理论上来说，我们希望保存足够的安全库存，以使额外库存成本加上缺货成本达到最低。缺货造成损失的原因如下：延期交货成本、销售流失成本、客户流失成本。

缺货成本的差异取决于产品、所服务的市场、客户及竞争条件。在某些市场上，客户服务是主要的竞争工具，缺货成本可能异常昂贵。在另一些情况下，缺货成本可能并不是一个主要的考虑因素。缺货成本难以确定。通常，应该提供什么样的服务水平属于高层管理者的决策范围，是企业市场战略的一个组成部分，因此这一话题暂不讨论。

只有当库存在低水平时，才有可能发生缺货，而每次缺货的发生都是在订单下达的时候。因此，缺货的可能性与发放订单的频率成正比。下达订单越频繁，缺货的可能性越大。图 4-9 展示了订货数量对每年可能发生缺货次数的影响。

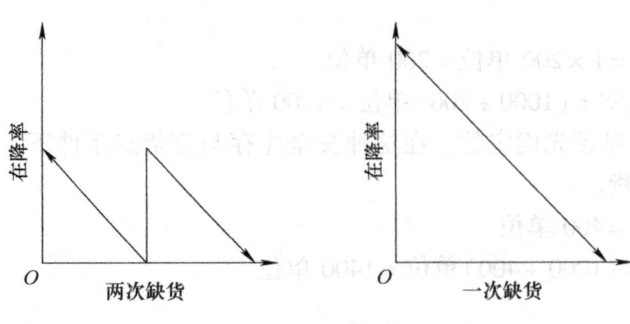

图 4-9 缺货影响

注意：当订货数量增加时，缺货的可能性降低，所需要的安全库存量降低。但是由于订货量的增加，平均库存量也随着增加。

管理层有责任决定每年可以接受的缺货次数，然后逐一计算确定服务水平、安全库存与订货点。

例 4-9 假设企业管理层决定，对某特定产品每年只能允许出现一次缺货。这一特定产品的年需求为 52000 单位，每次订货量为 2600 单位，提前期内需求的标准差为 100 单位，提前期为 1 周。计算：每年订货次数？服务水平？安全库存量？订货点？

解：

1）每年订货次数 = 每年需求量 ÷ 每次订货量
= 52000 ÷ 2600 = 20 次/年

2）由于每年只允许缺货一次，所以每年必须有 19（20 - 1）次不缺货。
服务水平 =（20 - 1）÷ 20 = 95%

3）从表 4-8 可知：
安全系数 = 1.65
安全库存量 = 安全系数 × σ = 1.65 × 100 单位 = 165 单位

4）提前期内需求量 = 1 × 52000 单位 ÷ 52 = 1000 单位
订货点 = $DDLT + SS$ =（1000 + 165）单位 = 1165 单位

10. 不同的预测与提前期间隔

通常，库存中会有多种物品，而每种都有不同的提前期。实际需求的记录与预测值通常是以每周或每月为基础的，并且是针对所有物品而不考虑其提前期的。因此针对每个不同的提前期来衡量需求变化的平均值几乎不可能。我们需要一些方法来调整不同时间间隔的标准差。

若提前期为 0，需求的标准差也为 0。提前期增加，标准差也跟着增加。然而，标准差并不与提前期呈线性增加。例如，提前期为 1 周的标准差为 100 单位，而提前期为 4 周的标准差不一定为 400 单位，因为标准差不可能在 4 周内都呈线性增加。间隔时间增加，效果会减缓，间隔时间越长，效果减缓程度越明显。

可对标准差或安全库存做如下调整，以弥补提前期时间间隔（LTI）和预测时间间隔（FI）之间的差异。公式不一定准确，但是提供了一个不错的估计值。

$$\sigma(LTI) = \sigma(FI) \sqrt{\frac{LTI}{FI}} \tag{4-12}$$

例 4-10 预测时间间隔 4 周，提前期时间间隔 2 周，预测间隔的标准差为 150 单位。计算提前期时间间隔的标准差。

解：

$$\sigma(LTI) = 150 \times \sqrt{\frac{2}{4}} = 150 \text{ 单位} \times 0.707 = 106 \text{ 单位}$$

以上公式也适用提前期时间间隔有变化的时候。或许，比起用平均绝对离差，直接用安全库存更加方便，新安全库存公式如下：

$$\text{新安全库存} = \text{原来的安全库存}\sqrt{\frac{\text{新时间间隔}}{\text{原来的时间间隔}}} \tag{4-13}$$

例 4-11 某产品安全库存为 150 单位，提前期为 2 周，若提前期变为 3 周，计算新的安全库存。

解：

$$SS(\text{新}) = 150 \text{ 单位} \times \sqrt{\frac{3}{2}} = 150 \text{ 单位} \times 1.22 = 183 \text{ 单位}$$

4.6.2 定期控制法的订货量确定

在订货点系统中，当现有库存降至预定水平（订货点）时发出订单。订货数量通常根据经济订货批量等准则预先确定。订货的时间间隔通常取决于特定周期的需求量。

应用定期检查系统，某一物品的现有库存量由特定的、固定时间间隔确定，然后发出订单。图 4-10 展示了这一系统。

图 4-10 显示检查的时间间隔（t_1、t_2 和 t_3）相同，而订货量 Q_1、Q_2 和 Q_3 则不一定相同。检查时间是固定的，订货量必是可变动的。现有库存量加上订货数量必须足够维持到下一期订货量收到，也就是说，现有库存量加上订货量必须等于提前期需求量、检查期间需求与安全库存量的总和。

目标水平或最高水平库存等于提前期需求、检查期需求与安全库存的总和的库存数量：

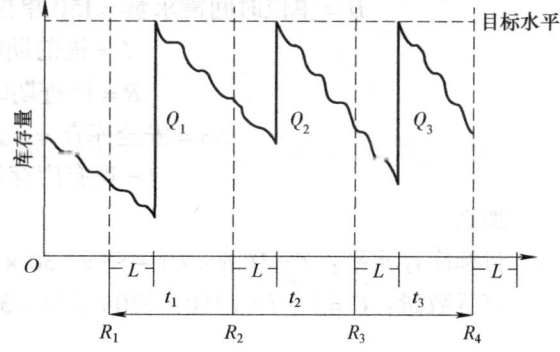

图 4-10 定期检查系统：库存量与时间

$$T = D(R + L) + SS \tag{4-14}$$

式中 T——目标（最高）库存水平；
D——单位时间需求；
L——提前期时长；
R——检查期时长；
SS——安全库存。

订货量等于最高库存水平减去检查期期间库存数量：

$$Q = T - I \tag{4-15}$$

式中　Q——订货量；
　　　I——现有库存量。

定期检查系统适用于以下情况：

库存中有很多小的进出交易，每笔都记录在案（成本昂贵），超市和零售商属于这一范畴。

订货成本低，如很多不同物品都从同一家供应商处订购，一个区域配送中心可能从一个中心仓库订购大部分或全部所需物品。

很多物品一起订购以进行批量生产或装满一车。典型的例子就是一个区域配送中心每周从中心仓库订购一车物品。

例 4-12　一家五金公司储存螺帽和螺钉。公司每两周（10 个工作日）从当地的一家供应商订购一次物品。提前期为 2 天。公司已知 $\frac{1}{2}$in 螺钉的平均需求是每周（5 个工作日）150 单位，公司希望保留足够 3 天供应的安全库存。这周将发出一个订单，目前现有库存是 130 个螺钉。

目标库存水平为多少？

这次该订购多少 $\frac{1}{2}$in 的螺钉？

解：
假设：

$$D = 单位时间需求量 = 150\ 单位 \div 5\ 工作日 = 30\ 单位/工作日$$
$$L = 提前期时长 = 2\ 天$$
$$R = 检查期时长 = 10\ 天$$
$$SS = 安全库存 = 3\ 天需求量 = 90\ 单位$$
$$I = 现有库存量 = 130\ 单位$$

那么

目标库存水平：$T = D(R+L) + SS = [30 \times (10+2) + 90]\ 单位 = 450\ 单位$

订货数量：$Q = T - I = (450 - 130)\ 单位 = 320\ 单位$

4.7　周期订购量

经济订购批量试图最小化订购成本和持有库存成本，而且经济订购批量建立在市场需求不变的假设下，需求通常是不稳定的，尤其在物料需求计划中，使用 EOQ 并使成本最小。

周期订购量的批量规则建立在与经济订购批量相同的理论基础上，用 EOQ 公式计算经济的订单间隔时间。订单间隔时间等于 EOQ 除以需求速率，这就可以计算下达订单的时间间隔，下达订单满足计算时间间隔内的需求。一年中下达的订单次数与经济订购批量相同，但每次订购的数量不同，因此订购成本相同，但由于订购量是由实际需求决定，所以持有成本降低。

$$周期订购量 = EOQ \div 平均每周使用量$$

例 4-13　产品的 EOQ 为 2800 单位，年使用量为 52000 单位，周期订购量是多少？

解：

平均每周使用量 = 52000 单位 ÷ 52 周 = 1000 单位/周

周期订购量 = EOQ ÷ 平均每周使用量 = (2800 ÷ 1000) 周 = 2.8 周 → 3 周

下达订单时，订购量要能满足未来3周的需求。

注意，计算是约数，精确度并不重要。

习题和思考题

1. 为什么要对物料进行 ABC 分类？
2. 定量订货系统和定期订货系统两者相比哪个安全库存量较大？为什么？
3. 什么情况下用定量订货系统？什么情况下用定期订货系统？两者各有什么优缺点？
4. 举例说明周转库存、安全库存、预期库存、运输库存。
5. 按单生产的企业需不需要库存？为什么？
6. 某产品年需求量为 12000 单位，每单位产品年保管成本为 5 元，每次订货业务成本为 100 元，试用定量订货模型确定最佳订购批量。如果是一边生产一边使用，并假设每天需求率为 80 单位，每天供货率为 120 单位，那么最佳订购批量为多少？
7. 某产品的年需求为 12000 单位，经济订购批量为 200 单位，订货提前期为 2 周，平均绝对偏差为每订购期间 100 单位，并假设每年允许出现一次缺货，试求每年订购次数为多少？订购点为多少？服务率为多少？安全库存量为多少？
8. 某产品年需求量为 1000 单位，订货提前期为 5 天，标准差为 7 单位。假定该产品的缺货概率为 2%，现有库存为 300 单位，那么订货的批量应为多少？

拓展训练

1. 对产品相对简单的一家企业的库存物料进行调查统计，分别按照自然属性、管理属性进行分类，分析该企业目前在库存管理方面存在的问题，写出分析报告。
2. 对该企业的三种不同类别的主要物料的日消耗量和订货提前期等做一个月（或更长时间）的统计，分析计算这三种物料的日平均需求量、日需求标准差、订货提前期标准差，然后设计三种物料的库存控制模式以及相应的库存控制期量标准。

拓展案例

卡尔的计算机

几年前，卡尔决定进入竞争激烈的个人计算机行业。尽管从表面看来，这并不是一个明智之举，但是明智之处在于，他开发了计算机的独特设计。同时，他承诺对当地和区域性市场两天之内送货。其他计算机制造商也能很快地生产和运送，但是他们一般是全国性的竞争者。对于一些距离较远的市场，卡尔在运送时间方面略胜一筹。

卡尔很快就有了一些忠诚的客户，尤其是在本区域内的小企业。卡尔不仅能快速送货，而且能提供快速服务解决任何技术性的问题。这一服务特点对于当地的小企业来说很重要。因为它们强烈依赖计算机。于是很快这种快速服务能力比最初的产品运送更重要。由于这些企业大部分是小企业，它们没有能力培养计算机专家，所以它们对卡尔有强烈的依赖。

然而，卡尔的计算机并不是所有事情都进行得很完美。最近，他们聘请了罗莎·常担任新设置的售后服务库存管理者职位。在第1周，与卡尔的几个员工面谈了以后，她有了一个好主意，可以克服自己目前面临的困难。

客户服务经理兰迪·斯密："我不确定你需要做什么，但这是必须马上要做的，当前我们主要的竞争优势是客户服务而不是产品运送，然而，我经常听到，由于缺少一些关键部件而不能完成售后服务。客户和现场服务人员都抱怨此事。他们打服务热线，发现缺少特定的零部件，但是很多情况下我们却无法提供。目前，客户还算忠诚，但是他们的耐心是有限的，我们的原则是提供至少98%的客户服务水平，不能降低。但是，这还不是唯一的问题。由于我们的服务质量下降，客户正考虑我们的产品价格。我打算降低价格，但是财务部告诉我，我们的利润已经非常低了，主要原因是我们的库存及其相关成本太高。在我看来，好像咱们有太多的原材料堆积。虽然不确定，但是我希望你能尽快找到解决办法。"

总工程师艾伦·班德劳森："罗莎，非常高兴你来到这儿。库存问题正在折磨着我们，卡尔以独特的设计著称，我们一直努力在这方面保持竞争优势。问题是大多数时候，当我们努力做出新的设计时，库存和财务人员都告诉我们要等待。看起来他们总有太多陈旧设计的库存，而财务上的打击马上使这些闲置库存变得很严重。他们告诉我，一旦我们提出一个新的设计，很多客户也等待这些新设计，那么现有的设计原料甚至是服务都将变得陈旧。我们也试图在新设计做出的时候马上告诉库存服务人员，以便让他们把旧的物料用完，但是这并不奏效。"

采购经理吉姆·休斯："你好，罗莎，祝你幸运。我正面对多方面的压力，有时候不知道如何处理。首先，财务部一直告诉我节省成本、控制成本，而工程师总会有新的设计，并且大多数新设计要采购新的零部件。我们大部分时间在与供应商洽谈新设计，试图以低价格快速得到零部件。尽管大部分条件可以满足，但是令他们头疼的是频繁改变订单。现场服务人员经常告诉我们，他们缺少某些零部件，需要马上送货。很多情况下，他们并没有对这些零部件下订单。另外一点就是，他们希望我们取消一些一天前还说是很关键的订单。我们的客户和供应商都很好，但是他们也不是神奇人物，不能立刻完成一些事情。一些供应商甚至威胁我们，如果我们仍然不能言行一致的话，就取消与我们的业务。我们也尽力为现场服务人员提供解决办法，但是并不奏效。可能他们根本就不关心。"

财务总监玛丽·舒尔顿："如果你能帮助我们解决库存问题，那你真的不愧对你的工资或者其他方面。我们在价格、运输和高效服务方面有很强的优势，但是服务库存成本已经完全失控。在过去的两年里，我们的总库存上升了200%多，而服务收益只增加了15%。最主要的是，在这两年时间内，没有任何价值的废旧材料库存上升了80%。另外，库存相关成本明显上升。额外物品运输，例如仅去年，由于关键部件短缺引起的零部件空运就花费了我们67000美元。你知道吗？这几乎是我们服务业务20%的毛利润，再加上我们有23%的库存持有成本。如此巨大的库存量吞噬了我们很大一部分利润。所有这些告诉我，我们需要控制这一状况，否则就会垮掉。"

现场服务主管富兰克林·努乐思："在聘用你之前，我和其他一些生产主管管理库存，

第4章 库存分析与控制

我不愿意打击你，但是这确实是一项不可能完成的工作。采购人员购买一系列标准的箱柜，他们说对某一部件，一旦我们需要订购1周的平均需求，具体说就是能够装满箱，才能采购。由于大部分零部件的提前期是1周或更短，这样做是有道理的。所有的订单都记录在计算机中，因此，当只有1周的供应量时，应该告诉我们。这对我很重要，但是有些事情经常出错。第一，现场服务技师经常抢夺零部件而不填写领料记录。这使我们的记录不准确。事实是，2个月前，我们已经有一个完整的实体库存，库存显示准确度不到30%。我怀疑记录几乎又要瘫痪了，在剩下的9个月，我们没有足够的实体库存过程记录。第二，由于我们的记录太糟糕，以至于现场服务技师也不能告诉我们，某些零部件是否还有。有些服务技师甚至开始自己储存大量的关键零部件，每次整理他们自己的'私人仓库'时，总能发现很多库存零部件。这使对库存中心的需求显得很不正常。在某天，我们还有大量库存，第二天就可能发生短缺。你能想象，当市场部第一次看到一个需要紧急送货的采购订单时的心情，我们已经规定，技师只能保存一部分特殊的、已授权的零部件，但是我敢肯定，很多技师已经违反这个规定很长时间了。"

现场服务技师昆汀·贝茨："库存中的一些问题已经非常糟糕了，我和其他一些技师都很烦恼，我们不允许保管库存，只有一些常用的零部件。如果我们现场服务的时候需要一个零部件，需要从库存中心领取。问题是，大多数情况下，库存中心缺少必需的零部件。我们需要花费时间催促采购。同时，在等待到货期间安抚我们的客户。与此同时，客户的系统不能正常使用，他们就会失去一些业务。客户很快就会对我们发怒。我想采购人员并不关心这一点，因为我们需要不停地督促他们。最后，我自己保管一部分零部件的库存，尽管我无权保管这些，而且我知道其他一些技师也是这么做。这会节省我们的时间，但是情况变得越来越糟糕。"

现在，罗莎获得了问题的本质信息，她需要开始行动来解决问题，而且看起来急需快速找到好的解决方法。她要做的第一件事情就是随机挑选部分零部件，然后考虑能否改善订购方式。

她选择的第一种零件是A233电路板，平均每周需求是32个。假设提前期是1周、电路板成本是18美元、签发一次订单的成本是16美元、一箱的订购数量通常是64个。她选择的第二个零部件是P656电源，单位成本是35美元。由于供应商只接受传真订购，所以订购成本是每个订单2美元。用传真采购的提前期是2周，平均每周需求是120个。公司通常一次订购350个。现在，供应商答应，如果卡尔每次订购电路板200个以上，就给予每个电路板2美元的折扣。

思考题

1. 根据已给的两种零部件的数据，请全面评价订购原则。比较现在的年平均成本和EOQ模式下的成本，并适当讨论任何其他的订购原则。
2. 卡尔是否应该接受价格折扣？为什么？
3. 你认为其他一些问题的根源是什么？请尽可能完整地具体陈述和分析。
4. 做一个完整的计划，帮助罗莎控制库存。

第 5 章
综合生产计划

 学习内容

1. 综合生产计划的概念。
2. 综合生产计划的主要指标。
3. 综合生产计划的编制程序。

 重点难点

重点：综合生产计划主要指标的确定，综合生产计划制订过程和编制优化方法。
难点：掌握线性规划法、运输表法和动态规划法。

 **引导案例**

谢尔曼-布朗化学制品公司的综合生产计划

谢尔曼-布朗化学制品公司（简称谢尔曼-布朗）即将完成下一年的总生产能力计划。该公司根据库存生产产品，主要生产三种油漆产品——室内乳胶漆、瓷袖乳胶漆和着色乳胶漆。它的工厂位于俄亥俄州的克利夫兰，有大量工人从事原材料准备、混合、装罐等生产线的主要操作。

乳胶漆运输工具、颜料、罐、箱子，以及其他谢尔曼-布朗产品所需的材料都可以从大量的可靠供应商处快速获得。生产部门的加工设备只轮一次班，因为前一年谢尔曼-布朗买进了一家竞争对手的公司，所以可以获得超额的生产能力。同样，也为成品的仓储提供了广大的库存空间。

谢尔曼-布朗的生产能力情况是：因为生产能力计划唯一的限制因素是劳动力数量，所以需要解决的生产能力问题就是决定每时间段所需要雇用的工人数量，从而支持三种油漆产品的销售预测。

谢尔曼-布朗工厂的经理正考虑两个生产能力的计划：①以库存满足需求，维持生产能力不变；②满足需求的计划。对这些计划的评估是要看哪个计划能使每年的总成本最低，而这需要考虑下列三个成本要素：①从一个时间段到另一个时间段（两个时间段之间超过一个整年）雇用工人的成本；②超过同一时期的解雇工人的成本；③一年持有成品库存的成本。

综合生产计划是在工厂设施规划、资源规划和长期市场预测的基础上做出的，是指导全厂各部门1年内经营生产活动的纲领性文件。长期需求预测为制订综合生产计划提供了依据。综合生产计划是针对产品群的计划，是将企业策略与生产能力转换为劳动力水平、库存量、产量等变量的一种优化组合，它可以使总成本最小。所以，综合生产计划的制订实际上也是对能力和需求的一种平衡，计划的结果可以采取一种单独策略，也可以采取多种策略的混合策略。

5.1 生产计划体系

生产计划是依据企业经营目标要求，科学地制订企业在计划期的生产规模、方向目标以及计划期的产出量和相应资源的投入量等指标，科学有效地配置生产资源，以最低的成本，按规定的技术要求和期限，生产满足市场所需要的最佳质量的产品，以实现企业战略目标要求。生产计划是企业一切生产活动的纲领性文件，是一切活动的行动指南，它反映企业在计划期内应达到的产品品种、质量、产量和产值等生产活动指标，是企业制订其他计划的主要依据，也是企业生产管理的一项主要工作。生产计划一般以主生产计划或生产计划大纲等形式反映出来，它与其他计划的关系，如图 5-1 所示。

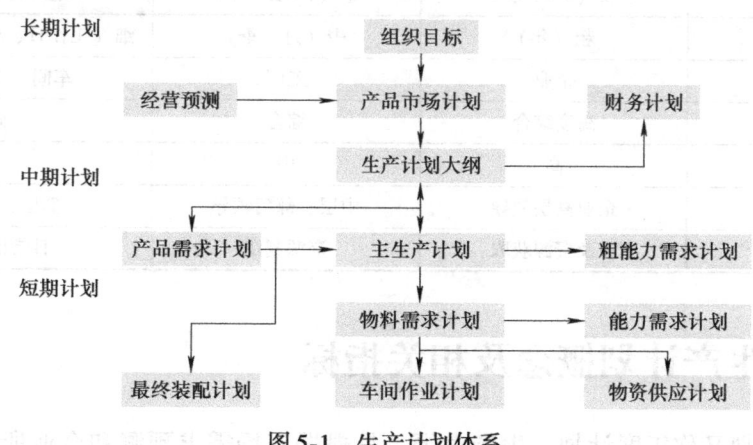

图 5-1　生产计划体系

1. 长期计划

长期计划也称生产战略计划或者生产规划，其时间跨度一般为 3~5 年，也可长达 10 年。它是企业市场营销、新产品开发、生产管理、技术改造、财务投资等重大问题方面的规划，如企业的发展战略、新产品策略等，一般由企业的高层管理者制订。

2. 中期计划

中期计划也称年度生产计划，其时间跨度一般为 1~1.5 年。中期计划主要包括生产计划大纲和产品出产进度计划（产品出产进度计划又称为主生产计划），一般由企业的中层管理者制订。

生产计划大纲规定了企业在计划年度内的生产总产量、总产值，以及用主要产品或代表产品表示的年度分月产量或产值。例如，钢铁厂以产钢的总吨数、拖拉机厂以生产拖拉机的总马力数等表示企业的产量计划。

产品出产进度计划是将生产计划大纲中规定的产值指标和产量指标具体化为按产品的品种规格来规定的年度（分月的）产量计划。这种计划一般每隔半年编制一次，也可以按更短的时间周期（季度）进行滚动更新，即根据新的订货项目和上期的任务执行情况制订下一期的出产进度计划。

在进行中期计划的编制时，需要对企业的资金、原材料供应、能源、外购配件、生产能力，以及运输情况等进行粗略的核算平衡，故属于粗能力需求计划。

3. 短期计划

短期计划也称作业计划，其时间跨度可以从 1 天到 6 个月，常用的有周计划或日计划。它主要是将企业拥有的资源最适当地配置给各项已投产的项目，以保证中期计划和长期计划的实现。它主要包括物料需求计划、能力需求计划、最终装配计划，以及在这些计划实施过程中的作业计划与控制工作，如机床的周加工计划、设计部门的周计划以及各部门的月度计划等，一般由企业的基层管理者制订。

每个时期的计划都有不同的特点，从表 5-1 可以清楚地了解各类计划的不同特点。

表 5-1 各类计划的不同特点

项 目	长 期 计 划	中 期 计 划	短 期 计 划
计划期	长（3~5 年）	中（1~1.5 年）	短（月、旬、周）
计划时间单位	粗（年）	中（月、季）	细（工作日、班次、小时、分）
空间范围	企业	工厂	车间、工段、班组
详细程度	高度综合	综合	详细
不确定性	高	中	低
管理层次	企业高层领导	中层、部门领导	低层、车间领导
特点	涉及资源获取	资源利用	日常活动处理

5.2 综合生产计划概念及相关指标

综合生产计划又称年度计划、生产大纲，是根据市场需求预测和企业所拥有的生产资源，对企业计划期内的出产内容、出产数量，以及为保证产品的出产所需劳动力水平、库存等措施所做的决策性描述。综合计划是企业的整体计划，计划期通常是年（有些生产周期较长的产品如大型机床等，可能是两年、三年或五年），因此有些企业也把综合计划称为年度生产计划或年度生产大纲。在该计划期内，使用的计划时间单位是月、双月或季。在采用滚动计划方式的企业，还有可能未来 3 个月的计划时间单位是月，其余 9 个月的计划时间单位是季度等。

企业综合生产计划规定企业在计划期内各项生产指标（品种、质量、数量、产值、进度等）应达到的水平和应增长的幅度，以及为保证达到这些指标的措施。它是编制企业计划中其他各专项的重要依据，正确制订综合生产计划指标，既可以使企业生产的产品在品种、质量、数量和出产时间上满足社会和用户的需要，又能充分利用企业的人力、物力和财力，在提高劳动生产率、降低产品成本的基础上增加利润。因此，综合生产计划是企业各项生产计划的主体。

5.2.1 品种指标

品种指标是指企业在计划期内所要生产的产品的品名、型号、规格或品种类别等。品种指标是决定企业"生产什么"的决策。例如，机床厂有不同型号的机床、模具厂生产不同样式的模具、汽车厂制造不同类别的汽车、变压器厂生产不同规格的变压器等。

确定品种指标的目的：一是根据企业现有的生产、技术能力，尽可能地满足市场对产品品种的需要；二是根据潜在的生产技术能力以及市场对产品品种的潜在需求，发展新品种，以扩大企业的技术储备。

企业生产产品品种的选择，常常通过市场调查、预测分析和利润估算等多种方法来确定。实际运用时可考虑以下几种方法来辅助决策。

1. 销售收入与利润收入次序法

这种方法是将企业所生产的不同品种的产品销售收入和利润收入排列在图中，并按照大小排序将各产品的收入利润描绘在图中，连接产品利润收入次序与销售收入次序相等的点成一直线。位于直线上方的产品可采用降低成本或提高价格的策略来增加利润，位于直线下方的产品应增加销售量。在一般情况下，应淘汰销售收入和利润收入都在后面次序的产品。

例如，某企业生产 A、B、C、D、E、F、G、H 等八种产品，其销售收入及利润收入情况见表 5-2。图 5-2 是销售收入次序及利润收入次序示意图。

表5-2 销售收入及利润收入情况

产品代号	销售收入		利润收入		产品代号	销售收入		利润收入	
	万元	次序	万元	次序		万元	次序	万元	次序
A	100	1	8.5	2	E	70	5	5	5
B	20	8	6.5	4	F	75	4	3.5	6
C	83	3	10	1	G	42	7	2	7
D	58	6	1	8	H	85	2	7.2	3

从图 5-2 可知，处于直线上方的 A、H、F 产品其销售收入次序高于利润收入次序，说明这些产品有市场前景，销售情况好，可以采取内部挖潜、节能降耗、加强内部控制等管理手段，提升管理水平，降低成本，增加利润。处于直线下方的 B、C 产品其销售收入次序低于利润收入次序，说明这些产品利润空间较大，可以采取措施，加强促销力度，增加销售量，达到获得更多利润的目的。对于处于右上角的 D 产品，其销售收入低、利润收入也小（甚至是亏损的产品），就需要进一步分析。如果是处于导入期的新产品，由于设计和工艺未定型，生产成本高、生产效率低、市场占有率低，从而导致销售额低、利润低，甚至出现暂时的亏损，应该继续生产；如果是处于衰退期的老产品，就可以考虑淘汰；对于恰好在直线上的产品则可根据市场需求、发展前景再决定其取舍。

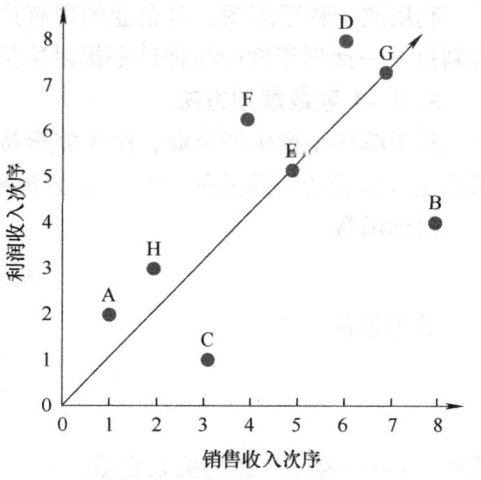

图 5-2 销售收入次序及利润收入次序示意图

2. 产品生命周期分析法——波士顿矩阵法

波士顿矩阵法是美国波士顿咨询集团提出的一种对产品的发展趋势进行分析和管理的战略分析法，它依据的是产品生命周期和产品学习曲线两个概念。波士顿矩阵的结构如图 5-3 所示，横轴表示企业产品在产业中的相对市场占有率，纵轴表示该产品的市场成长率。市场占有率高，说明产品在市场中占有优势，同时也意味着学习曲线下降的程度大，成本就较低。市场成长率大致上体现了该产品的生命周期阶段,如图5-3所示,在其纵轴和横轴各自引一条中线,将其分为四个部分。横轴的中心点取产品所在产业的平均市场占有率,纵轴的中心点取自产品生命周期中成长期与成熟期交界处的成长率。将企业生产的各种产品在图上找到各自适合的位置,就能对它们的取舍进退做进一步分析。

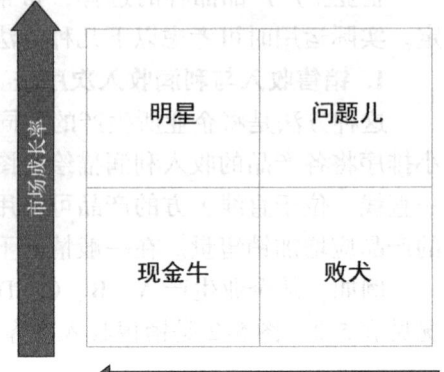

图5-3 波士顿矩阵的结构

矩阵图的右下角是市场占有率和市场成长率都低的区域,处于这个区域中的产品已经没有希望了,属于应淘汰的"败犬"产品。矩阵图的右上角是市场占有率低,但市场成长率却较高的区域,处于这个区域的应是刚进入成长期的产品。它们正被市场接受,但在产品设计和制造工艺上还不完善,因此它们存在两种可能的变化趋势:向左方发展,成为市场成长率与市场占有率都高的"明星"产品,或者向下方发展,变成开发不成功的"败犬"产品。故这个区域属"问题儿"区。矩阵图的左上方,代表经营成功的"明星"产品区域,是企业应大力发展的产品品种领域。处于左下方区域的产品,它们的市场占有率很高,但市场成长率很低,表明市场对它们的需求达到饱和,产品已进入成熟期。矩阵图上称这个区域为"现金牛"。说明这些产品本身不求发展,但能维持现状,为企业提供充分的利润。企业应把从"现金牛"产品获得的利润,投入右上方区域的"问题儿"产品,或用来发展其左上方的"明星"产品。

利用波士顿矩阵图,对企业的现有产品品种以及企业正向市场推出的新产品进行分析,为制订下一计划年度的品种计划提供决策依据。

3. 0-1整数规划方法

对于单件小批生产企业,由于完全按订单组织生产,因此可以采用0-1整数规划方法来确定其接受的产品品种。0-1整数规划的模型为

目标函数

$$\max Z = \sum_i a_{ij} x_i \tag{5-1}$$

约束条件

$$\sum_i b_{ij} x_i \leq c_i$$
$$x_i = 0,1$$

式中 x_i——第i产品的决策变量;
b_{ij}——i产品消耗j原料的消耗定额或j工序的单件工时定额;
a_{ij}——产品的单件利润;
c_i——原料的可供应量或第i项工序的生产能力。

5.2.2 产量指标

产量指标是指企业在计划期内生产的符合质量要求的、可供销售的产品实物或劳务的数量。产量指标是决定企业"生产多少"的决策,通常用实物单位计量,如台、件和吨等。

产品产量指标是企业进行产销平衡,计算劳动生产率,计算产值、原材料消耗、成本和

利润等指标的重要基础，也是企业组织日常生产活动的重要依据。产品产量指标可采用盈亏平衡分析法和线性规划法来确定。

1. 盈亏平衡分析法

盈亏平衡分析法是以成本形态为基础，对成本、利润与产量变化的关系所进行的分析。所谓成本形态，是指成本变动与产量之间的依存关系。按这种依存关系，可将成本分为可变成本和固定成本两种。可变成本是随产量变化而变化，且成正比例变化的成本。固定成本则是不随产量变化而变化的成本。利用成本与产量之间的这些关系，可将产量、成本与利润三者的依存关系用如图5-4的盈亏平衡图表示。

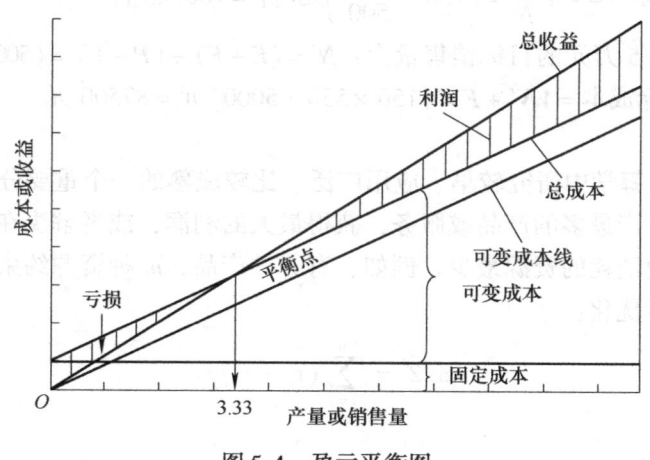

图5-4 盈亏平衡图

该图的横坐标表示企业在一定时期内的产量或销售量，纵坐标为成本或收益。固定成本在计划期内为常数，在图上是平行于横坐标的横线；可变成本是通过坐标原点的一条斜线，它的斜率代表单位可变成本。这两部分之和为总成本线。同理，可作出总收益线，它是以产品单价为斜率的通过原点的斜线。总收益线与总成本线的交点为盈亏平衡点，它所对应的产量为盈亏平衡产量，在该产量下产品的总成本与总收益相等，达到保本。在平衡点的右边，总收益大于总成本，企业获得利润；在平衡点的左边，总收益小于总成本，企业发生亏损。于是，总收益与产量及各项成本之间的关系如下：

$$R = PN = F + VN + E \tag{5-2}$$

式中　R——总收益；

　　　P——产品单价；

　　　N——产量；

　　　F——固定成本；

　　　V——单位可变成本；

　　　E——利润。

当盈亏平衡时，企业不赚钱也不亏损，利润为零。当其他变量不变时，盈亏平衡时的产量为盈亏平衡产量（保本产量）N^*，售价为最低售价 P^*，即

$$N^* = \frac{F}{(P-V)} = \frac{F}{C} \tag{5-3}$$

$$P^* = V + \frac{F}{N} \tag{5-4}$$

式中　C——单位产品固定成本。

例 5-1　某企业准备生产 A 产品，其单位售价为 250 元/件，单位可变成本为 150 元/件，固定成本为 5000 元，年产量为 500 件。求①企业年获利多少？②盈亏平衡产量为多少？③如保持现有年产量，最低定价为多少时企业不会亏损？④若目标利润为 5 万元，目标成本为多少？

解：企业年获利：$E = (P - V)N - F = [(250 - 150) \times 500 - 5000]$ 元 = 45000 元

盈亏平衡产量：$N^* = \dfrac{F}{(P - V)} = \dfrac{5000}{(250 - 150)}$ 件 = 50 件

最低定价：$P^* = V + \dfrac{F}{N} = \left(150 + \dfrac{5000}{500}\right)$ 元/件 = 160 元/件

要达到目标利润 5 万元的目标销售量为：$N' = (E + F) \div (P - V) = (50000 + 5000) \div (250 - 150)$ 件 = 550 件，目标成本 $= VN' + F = (150 \times 550 + 5000)$ 元 = 87500 元。

2. 线性规划法

线性规划法是运筹学中研究较早、应用广泛、比较成熟的一个重要分支。可解决如何在一定资源数量下，生产最多的产品或服务，获得最大的利润，或者解决在提供合乎要求的产品和服务时，如何使消耗的资源最少。例如，有 n 种产品，m 种资源约束，可以采用以下形式的线性规划来进行优化：

$$\max Z = \sum_{i=1}^{n} (r_i - c_i) x_i \tag{5-5}$$

满足

$$\sum_{i=1}^{n} a_{ik} x_i \leq b_k, (k = 1, 2, \cdots, m)$$

$$x_i \leq U_i$$

$$x_i \geq L_i, L_i \geq 0, (i = 1, 2, \cdots, n)$$

式中　x_i——产品 i 的产量；

　　　b_k——资源 k 的数量；

　　　a_{ik}——生产一个单位产品 i 所需资源 k 的数量；

　　　U_i——产品 i 最大潜在销售量（通过预测得到）；

　　　L_i——产品 i 的最小生产量；

　　　r_i——产品 i 的单价；

　　　c_i——产品 i 的单位可变成本。

线性规划可以采用图解法和单纯形法求解。

例 5-2　某企业生产 A、B 两种产品，均需在机床 1 和机床 2 上加工。机床 1 的有效生产能力为 20h，机床 2 的有效生产能力为 28h，产品 A 的销售量上界为 13 个单位，产品 A、B 的单位产品盈利分别为 4 元和 3 元。产品 A、B 的单位产品加工需要的台时见表 5-3，试编制利润额最大的分品种产量计划。

表 5-3　单位产品加工台时表

机床	需要时间（单位：产品加工台时）		机床	需要时间（单位：产品加工台时）	
	A	B		A	B
机床 1	1	2	机床 2	2	1

解:(1)问题的分析与建模。假设生产 x_1 件产品 A 和 x_2 件产品 B 时,企业获得的利润最大,则有目标函数

$$\max Z = 4x_1 + 3x_2 \tag{5-6}$$

满足约束条件
生产能力 $\qquad\qquad\qquad x_1 + 2x_2 \le 20$
$\qquad\qquad\qquad\qquad 2x_1 + x_2 \le 28$
销售量 $\qquad\qquad\qquad 0 \le x_1 \le 13,\ 0 \le x_2$

(2)线性规划模型的求解方法,可采用图解法和单纯形法。

① 图解法。对于只有两个决策变量的线性规划问题,可以在直角坐标系上把约束条件和目标函数用图形简便直观地表示出来,找出最优解。求解思路如下:

首先,把反映约束条件的五条直线:$x_1 + 2x_2 = 20$、$2x_1 + x_2 = 28$、$x_1 = 13$、$x_1 = 0$、$x_2 = 0$ 分别在坐标系中表示出来,如图 5-5 所示,满足约束条件的解就存在于这五条直线所共同拥有的区域(阴影部分)内,而最优解就存在于该区域的五个顶点 A、B、C、D、E 中。

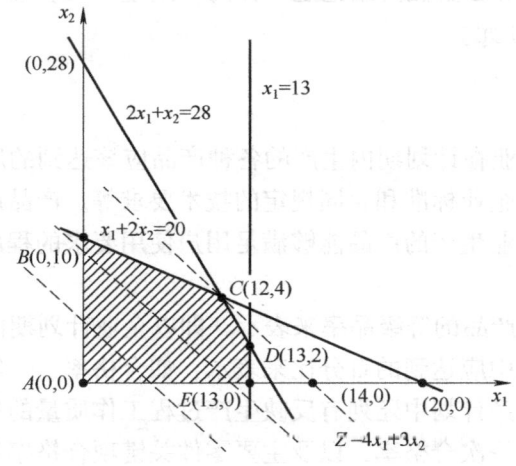

图 5-5 图解法示意图

然后,分析目标函数。在坐标平面上,它可以表示成一组具有相同斜率 $\left(-\dfrac{4}{3}\right)$ 的平行直线,位于同一条直线上的所有点都具有相同的目标函数值。若求利润最大,直线应逐渐向上推移,直到阴影部分的边缘。实际上是顶点 $C(12, 4)$,则 C 即为此问题的最优可行解,此时 Z 值(x_1 轴和 x_2 轴点坐标求解值)为 60,而其他各点的 Z 值分别为 0、30、58、52 仅为可行解而非最优解。

② 单纯形法。当线性规划的决策变量为 2 时,可以采用图解法来求解。但是,当决策变量为三个或三个以上时,只能采用单纯形法或借助计算机求解。仍用上例来说明。

首先,把上例约束条件和目标函数增加松弛变量化成标准形式,即
目标函数 $\qquad\qquad \max Z = 4x_1 + 3x_2 + 0x_3 + 0x_4 + 0x_5$
约束条件

$$x_1 + 2x_2 + x_3 = 20$$
$$2x_1 + x_2 + x_4 = 28$$
$$x_1 + x_3 = 13$$

$$x_1, x_2, x_3, x_4, x_5 \geq 0$$

迭代求解得最终的单纯形表见表 5-4。

表 5-4 最终单纯形表

项目	x_1	x_2	x_3	x_4	x_5	b_i
x_3	0	0	1	-2	3	3
x_2	0	1	$\frac{2}{3}$	$-\frac{1}{3}$	0	4
x_1	1	0	$-\frac{1}{3}$	$\frac{2}{3}$	0	12
Z	0	0	$\frac{2}{3}$	$\frac{5}{3}$	0	60

因此，该问题的最优解为 $x_1=12$，$x_2=4$，最优值为 60。

显然，使用单纯形法和图解法的结论是一样的。当生产 A 产品 12 件、生产 B 产品 4 件时，企业获得最大利润 60 元。

5.2.3 质量指标

产品质量指标是指企业在计划期内生产的各种产品应该达到的质量标准。产品质量标准有国家标准、行业标准、企业标准和合同规定的技术要求等。产品质量是衡量产品使用价值的重要标志，既可反映企业生产的产品能够满足用户使用要求的程度，又可反映企业的生产技术水平和管理水平等。

产品质量指标通常以产品的等级品率来表示，即以企业计划期内出产的各种质量等级的产品产量在全部产品产量中应达到的百分比来表示，如合格率、一等品率、优质品率等。除了产品质量指标以外，生产计划中还列有反映生产过程工作质量的指标，如铸件废品率、机械加工废品率、成品交验一次合格率，以及主要零件关键项合格率等。随着市场竞争的加剧和技术水平的不断提高，顾客对产品质量的要求越来越高，如丰田汽车公司推行的 6σ 质量管理，基本实现了零缺陷。

一般来说，产品质量越好，顾客满意度就越高，销售收入也就越多。随着产品质量的提高，产品成本也相应增加。当产品质量提高到一定水平后，若想再提高产品质量水平，就必须改变现有的生产方式，更新老设备，增添高精尖设备，从而使生产成本随之大幅度增加。然而，当产品质量提高到一定水平后，由于优质优价，还会降低对顾客的吸引力，使销售收入降低。因此，在确定产品质量指标时，必须综合考虑产品质量与成本，产品质量与销售额之间的相互关系。企业在确定产品质量水平时，既不能选择最佳质量水平点，又不能选择最差质量水平点，而是要选择销售收入与成本的差额最大时所对应的质量水平，具体如图 5-6 所示。

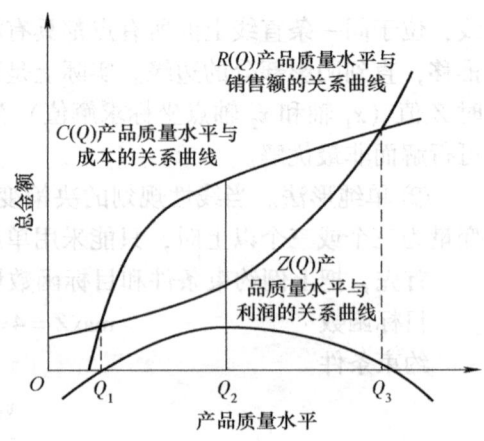

图 5-6 产品质量水平与产品成本、销售额、利润的关系

假设，$C(Q)$ 表示产品质量水平与成本的关系，$R(Q)$ 表示产品质量水平与销售额的关系，$Z(Q)$ 表示产品质量水平与利润的关系。若希望求利润最大的产品质量水平，则是希望 $Z(Q)$ 最大，根据微积分的有关知识，即有

$$Z(Q) = R(Q) - Z(Q) \to \max$$

求导数

$$Z'(Q) = R'(Q) - C'(Q)$$

令 $Z'(Q) = 0$，则有 $R'(Q) = C'(Q)$，$Z(Q)$ 取最大值，此时所对应的产品质量水平为企业最佳产品质量水平。

5.2.4 产值指标

产品产值指标是企业生产计划指标的主要内容之一，是用货币表示的产量指标，能综合反映企业的生产经营活动成果，以便进行不同行业之间的比较。

由于企业的性质不同，因此所生产的产品的实物计量单位也不同。为了方便进行商品交换和实行经济核算，需要用货币形式综合反映企业生产的总成果。根据具体的内容与作用不同，常用商品产值、总产值和净产值3种反映形式来进行衡量。

1. 商品产值

商品产值是指企业在计划期内出产的可供销售的产品或工业性劳务的价值。它包括用企业自备的原材料生产的产品和半成品的价值，用外单位来料加工的产品的加工价值，工业性劳务的价值。

商品产值是编制企业成本计划、销售计划和利润计划的重要依据，一般按现行价格计算，其计算公式如下：

$$P_{商} = \sum_{i=1}^{n} P_i$$

式中　$P_{商}$——商品产值；

　　　P_i——本企业经营的第 i 种商品的价值；

　　　n——企业经营的品种数。

2. 总产值

总产值是用货币表示的企业在计划期内应该完成的工作总量。总产值除包括商品产值外，还包括在制品、半成品、自制工具、模具的期末期初结存量差额的价值，订货单位来料加工产品的材料价值，以及经营三产的价值等。总产值指标反映了企业的生产规模、发展速度、劳动生产率等，一般按照不变价格计算，其计算公式如下：

$$P_{总} = P_{商} + P_{料} + (P_2 - P_1) + P_{其他} \tag{5-7}$$

式中　$P_{商}$——本企业计划期内的全部商品产值；

　　　$P_{料}$——订货单位来料加工产品的材料价值；

　　　P_2，P_1——计划期末期初在制品、半成品、自制工具、模具等的价值；

　　　$P_{其他}$——经营三产以及其他的价值。

3. 净产值

净产值是指企业在计划期内通过生产活动新创造的价值。净产值一般用现行价格计算，其计算方法有生产法和分配法两种。

（1）用生产法计算的净产值 生产法是从工业总产值中直接扣除生产资料的转移价值，其计算公式如下：

$$P_{净} = P_{总} - \sum P_{物料} \tag{5-8}$$

式中　$P_{净}$——工业净产值；

　　　$P_{总}$——工业总产值；

　　　$\sum P_{物料}$——各种物质消耗的价值之和。

（2）用分配法计算的净产值 分配法是根据工业生产新创造价值中属于国民收入初次分配的各项要素费用相加求得的净产值。其计算公式如下：

$$P_{净} = V + m + P_{其他} \tag{5-9}$$

式中　V——工资总额；

　　　m——福利基金、税金、利润；

　　　$P_{其他}$——属于国民收入初次分配性质的其他支出，包括差旅费、交通费、利息支出、罚金支出、培训费用等。

5.3 综合生产计划的制订步骤

科学制订综合生产计划，必须按一定的步骤进行。综合生产计划一般按如下五个步骤制订。

5.3.1 确定计划期内生产产品的市场需求

市场需求的获取是科学制订综合生产计划的先决条件。获取市场需求的主要途径如下：

1）产品需求预测。根据过去产品销售的统计资料与影响产品销售量的因素的发展变化资料，进行销售预测分析。在利用统计资料分析预测未来的销售情况时，还要考虑产品处于产品生命周期的哪个阶段。

2）现有订单、未来库存计划，以及来自流通环节或零售环节的信息等。

3）通过订货会、产品展销会、访问用户及召开用户座谈会等方式，可以了解企业对产品品种、规格、质量、数量及交货期等方面的要求。

5.3.2 分析外部约束条件和企业内部生产条件

外部约束条件的准确分析是确保综合生产计划可行的关键。

外部约束条件主要是指原材料、燃料、动力等的供应情况及外协件、配套件、外购件等供应和协作的保证程度。企业需要的原材料是多种多样的，可以按照物资采购的各种渠道分别调查了解。对于保持固定协作关系和供货关系的企业，要了解它们的生产情况及供应主配套产品的可能性；通过市场调查、商品展销会或有关商业部门了解供应情况；对于短缺的物资与资金，要通过调查，了解获取短缺的物资与资金的渠道和可能性。

内部生产条件包括以下资料和信息：报告期生产计划及其他计划的完成情况；机器设备的数量、比例构成及完好情况，在计划期的保修计划；基本生产车间与辅助生产车间及生产服务单位的能力协调情况；各车间、工段及关键设备组的生产能力；产品图样、工艺文件、工装夹具等技术准备工作的情况；企业技术革新、改造情况；各种物资的库存情况与在制品数量；职工劳动情况（出勤率、工时利用率、劳动生产率等）；各工种、各等级工人人数及比例构成等。企业内部的生产条件可通过各部门提供的统计分析资料及时深入基层进行调查研究，掌握准确的情况。

5.3.3 拟定生产指标方案，进行方案优化工作

企业通过合适的途径（订货合同、销售预测）或方法（盈亏平衡法、收入利润分析法、产品生命周期法、直观试算法、线性规划法、表上作业法、动态规划法）确定产品品种、产量等指标，拟定生产指标方案。

5.3.4 综合平衡，编制计划草案

生产指标方案中各计划指标之间、生产任务与生产可能性之间、综合生产计划与中长期生产计划之间可能存在矛盾，此时需要进行平衡，得到综合生产计划方案。首先，产品品种、质量、数量等计划指标之间要取得平衡。例如，在处理质量和数量指标的关系时，不能只追求数量而降低质量，必须贯彻质量第一的方针，但也不能忽视数量指标，总的要求是优质高产；在处理品种和数量指标的关系时，应当多生产市场急需的短线产品、积极试制新产品，而不要单纯地追求数量；生产指标同其他指标（劳动生产率、工资、物资供应、成本、销售收入、利润等）之间是相互联系、相互制约、相互影响的，不能仅从生产计划的角度来确定生产指标，而必须通过"试算"来求得生产指标同其他指标的平衡。其次，生产任务与生产可能性之间要取得平衡。需要做好如下"试算"平衡工作：生产任务与生产能力的平衡（由企业的生产部门负责）、生产任务与劳动力的平衡（由企业的劳资部门负责）、生产任务与物资供应的平衡、生产任务与生产技术准备的平衡（由企业的设计部门、工具管理部门、技术部门共同负责）、生产任务与外部协作的平衡（由企业的采购部门负责）。最后，综合生产计划与中长期生产计划之间要取得平衡。综合生产计划与中长期生产计划的平衡工作，实际上是眼前利益与长远利益、阶段利益与战略目标之间的平衡。在制订综合生产计划的产量指标时，应当尽可能与企业的中长期生产计划的产量增长幅度保持一致。

5.3.5 审核批准综合生产计划

综合生产计划方案必须获得企业最高管理层的认可，这通常需要成立专门委员会来审查综合生产计划方案。专门委员会的成员应是各有关部门的负责人，委员会将对综合生产计划方案进行综合审视，可能会提出一些建议。综合生产计划若没有通过审核，就必须进行修订或重新制订；综合生产计划一旦通过审核，各相关部门必须尽全力使之得以实现。

5.4 综合生产计划的基本策略

如果需求非常平稳，如一些流程型工业企业，其计划的制订相对简单，重点在于制订综合生产计划和设备的可靠性维修计划。如果在计划阶段出现季节性需求或周期性需求，就可以采取相应的措施来应对这种需求，实际上就是在需求和供应之间寻求一个平衡点。因为出现供大于求或供小于求都是企业或顾客不愿看到的，因此可以采取对需求进行管理和对供应进行管

理两种策略。需求的管理可以采取以下措施，如生产互补性产品、利用广告、降价等手段进行促销，以及按照积累的订单进行生产，即在订单积累到一定量时再按照订单进行生产。

5.4.1 应对需求变动的相关策略

1. 追逐策略

追逐策略是适时改变劳动力水平以适应需求变化的一种策略，当订货变动时，雇用或解雇工人，使产量与订货相一致。这种策略取决于劳动力的成本，经济发达地区的劳动力成本往往很高，通常不采取这种策略；经济欠发达地区，则通常采取追逐策略以保证能按时完成订单。采用这种策略，是因为在招聘新工人时要对工人进行培训，还要求工人所从事的工作易于培训。这种经常变动员工数量的做法，往往会造成员工人心不稳，影响员工的士气和工作的积极性。

2. 稳定的劳动力水平——变化的工作时间

通过柔性的工作计划或加减班改变工作时间，以适应需求量的变化，使产品产量与订单量相匹配。采用这种策略使工人人数相对稳定，但在需求量变化时，必须增加或减少员工的工作时数，这时只能采取加减班的策略。缺点：不需要另聘员工，虽然节省了招聘或解聘费用，但柔性工作计划或加班会产生其他成本，加班费用往往超出正常工作的费用。

3. 外包

如果需求量增大，企业既不想通过雇用新工人来满足需求，又不想通过加班来满足需求，就可以将超过企业生产能力的那部分外包出去，从而间接地提高企业的生产能力。但采取这样的策略通常有一定的风险，因为将部分订单外包出去以后，可能会有一部分顾客转投竞争对手，从而失去顾客。一般在雇用或解雇工人的费用都很高、加班成本很高时，以及在核心领域发生转移时采用这种策略。

上述三种策略可以叫作需求配合策略，即保证企业有足够的生产能力和柔性以满足需求。这种方法会使生产率变动很大。需求配合策略的基本出发点是避免为满足需求必然要求高库存，从而提高库存成本的情况发生。如果需求出现上升，然后又出现短期下降的趋势，就可以在这段时间内对这些多余人员进行训练，使他们掌握多种技能，这样可以增强生产线的柔性。

4. 平准策略

可以用变动库存量、压缩订单积压和减少销售来消化缺货或剩余产品，保持稳定的劳动力数量与产出率。因有稳定的工作时间雇员可以受益，但可能会造成缺货。平准生产方式着眼于保持一个平准生产计划。平准生产计划是指在一段时间内保持生产能力的平稳。它在一定程度上是我们提到的四种策略的综合。对于每段时间，它维持劳动力数量的稳定和低库存量，并依赖需求拉动生产。平准策略可有计划地安排整个系统，使之达到库存与在制品量最小化，这样在制品储备少，产品及时改进；生产系统流程平稳；从供应商处购买的物料能及时交付，而且事实上常常直接送至生产线。

对综合生产计划制订后进行能力和负荷平衡分析时，不需要涉及具体的工作中心，也不涉及具体的阶段，而是计算全部工作中心的年全部生产能力，并且根据客户的合同订单和对市场的需求预测得出生产负荷，然后进行比较。如果出现能力和负荷不平衡，就可以通过上述策略改变生产能力，也可以采取做广告、降价促销、延期交货、不同季节的产品混合生产等手段来改变负荷。

综合生产计划的编制策略还与生产的类型有关。制造装配型企业（如汽车行业）通常采用订货生产。在制订年度计划时，由于市场的波动等不确定性因素的影响，根本不可能得到准确的订货合同信息，所以对这种生产类型的企业而言，综合生产计划只起到指导作用。这类企业的计划重点将是周期更短的生产计划，如采用物料需求计划或准时化生产方式以克服上述缺点。对于流程型生产企业来说，其生产是连续的，生产能力可以明确计算，加之其年需求量往往起伏不大，故综合生产计划是非常关键的。

制订综合生产计划时通常要保证总成本最小，如果采取上述单独的策略效果不佳，有时就需要采取包含上述两个或两个以上策略的混合形式，例如一家企业可能同时采用加班和外包来调节生产能力。采取混合策略的缺点是组合很多，要寻求一个合理的组合比较困难。

5.4.2 应对需求变动的相关成本

1. 基本生产成本

基本生产成本是指在计划期内生产某一产品的固定与变动成本，包括直接劳动力成本、间接劳动力成本、正常工资和加班工资。

2. 库存成本

库存成本包括库存占用资金的成本、储存成本、保险费、物料损坏和变质成本、折旧成本等。在精益生产方式中，制造过剩被认为是最大的浪费。库存不仅占用空间，而且会掩盖企业生产过程中存在的许多问题和造成产品生产成本的增加。库存成本是很难估算的，通常采用统计的方法获得。

3. 延期交货成本

延期交货成本是指因产品交货时间晚于需求时间而产生的额外成本，包括由延期交货引起的赶工成本、罚金、失去企业信誉和销售收入的损失。同样，该成本较难估算。

4. 与生产率相关的变动成本

与生产率相关的变动成本主要包括雇用与解雇人员的成本、设施与设备占用成本、人员闲置成本、兼职与临时员工的成本、外包成本等。

5.4.3 应对需求变动的综合生产计划制订方法

直观试算法是一种根据不同的应对需求变动的策略（单一策略或复合策略），演变出对应的综合生产计划，然后对这些计划进行评价，选出最优（通常以成本最小化为优化目标）的综合生产计划的方法。

直观试算法的基本步骤如下：

1）确定每一时段的需求、安全库存量及期初的库存水平。
2）确定每一时段的正常生产能。
3）确定适应需求变动的策略，从而得到几种可行的综合生产计划。
4）对可行的综合生产计划，分别计算劳动成本、库存成本、缺货成本、招聘和解聘成本、加班成本、外包成本等相关成本，得到对应的总成本。
5）找出总成本最低的综合生产计划。

通常，采用直观试算法可获得比较满意的综合生产计划，但并不是最优的综合生产计划,即它得到的是局部最优方案而非全局最优方案。实际上,生产实践中变因很多,全局最优解虽然存在,但往往很难找到它或找到它需要花费巨大的时间成本。直观试算法的原理和步骤相对简单,不需要高深的数学理论知识,故在企业中的应用比较广泛。直观试算法有两种计算方式:一种是手工计算,另一种是借助电子表格软件进行计算。由于手工计算的效率低、易出错,最重要的是当参数发生变化时又需要重新计算,故建议读者学习用 Excel 进行直观试算的方法。

例 5-3 某公司要制订未来 6 个月某产品群的年度生产计划,已知 6 个月的预测需求量、每月工作天数、安全库存量见表 5-5,其他相关数据见表 5-6。需要说明的是,在考虑外包成本时,仅考虑边际成本,不考虑材料成本(因为无论是否外包,企业都需要支付相同的材料成本)。请采用直观试算法制订最优综合生产计划。

表 5-5 预测需求量、月工作天数及安全库存

月 份	预测需求量(件)	每月工作天数(天)	安全库存量(件)
1	1800	22	500
2	2000	20	400
3	1000	20	350
4	900	24	500
5	1200	22	400
6	1600	20	300

表 5-6 其他相关数据

成本类型	值	单 位
招聘成本	2000	元/人
解雇成本	3000	元/人
库存成本	15	元/(件·月)
缺货成本	20	元/(件·月)
外包成本	70	元/件
单位产品加工时间	5	小时/件
正常人工成本	80	元/天
加班人工成本	15	元/小时
期初人工人数	50	人
期初库存	300	件

解:本例共设计四种策略,采用直观试算法,仅从试算得到的成本见表 5-7。

表 5-7 四种策略从试算得到的成本

成 本 项	策略 1 追逐策略	策略 2 平准+减班策略	策略 3 外包+减班策略	策略 4 加班+减班策略
正常人工成本(元)	429600	512000	512000	512000
加班人工成本(元)	0	0	0	40500
招聘成本(元)	58000	0	0	0

(续)

成 本 项	策略1 追逐策略	策略2 平准+减班策略	策略3 外包+减班策略	策略4 加班+减班策略
解雇成本（元）	96000	0	0	0
外包成本（元）	0	0	37800	0
库存成本（元）	36750	27150	36750	36750
缺货成本（元）	0	2800	0	0
总成本（元）	620350	541950	586550	589250

从表5-7可见，"策略2 平准+减班策略"对应综合生产计划的总成本最低，该综合生产计划见表5-8，包括生产计划、库存计划两行。

表5-8 策略2的综合生产计划

预测需求总量（件）	8500	计划供应总量	8500	总成本	541950		
月 份		1	2	3	4	5	6
月初库存量（件）		300	260	−140	350	500	400
每月工作天数（天）		22	20	20	24	22	20
可用生产时间（小时）		8800	8000	8000	9600	8800	8000
最大正常生产量（件）		1760	1600	1600	1920	1760	1600
减班后正常生产量（件）	生产计划	1760	1600	1490	1050	1100	1500
预测需求量（件）		1800	200	1000	900	1200	1600
月末目标库存量（件）		500	400	350	500	400	300
月末计划库存量（件）	库存计划	260	−140	350	500	400	300
缺货成本（元）	2800	0	2800	0	0	0	0
库存成本（元）	27150	3900	0	5250	7500	6000	4500
正常人工成本（元）	512000	88000	80000	80000	96000	88000	80000

5.5 综合生产计划的数学方法

试算法只能用于解决单一产品的问题，最终也只能采取一种最佳的策略，所得到的最佳解只是一种局部的优化，因为实际上最小总成本对应的可能是几种策略的组合，这就必须借用数学方法来解决。综合生产计划的数学方法一般不被人们采用，原因有：建立的优化数学模型常常是动态的，因为它会受一些政策的影响；一些因素如劳工合约、可用资金、生产能力限制或产品储存寿命等都可能会影响决策；试算方法已被大多数企业经理接受，如果利用电子表格来计算，则会使工作量大大降低；数学的规划方法是研究人员从研究角度提出的，它很难被企业经理接受。下面简述几种常用的数学规划方法。

5.5.1 线性规划方法

线性规划方法是确定一些变量，这些变量满足一定的约束条件，并追求一定的目标，其中目标函数和约束条件均为线性的，线性规划方法因此而得名。线性规划的数学模型确定以后，如果是比较简单的数学模型，就可以用图解法来解。比较复杂的线性规划模型，可以通过单纯型方法来解。不考虑雇用与解聘的特殊情况，可应用更容易建立的运输方法模型。比较复杂或非常复杂的线性规划，还可以通过建立线性规划数学模型，借助于计算机软件来计算分析。在线性规划数学模型中，目标通常是总成本最小或总利润最大，限制条件则是生产能力的限制、储存空间的限制、劳动时间的限制、劳动人数的限制等。因为做线性的假设，而实际情况却常常不是线性的，因此要建立符合实际情况的数学模型，这样就比较困难。例如，由于生产效率的降低，每小时加班成本可能会随加班时长的增加而增加。另外，如果生产量的变化较大，则随着生产量的增大，每单位产品的成本可能会降低。

如果将上述通用线性规划模型用于综合生产计划，则目标函数是总成本最小。总成本要考虑人工成本、招聘成本、解聘成本、加班成本、外包费用和缺货损失等。约束条件主要考虑生产能力约束、人工平衡约束、库存平衡约束、非负条件约束等。

将该线性规划数学模型用于综合生产计划模型的建立，则目标函数为总成本最小，约束条件有：①产品的计划产量应小于最高需求量；②产品的计划产量应高于最低需求量；③各种资源的限制；④各种变量的非负性限制。

例 5-4 某产品群未来 6 个月的预测需求量和月工作天数、成本参数等见表 5-9 和表 5-10，每天正常工作时间为 8h，单位产品的生产时间为 2h，期初劳动力人数为 35 人，期初、期末库存量为 0，这期间不允许缺货。本例仅采用调整员工数量的方式来调节产量以满足需求变化，得出总成本最低的综合生产计划。

表 5-9 预测需求量和月工作天数

月 份	预测需求量（件）	月工作天数（天）
1	2760	21
2	3320	20
3	3970	23
4	3540	21
5	3180	22
6	2900	22

表 5-10 成本参数

类 型	成 本 值	单 位
单位人工成本	120	元/(人·天)
单位招聘成本	4500	元/人
单位解聘成本	6000	元/人
单位储存成本	5	元/(件·月)

解：由题目期初、期末库存量均为 0 可知，各月产出量之和与需求总量相等。因此目标函数中可不列入生产成本，这样处理对最优解没有影响。本题求解步骤如下：

① 定义变量：

P_i，$i=1,2,3,4,5,6$ 表示第 i 月的产量，W_i，$i=1,2,3,4,5,6$ 表示第 i 月月末劳动

力人数，$H_{ij} = 1, 2, 3, 4, 5, 6$ 表示第 i 月招聘人数，$L_{ij} = 1, 2, 3, 4, 5, 6$ 表示第 i 月解聘人数，$I_{ij} = 1, 2, 3, 4, 5, 6$ 表示第 i 月月末库存量。

② 构建数学模型：

目标函数

$$\min C = (2520W_1 + 2400W_2 + 2760W_3 + 2520W_4 + 2640W_5 + 2640W_6) + 4500\sum_{i=1}^{6} H_i + 6000\sum_{i=1}^{6} L_i + 5\sum_{i=1}^{6} I_i$$

约束条件

生产能力约束

$$2P_1 \leq 21 \times 8 \times W_1$$
$$2P_2 \leq 20 \times 8 \times W_2$$
$$2P_3 \leq 23 \times 8 \times W_3$$
$$2P_4 \leq 21 \times 8 \times W_4$$
$$2P_5 \leq 22 \times 8 \times W_5$$
$$2P_6 \leq 22 \times 8 \times W_6$$

人工平衡约束

$$W_1 = 35 + H_1 - L_1$$
$$W_2 = W_1 + H_2 - L_2$$
$$W_3 = W_2 + H_3 - L_3$$
$$W_4 = W_3 + H_4 - L_4$$
$$W_5 = W_4 + H_5 - L_5$$
$$W_6 = W_5 + H_6 - L_6$$

库存平衡约束

$$I_1 = 0 + P_1 - 2760$$
$$I_2 = I_1 + P_2 - 3320$$
$$I_3 = I_2 + P_3 - 3970$$
$$I_4 = I_3 + P_4 - 3540$$
$$I_5 = I_4 + P_5 - 3180$$
$$I_6 = I_5 + P_6 - 2900$$

变量取值范围约束

$$P_i \geq 0, \quad i = 1,2,3,4,5,6$$
$$W_i \geq 0, \quad i = 1,2,3,4,5,6$$
$$H_i \geq 0, \quad i = 1,2,3,4,5,6$$
$$L_i \geq 0, \quad i = 1,2,3,4,5,6$$
$$I_i \geq 0, \quad i = 1,2,3,4,5$$
$$I_6 = 0$$

整数约束

$$P_i \in Z, \quad i = 1,2,3,4,5,6$$
$$W_i \in Z, \quad i = 1,2,3,4,5,6$$

$$H_i \in Z, \quad i = 1,2,3,4,5,6$$
$$L_i \in Z, \quad i = 1,2,3,4,5,6$$
$$I_i \in Z, \quad i = 1,2,3,4,5,6$$

利用 Excel 规划求解工具或 Excel VBA 程序求解得不到整数解，这说明规划求解工具或 Excel VBA 程序对于求解某些规模较大的整数规划问题尚存在一些缺陷。利用 Matlab 程序可以求得整数最优解。最低成本 $C = 647900$ 元。

最优解见表 5-11。

表 5-11 最优解

变量	值	变量	值	变量	值	变量	值	变量	值
P_1	3350	W_1	40	H_1	5	L_1	0	I_1	590
P_2	3200	W_2	40	H_2	0	L_2	0	I_2	470
P_3	3680	W_3	40	H_3	0	L_3	0	I_3	180
P_4	3360	W_4	40	H_4	0	L_4	0	I_4	0
P_5	3180	W_5	40	H_5	0	L_5	0	I_5	0
P_6	2900	W_6	40	H_6	0	L_6	0	I_6	0

5.5.2 运输方法

运输方法又可称为图表作业法，实际上是一种表格化的线性规划方法。用运输方法编制综合生产计划必须做一定的假设：①在每一计划期内的正常生产能力、加班生产能力和外包都有一定的限制；②每一期间的需求预测量均为已知；③成本和产量为线性关系。

应用运输方法编制综合生产计划时遵循如下步骤：①在可用生产能力一列填上正常、加班和外包的最大生产能力；②在每一单元格中填上各自的成本；③在第 1 列寻找成本最低的单元格，尽可能将生产任务分配至该单元格，但必须满足生产能力的限制；④在该行的未用生产能力中减去所占用的部分，但必须注意剩余的未用生产能力不能为负数，如果该列仍有需求尚未满足，则重复步骤②~④，直至需求全部满足为止，并且按照②~④的步骤分配全部期间的单元格。使用运输表还应注意，每一列的分配总和必须等于该期的总需求，每一行的生产能力和也应等于可用的总的生产能力。

例 5-5 某汽车制造厂 1~6 月大型轿车预计的市场需求量分别为 3000 辆、3600 辆、5200 辆、6000 辆、5000 辆、4400 辆，一月份初期库存量为零。该厂在三种不同生产方式下的生产能力和相应的单位制造成本见表 5-12，单位产品每月的存储成本为 200 元，请确定该厂 1~6 月的综合生产计划。

表 5-12 生产能力和单位制造成本

生产方式	生产能力（辆）	单位制造成本（元）
正班生产	4000	20000
加班生产（可多生产）	600	21000
分包生产（可多生产）	1000	22000

解：列出成本表，用运输表法求解，结果见表 5-13，这是一个最优解。

表 5-13 运输表法最优解 （单位：辆）

	总 计	P 一月	P 二月	P 三月	P 四月	P 五月	P 六月
需 求 量	27200	3000	3600	5200	6000	5000	4400
计 划 数	27200	3000	4000	5200	5600	5000	4400
正 班 生 产	23000	3000	4000	4000	4000	4000	4000
加 班 生 产	2200	0	0	600	600	600	400
分 包 生 产	2000	0	0	600	1000	400	0
库 存 数	0	0	400	400	0	0	0

5.5.3 综合案例分析

例 5-6 吉百利公司和哈奥普蒂克公司都是新一代通信设备制造商。

吉百利公司着眼于美国东半部的市场，它在巴尔的摩（B）、孟菲斯（M）和威奇托（W）都有自己的生产厂，服务的市场包括亚特兰大、波士顿和芝加哥。哈奥普蒂克公司瞄准美国西半部的市场，服务的市场包括丹佛、内布拉斯加州的奥马哈和俄勒冈州的波特兰。哈奥普蒂克公司的几个工厂分别位于怀俄明州的肖肖尼（C）和盐湖城（S）。工厂的生产能力、市场需求、每 1000 单位产量的生产成本和运输成本，以及每个工厂每月的固定成本见表 5-14。

表 5-14 吉百利公司和哈奥普蒂克公司的生产能力、市场需求和成本

供应城市	需求城市每 1000 单位产量的生产和运输成本（千美元）						生产能力 K（千单位）	月固定成本 F_i（千美元）
	亚特兰大	波士顿	芝加哥	丹佛	奥马哈	波特兰		
巴尔的摩（B）	1675	400	685	1630	1160	2800	18	7650
肖肖尼（C）	1460	1940	970	100	495	1200	24	3500
盐湖城（S）	1925	2400	1425	500	950	800	27	5000
孟菲斯（M）	380	1355	543	1045	665	2321	22	4100
威奇托（W）	922	1646	700	508	311	1797	31	2200
月需求量（千单位）D_j	10	8	14	6	7	11		

（1）两个公司都必须考虑在工厂之间进行需求分配。

这一模型需要输入以下数据：

n = 工厂区位的数目。

m = 市场或需求地的数量。

D_j = 市场 j 的年需求量。

生产计划与控制

k_i = 工厂 i 的年生产能力。
C_{ij} = i 工厂生产一单位产品并送到 j 市场的成本（包括生产成本、库存成本、运输成本和设施成本）

$$\min \sum_{i=1}^{n} \sum_{j=1}^{m} C_{ij} x_{ij}$$

限制条件为

$$j = 1, \cdots, m$$

该限制保证每一市场的需求得以满足。

$$i = 1, \cdots, n$$

该限制保证每一工厂不能超过其生产能力进行生产。

表 5-15 给出的需求分配表明，吉百利公司每月消耗的可变成本是 14886000 美元，月固定成本为 13950000 美元，月总成本为 28836000 美元；哈奥普蒂克公司的月可变成本为 12865000 美元，月固定成本为 8500000 美元，月总成本为 21365000 美元。

表 5-15 吉百利公司和哈奥普蒂克公司的最优需求配置

制造商	城市	亚特兰大	波士顿	芝加哥	丹佛	奥马哈	波特兰
吉百利公司	巴尔的摩（B）	0	8	2	—	—	—
	孟菲斯（M）	10	0	12	—	—	—
	威奇托（W）	0	0	0	—	—	—
哈奥普蒂克公司	盐湖城（S）	—	—	—	0	0	11
	肖肖尼（C）	—	—	—	6	7	0

（2）吉百利公司和哈奥普蒂克公司已经决定将这两家公司合并成一个名为吉百利哈奥普蒂克的新公司。管理者正在讨论是否每个工厂都是必需的，哪些工厂应当关闭。

这一模型需要输入以下数据：

n = 潜在的工厂数量。
m = 市场或需求点的总数量。
D_j = 市场 j 的年需求量。
k_i = 工厂 i 的潜在年生产能力。
F_i = 工厂 i 运营中按年分摊的固定成本。
C_{ij} = 工厂 i 生产一单位产品并将之送到 j 市场的成本（包括生产成本、库存成本、运输成本和设施成本）。目标是决定工厂的区位，然后将市场需求分配到每一个正在运营的工厂中去，以减少设施成本、运输成本和库存成本。决策变量的定义如下：$y_i = 1$，如果工厂 i 运营，否则为 0。x_{ij} = 每年从工厂 i 运送到市场 j 的货物数量。

然后，这一问题构成以下模型：

限制条件为

$j = 1, \cdots, m$（保证所有需求得到满足）
$i = 1, \cdots, n$（确保每一工厂的生产不超过生产能力）
$ij = 1, \cdots, n$［将工厂分为运营（$y_i = 1$）或关闭（$y_i = 0$）两类］

通过求解，得出结论：吉百利哈奥普蒂克公司的最佳选择是关闭在盐湖城（S）和威奇托（W）两地的工厂，而继续运行在巴尔的摩（B）、肖肖尼（C）和孟菲斯（M）的工厂。每月的网络和运营成本为 47401000 美元。这一成本比吉百利公司和哈奥普蒂克公司独立运营时的成本节省了近 3000000 美元。

（3）计划配置决策。在这一模型中，我们假设计算单位被适当调整，因而每 1 单位的投入，能生产出 1 单位的最终产品。这一模型要求输入以下数据：

m = 市场或需求点的数量。
n = 潜在的工厂区位数量。
l = 供应商的数量。
t = 潜在的仓库区位数量。
D_j = 顾客 j 的年需求量。
K_i = 布局于 i 点的工厂的生产能力。
S_h = 供应商 h 的年供应能力。
W_e = 布局于 e 点的仓库的年仓储能力。

这一模型的目标是确定工厂和仓库的区位以及不同地点之间的运输数量，以减少总的固定成本和可变成本。定义如下：

决策变量：$y_i = 1$，如果工厂布局在 i 点，否则为 0；$y_e = 1$，如果仓库布局在 e 点，否则为 0；x_{ej} = 每年从 e 点的仓库运到市场 j 的货物的数量；x_{ie} = 每年从 i 点的工厂运到 e 点的仓库的货物数量；x_{hi} = 每年从 h 点的供应商运到 i 点的工厂的原材料数量。

$$\min\left(\sum_{i=1}^{n} f_i y_i + \sum_{e=1}^{t} f_e y_e + \sum_{h=1}^{l}\sum_{i=1}^{n} c_{hi} x_{hi} + \sum_{e=1}^{t}\sum_{i=1}^{n} c_{ie} x_{ie} + \sum_{e=1}^{t}\sum_{j=1}^{m} c_{ej} x_{ej}\right)$$

限制条件是：

(1) $\sum_{i=1}^{n} x_{hi} \leq S_h, h = 1, \cdots, l$

(2) $\sum_{h=1}^{l} x_{hi} - \sum_{e=1}^{t} x_{ie} \geq 0, i = 1, \cdots, n$

(3) $\sum_{e=1}^{t} x_{ie} \leq K_i y_i, i = 1, \cdots, n$

(4) $\sum_{i=1}^{n} x_{ie} - \sum_{j=1}^{m} x_{ej} \geq 0, e = 1, \cdots, t$

(5) $\sum_{j=1}^{m} x_{ej} \leq W_e y_e, e = 1, \cdots, t$

(6) $\sum_{e=1}^{t} x_{ej} = D_j, j = 1, \cdots, m$

(7) $y_i, y_e \in \{0,1\}$

m = 市场或需求点的数量，n = 潜在的工厂区位数量，l = 供应商的数量，t = 潜在的仓库区位数量，D_j = 顾客 j 的年需求量，K_i = 布局于 i 点的工厂的生产能力，S_h = 供应商 h 的年供应能力，W_e = 布局于 e 点的仓库的年仓储能力，f_i = 布局于 i 点的工厂的年固定成本，f_e = 在 e 地点布局一家仓库的年固定成本，c_{hi} = 从供应源 h 运送单位货物到工厂 i 的成本，$c_{ie} = i$

点的工厂生产单位产品并运送到 e 点的仓库的成本，c_{ej} = 从 e 点的仓库为 j 点的顾客送单位货物的成本。

公式（1）：从供应商运到工厂的原材料不能超过供应商的生产能力。
公式（2）：工厂运出货物的数量不能大于原材料的输入量。
公式（3）：工厂的产量不能超过其生产能力。
公式（4）：仓库的发货量不能超过来自工厂的货物总量。
公式（5）：经过仓库的货物总量不能超过其仓库容量。
公式（6）：所有的客户需求都将得到满足。
公式（7）：工厂或仓库要么关闭要么运营。

 习题和思考题

1. 生产能力计划分为哪几个步骤？
2. 影响综合生产计划的因素有哪些？
3. 生产甲、乙两种产品，关键设备年有效工时为 4650h，在设备上加工的时间定额分别为 3h 和 1h，两种产品材料消耗定额分别为 2kg 和 4kg，生产该产品的关键材料年最大供应量为 9600kg；产品甲每台需要某种配套零件 2 件，年最大供应量为 2400 件；产品乙年需要量不大于 2000 台；每台产品的利润分别为 60 元和 30 元，确定这两种产品的年产量。
4. 在制订综合生产计划的过程中，应对需求变动采取的策略从大的方面可分为（　　）策略、调整能力策略和（　　）策略三种，其中调整能力策略又包括（　　）策略、（　　）策略和（　　）策略。
5. 综合生产计划的计划对象为（　　）。
6. 总产（销）量指标测算的经典方法是（　　）；品种产量指标测算的常用方法有（　　）、（　　）和（　　）；应对需求变动的综合生产计划制订方法（　　）、（　　）、（　　）和（　　）。
7. 联合渔具制造公司生产钓鱼用的铅锤系列产品，该公司希望制订一个生产计划，期初库存为 100 箱，公司希望在计划期末将库存减少到 80 箱。每期的工作天数都相同，预计需求见表 5-16。

表 5-16 预计需求

生 产 期	1	2	3	4	5	总计
预测（箱）	110	120	130	120	120	600

（1）每期应生产多少箱？
（2）每期期末库存是多少？
（3）如果每箱产品的库存管理成本是每期 5 美元，其库存数量根据期末库存量确定，那么库存持有总成本是多少？
（4）该生产计划的总成本是多少？
8. 某企业年固定成本为 320 万元，单位产品销售价格为 15 元、变动成本为 7 元，如果存在 80 万元的追加投资，随之而来的是每年增加 15 万元的固定成本，但变动成本将减少 2 元。假设单位产品销售价格保持不变，试确定在追加投资情况下要实现年目标利润 200 万元的产销量。

拓展案例

Force-Master 是一家中型的制造商，主要产品是汽油引擎驱动的家园工具。Force-Master 初期只生产割草机，8 年前开始制造除雪机，之后还推出几种次要的产品。由于各种产品的相似度高，因此都在同一个厂房内生产。Force-Master 的员工都具有多种技能，而且常常轮调工作岗位。根据经验与实际量测定制造一部割草机需要 1.8h、除雪机需要 2.5h，两种产品的市场需求几乎是相反的。

本年度已进入最后阶段，Force-Master 准备拟订下一年度的综合生产计划。此计划以两个月为一期，一月与二月为第一期，其余类推。Force-Master 目前有 350 名员工，每个员工每期约工作 300h，平均薪资约为 6000 美元，加班的薪资为每小时 28 美元，但公司规定每个员工每期加班时数不得超过 60h。员工每期的自动离职率约为 2%，各级法律与劳资合约规定，员工被解雇时应领取相当于两个月薪资的遣散费（6000 美元），而雇佣新员工时需付出广告、面试、训练等成本，每人约 2000 美元。另外，新进员工在第一期的平均生产力是熟练员工的一半，因此可以假设新进员工有效的工作时数只有一半。

Force-Master 预估在本年度结束时，库存将有 4500 台除雪机与 500 台割草机。割草机每期的库存成本大约 8 美元，除雪机每期的库存成本大约 10 美元。下一年度割草机的制造成本估计为 95 美元，除雪机的制造成本为 110 美元，割草机的预定出货价格为 210 美元，除雪机则为 250 美元，业务部门据此价格与过去的销售量估计下一年度各期的需求量见表 5-17。

表 5-17 下一年度各期的需求量

期　别	割草机（台）	除雪机（台）
1~2	12000	16000
3~4	85000	4000
5~6	80000	0
7~8	32000	5000
9~10	8000	35000
11~12	3000	45000

每台割草机与除雪机所需的零部件（单位：个）分解见表 5-18。

表 5-18 所需的零部件 （单位：个）

种　类	A	B	C	D	E	F	G	H
割草机	2		3	15	6	3		
除雪机	1	4		10			6	7

现公司零部件库存情况(单位:个)见表 5-19。

表 5-19 库存情况 (单位:个)

种 类	A	B	C	D	E	F	G	H
数 量	30000	52000	38000	70000	12000	18000	41000	45000

思考题

1. 根据以上信息制订一份综合生产计划。
2. 分析这份计划的合理性和优缺点,用数据和图表来进行分析说明。

第 6 章
主生产计划

学习内容

1. 主生产计划的概念、作用及与其他计划的关系。
2. 主生产计划制订的步骤。
3. 主生产计划的编制过程。

重点难点

重点：区分主生产计划与综合生产计划，掌握主生产计划制订的步骤。
难点：制订主生产计划。

引导案例

戴尔公司的主生产计划

戴尔公司于1984年由迈克尔·戴尔创立，总部设在美国得克萨斯州。迈克尔·戴尔是目前计算机行业内任期最长的首席执行官。1996年，戴尔公司开始通过网站销售戴尔计算机。戴尔的理念非常简单：按照客户的要求制造计算机，并向客户直接发货，使戴尔公司能够最有效和明确地了解客户需求，继而迅速做出回应。这个直接的商业模式消除了中间商，这样就减少了成本和周转时间，让戴尔公司更好地理解客户的需要。这种直接模式允许戴尔公司能以富有竞争性的价位，为每一位消费者定制并提供具有丰富配置的强大系统。通过平均四天一次的库存更新，戴尔公司能够把最新相关技术带给消费者，而且远远快于那些运转缓慢、采取分销模式的公司。

6.1 主生产计划的地位与作用

主生产计划的任务是把综合计划具体化为可操作的实施计划，它主要回答以下几个方面的问题：

1) 生产什么产品。
2) 每种产品的生产数量。
3) 每种产品开始生产的时间。
4) 每种产品的交货时间。

主生产计划位于计划体系的第三层，它直接与综合计划层和物料计划层相联系，被销售、设计、制造和计划部门共享。其主要作用是在计划体系中起着承上启下的作用，实现了宏观计划向微观计划的分解过渡。

主生产计划协调市场需求和企业制造资源之间的差距，其运行机制可较好地解决销售与生产的矛盾，保证计划的可行性和资源的充分利用。在市场多变的情况下，良好的主生产计划可使后续的生产活动实现稳定和均衡。

主生产计划将销售、设计、生产等部门联系起来，成为从营销到制造的桥梁。生产部门依据 MPS 来确定未来某时段将要生产什么；设计部门依据 MPS 来调整设计和工艺准备的进度，以保证生产的需要；销售部门依据 MPS 来确定未来将为客户提供什么，明确表达对客户的承诺。同时，MPS 还为相关部门提供生产和库存信息，一方面帮助销售部门签订订单，另一方面使生产部门较为精确地估计生产能力，平衡生产并实现对销售部门的反馈，形成沟通企业内部、外部的桥梁。

如图 6-1 所示，主生产计划处于向上与需求预测、市场订单、综合生产计划相联系，向下与物料需求计划相联系的地位。有效的主生产计划既要体现企业的战略目标，又要充分考虑企业的生产能力。主生产计划制订得是否合理，向上将决定是否支撑企业的综合生产计划，甚至经营计划，影响企业的短期和长期发展，向下将影响物料需求计划的准确性和执行效果。

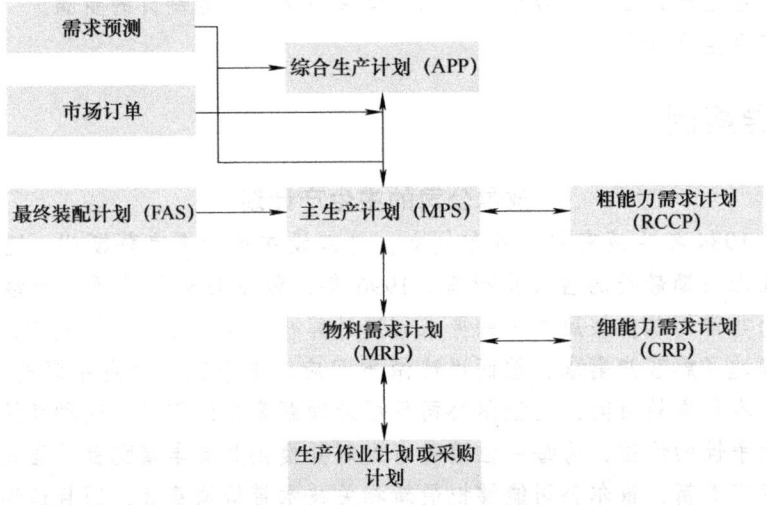

图 6-1　主生产计划在生产计划体系中的地位

1. MPS 与需求管理的关系

需求管理代表了企业预测、订单信息、物流配送需求等活动。需求管理收集了近期相关的需求数据，如实际客户订单、潜在客户需求预测、仓库补货信息、厂内物料转移信息、备用件需求等。这些汇总的需求信息提供给 MPS，是 MPS 的主要输入。

2. MPS 与综合生产计划的联系

MPS 必须以综合生产计划为指导，并将综合生产计划的目标进行分解和具体化。在 MPS 的制订过程中，一般以综合生产计划的生产量作为 MPS 的预测需求量。但是综合生产计划的对象一般是按照产品系列来考虑的，还没有细化为具体的产品型号、规格。为了将其转换成 MPS 的市场需求量，首先要对其进行分解，分解成每一个计划期内的每一个具体型号、规格的产品。在分解的时候，必须依据以往的销售统计资料，考虑到不同型号产品的适当组合，然后将这样的分解结果作为 MPS 的预测需求量。

3. MPS 与粗能力需求计划的关系

粗能力需求计划是对 MPS 所需要的资源进行可用性分析,这些制造资源是指生产过程中的瓶颈资源。

MPS 的基本原则是根据企业的能力确定要做的事情,通过均衡地安排生产实现计划目标,使企业在客户服务水平、库存控制和生产率提高等方面得到优化。因此,MPS 运行时,与运行粗能力需求计划相伴,只有通过粗能力需求计划检验可行的 MPS,才能作为下一个计划层次——物料需求计划的输入信息。

4. MPS 与物料需求计划的关系

MPS 为物料需求计划提供信息输入(毛需求)。物料需求计划是对 MPS 的分解细化,它根据 MPS 提供的最终产品的需求数量和交货时间,按照产品物料清单(BOM)展开,确定产品相关需求物料(零部件)的数量和日期。物料需求计划需要通过能力需求计划检验其可行性,从而确定自制零部件的进度计划和采购计划。

5. MPS 与最终装配计划的关系

对于按订单装配型企业来说,由于产品有多种选择性的配置,MPS 无法预计用户的订货是哪一种具体的配置,此时可以使用最终装配计划(FAS)使 MPS 处理过程简化。FAS 是描述某一时段内最终产品的装配计划。可以将主生产计划设定在基本部件这一级,当用户订单(配置方案)确定以后,再通过 FAS 来装配最终产品。FAS 与 MPS 必须协同运行,FAS 不仅依据订单,同时要了解 MPS 的库存信息。

例 6-1 快车避雷针公司生产同族两种不同型号的避雷针:H 型和 I 型。公司以周为单位制订生产计划。当月生产平衡在 1000 单位。期初库存 500 单位,计划在月底减少到 300 单位。MPS 以周为单位,这个月有 4 周,每周生产量平均为 250 单位。计算每个产品的 MPS。生产计划及两种型号的预测与预计可用库存余额见表 6-1~表 6-3。

表 6-1 生产计划

周	1	2	3	4	总计
预测	300	350	300	250	1200
预计可用库存余额:500	450	350	300	300	1400
MPS	250	250	250	250	1000

表 6-2 主生产计划(型号 H)

周	1	2	3	4	总计
预测	200	300	100	100	700
预计可用库存余额:200	250	200	100	100	650
MPS	250	250	0	100	600

表 6-3 主生产计划(型号 I)

周	1	2	3	4	总计
预测	100	50	200	150	500
预计可用库存余额:300	200	150	200	200	750
MPS	0	0	250	150	400

6.2 主生产计划的相关概念及制订指标

主生产计划（MPS）要确定每一个体的最终产品在每一具体时间内的生产数量。这里的最终产品，主要是指对于企业来说最终完成、要出厂的成品，它可以是直接用于消费的消费产品，也可以是作为其他企业的部件或配件的产品。这里的具体时间段通常是以周为单位，在有些情况下，也可能是以日、旬或月为单位。

表 6-4 为某摩托车厂 1~6 月的综合生产计划，表 6-5 为某摩托车厂踏板式摩托车 1~2 月的主生产计划。比较两表，可明显地看出这两种生产计划之间的关系和区别。综合计划是企业对未来较长时间内企业的不同产品所做的概括性安排，它不是一种用来具体操作的实施计划；而主生产计划，正是把综合计划具体化为可操作的实施计划。如表 6-4 所示，在该企业综合计划中，1~2 月踏板式摩托车系列产品的月产量分别为 1500 辆和 1600 辆。但实际上该企业生产的踏板式摩托车按马力大小分为三种不同车型：50 型、100 型和 150 型。按抽象概念踏板式摩托车是无法组织生产的，只能按具体规格型号，如 50 型、100 型和 150 型组织生产。表 6-5 是根据表 6-4 的综合计划所制订的主生产计划。

表 6-4 某摩托车厂 1~6 月的综合生产计划

	一月	二月	三月	四月	五月	六月
踏板式摩托车产量（辆）	1500	1600	1600	1650	1700	1700
普通摩托车产量（辆）	2000	1900	1850	1900	1800	1800

表 6-5 某摩托车厂踏板式摩托车 1~2 月的主生产计划

	一月				二月			
周次	1	2	3	4	5	6	7	8
50 型产量（辆）		250		250		100		100
100 型产量（辆）	200	200	200	200	300	300	300	300
150 型产量（辆）	100		100		100		100	
月产（辆）	1500				1600			

6.2.1 主生产计划的相关概念

1. 主生产计划的计划对象

计划对象的选择是做好主生产计划的关键。计划对象选择妥当，可以减少主生产计划数量并能提高主生产计划的可靠性。不同的生产方式，主生产计划的计划对象不同。

（1）备货生产　在备货生产方式下，通常原材料或部件种类较多而最终产品种类较少，如图 6-2 所示。在该生产方式下，宜选取 A 形中的顶层产品（最终产品）作为主

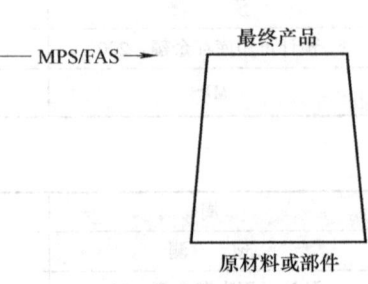

图 6-2 A 形

生产计划的计划对象。

(2) 订货组装　在订货组装生产方式下，通常原材料或部件、最终产品种类都较多，但标准件种类较少，如图 6-3 所示。如果主生产计划选择最终产品作为计划对象，则一方面计划的准确度不高，另一方面计划的工作量很大。因此，在该生产方式下，宜选取 X 形中的腰部（标准件）作为主生产计划的计划对象。

(3) 订货生产　在订货生产方式下，通常原材料或部件种类较少而最终产品种类较多，如图 6-4 所示。在该生产方式下，宜选取 V 形的底部（原材料、部件）作为主生产计划的计划对象。需要指出的是，在这种情况下，原材料、部件的主生产计划与物料需求计划等同。

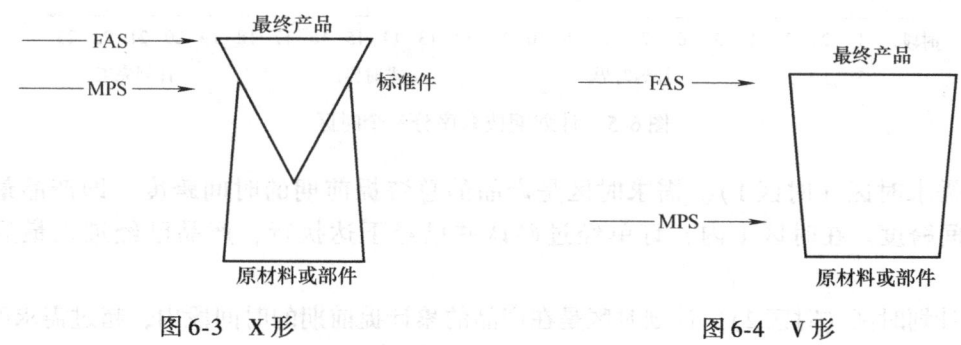

图 6-3　X 形　　　　　　　　　　图 6-4　V 形

2. 计划期、时段、时区与时界

时间是任何计划的主要参数。主生产计划的时间参数主要包括计划期、时段、时区与时界。

(1) 计划期　计划期或称计划展望期、计划水平期、计划跨度，是主生产计划所覆盖的时间范围，通常大于计划对象的一个完整的生产周期或累积提前期实际运行时间，只要有长期合同或可靠数据，计划期就可以长一些，可以提高计划的预见性。

(2) 时段　时段是计划期的时间周期单位。划分时段是为了说明在各个时间跨度内的计划量、产出量和需求量，以固定时间段的间隔汇总计划量、产出量和需求量。时段的长度可以是年、季、月、周或日，可以根据需要确定。对于短期计划，可以日或周为单位，中远期计划可以月或季为单位。当报表时段为周时，MPS 的输出报表就按照各个周进行汇总，计算库存量、需求量、计划投入量及产出量等。另外，还需要明确这些计划参数是发生在时段的期初还是期末，如以周为时段时，需求量、库存量、计划投入量和计划产出量等是发生在这一周的第一天，还是这一周的最后一天，如果不明确定义的话就会造成系统计算混乱。一般都以期末为计算基准。

(3) 时区与时界　产品从计划、采购、投入到产出，需要经历一个完整的时间周期。计划的下达、调整、修改会受到产品所处时间点的约束，或者说在不同的时间点若出现需求变更，对计划的影响也是不同的。一般在 MPS 中，把计划展望期划分为三个时间区段，由此产生了时区和时界的概念。

1) 时区。时区是说明某一计划的产品在某时刻处于该产品的计划期内的时间位置。一般根据需要，将计划期按顺序分为三个时区：需求时区（时区 1）、计划时区（时区 2）和预测时区（时区 3），每个时区包含若干时段，如图 6-5 所示。

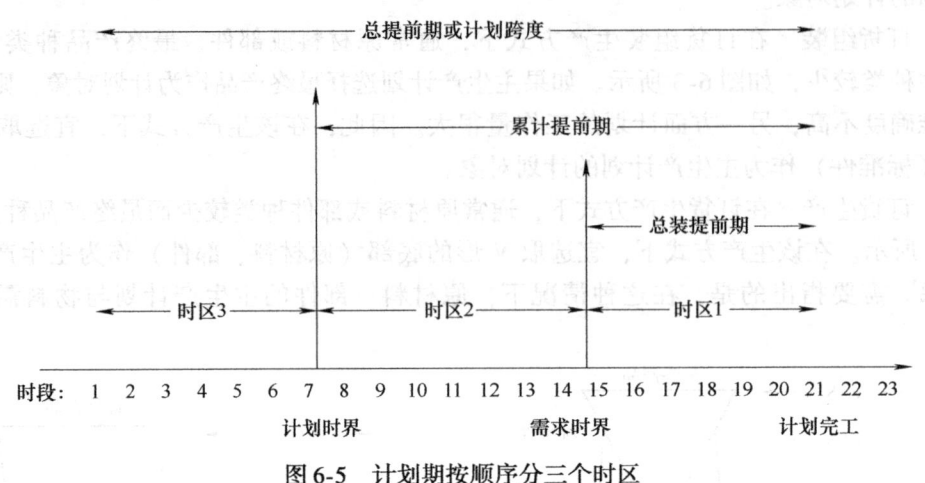

图 6-5　计划期按顺序分三个时区

① 需求时区（时区1）。需求时区是产品的总装提前期的时间跨度，即产品最终装配的时间跨度。在时区1内，订单经过确认并已经下达执行，产品已经进入最后装配阶段。

② 计划时区（时区2）。计划时区是在产品的累计提前期的时间段内，超过需求时区以外的时段，实质上是指产品零部件的采购与加工阶段。

③ 预测时区（时区3）。预测时区是在产品总提前期或计划期的时间段内，超过需求时区和计划时区以外的时段，也就是比一个完整的生产周期多出的那部分。

图6-6所示的时区与时界概念，是按照产品生产过程的正方向，即从左向右表示产品的预测阶段、采购与加工阶段、最后装配阶段。实际的主生产计划是按照生产过程的反方向倒排的，即从编制计划的某一时刻开始，从左到右依次是时区1、时区2、时区3 因为主生产计划的对象是独立需求项目，也就是成品的出产时间。时区1将要出产的成品就在近期，已经进入了最后的装配阶段；时区2将要出产的成品，现在已进入采购和加工阶段；时区3计划出产的成品，现在还没有开始采购和加工。

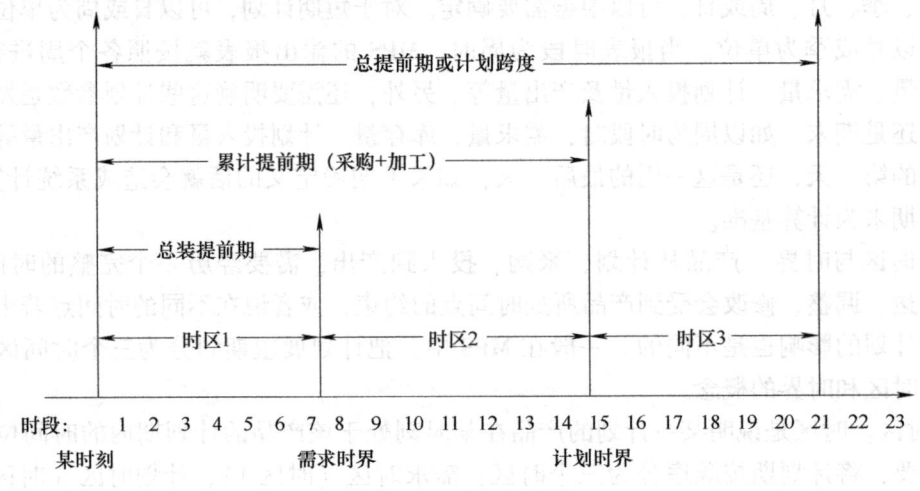

图 6-6　时区与时界

2）时界及其对计划的控制作用。时区与时区之间的分隔点称为时界。时界是用来控制主生产计划变化的时间点，目的是保持计划的严肃性、稳定性和灵活性。

① 需求时界。需求时界是需求时区和计划时区之间的分界点。通常它等于最后装配计划的提前期，表示在该界限之前，需求量由实际客户订单决定，不考虑预测的情况，必须按照订单数量完成生产。原则上，这个时段的计划处于冻结状态，不允许更改。此时计划的变动，会对生产过程造成严重的损失。

② 计划时界。计划时界是计划时区与预测时区之间的分界点。通常它等于产品的累计提前期。在计划时界之前的时区2，需求量取客户订单量和预测量两者中的较大者，并正式确认和下达，开始采购和加工。在该时段，计划变动代价大，系统不能自动变动更改，只能由人工干预，变动需要由主管领导决定。在计划时界之后的时区3，需求量取预测量，计划还未正式确认和下达，主要是做好技术准备工作，所以计划允许变动，变动无代价。计划员有权进行计划更改。

主生产计划提出的时区和时界的概念，为主生产计划人员提供了一个控制计划的手段。时界表明了修改计划的困难程度。修改的时间越接近当前时间，修改的困难越大，企业付出的代价越大。

6.2.2 主生产计划制订的相关指标

（1）现有库存量　现有库存量（Projected On-hand Inventory，POH）是指满足总需求后的估计可用库存量，其计算公式为

$$I_t = I_{t-1} + P_t - \max\{D_t, MO_t\} \tag{6-1}$$

式中　I_t——t周末的现有库存量；

　　I_{t-1}——$t-1$周末的现有库存量；

　　P_t——t周的主生产计划生产量；

　　D_t——t周的预计需求；

　　MO_t——t周准备发货的顾客订货量。

（2）主生产计划的生产量和生产时间　主生产计划的生产量和生产时间应保证现有库存量是非负的，一旦现有库存量在某周有可能为负值，应立即通过当期的主生产计划量来补上，这是确定主生产计划的生产量和生产时间的基准之一，具体的确定方法是，若本期期初库存量与本期订货量之差大于0，则本期主生产计划量为0；否则，本期主生产计划量为生产批量的整数倍，具体是一批还是若干批，要根据两者的差额来确定。

（3）待分配库存　待分配库存（Available-to-promise Inventory，ATP）又称为最大可供销售量或可承诺交货量，是指某时段产品或部件除去满足必要的市场订单后，还可以临时销售的最大数量，包括调整前ATP和调整后ATP两种。

1）产生ATP的原因。产生ATP的主要原因有两个：一是受批量规则的限制，计划产出量不一定恰好等于净需求量；二是当毛需求量是根据预测需求量与订单量按照某原则确定时，若某时段的毛需求量取的是预测需求量且预测需求量大于订单量，则该时段的毛需求量中必然含有富余量可用于临时销售。

2）计算ATP的意义。计算ATP具有重要的意义，这是因为ATP是销售人员进行临时接单的参考依据。没有这个参考依据，销售人员接单时必然陷入茫然，要么接到的临时订单

量过多导致无法及时满足这些订单，或者为了满足这些临时订单而造成已有订单不能及时供应，要么会失去一些临时订单，从而给企业造成机会损失。

3) 计算 ATP 的时段。需要计算 ATP 的时段包括计划展望期的第一个时段（第 k_1 期）、后续计划产出总量或正在执行的订单量大于 0 的时段（第 k_2 期、第 k_3 期等）。

4) 计算 ATP 的方法。

① 计划展望期第一个时段（第 k_1 期）的调整前 ATP 按式（6-2）计算。

② 其他各时段的调整前 ATP 按式（6-3）计算。

$$\text{ATP} = \text{期初库存量} + \text{第}k_1\text{期正在执行的订单} + \text{第}k_1\text{期计划产出总量} - \sum_{j=k_1}^{k_2} \text{第}j\text{期的订单量} \quad (6\text{-}2)$$

$$\text{ATP} = \text{第}k_i\text{期正在执行的订单} + \text{第}k_i\text{期计划产出总量} - \sum_{j=k_i}^{k_{i+1}-1} \text{第}j\text{期的订单量} \quad (6\text{-}3)$$

对调整前 ATP 进行调整

对调整前 ATP 进行调整的原因如下：按照公式（6-2）和公式（6-3）计算得到的部分时段的 ATP 可能为负，表示若之前的 ATP 量全部销售后，会导致该时段缺货，影响部分订单的及时供应，从而给企业造成损失，因此需要对调整前的 ATP 进行调整。调整的方法如下：从右向左，若调整前的 ATP 为正，则保持不变；若其值为负，则向前"借量"，即依次向调整前 ATP 大于 0 的时段进行借取，缺多少借多少，使其变为 0。被借出时段的 ATP 值则减去这个借出量。

（4）毛需求量　确定毛需求量是主生产计划的第一步。毛需求量的确定需要根据企业生产具体情况而定，存在很多变数。因为毛需求量的确定方法或原则不同，所以毛需求量也不同。

（5）计划接收量　计划接收量又称预期到货量，包括正在执行的订单或已确认的计划订单两种。正在执行的订单是指上一计划展望期由于某种原因拖延到当前计划展望期某时段或某几个时段的产出订单。需指出的是，它不属于当前计划展望期的计划产出订单。已确认的计划订单是指当前计划展望期内已被事先确认的计划产出订单，主生产计划员无权改变。

6.2.3　MPS 的修改与变更方式

为保证 MPS 的严肃性和稳定性，同时要满足市场需求多变的要求，提高计划的灵活性和适应性，一般可采用滚动计划法来编制 MPS，步骤与编制综合计划的滚动计划法类似，MPS 的制订也要随着市场需求的变化和企业内部、外部各种生产要素的变化进行调整。时区 1 计划编制得很具体、准确性高，必须执行，不能更改；时区 2 计划准确性一般，原则上不更改，但是根据实际，可以适当调整；时区 3 计划准确性较差，制订不必太具体，原则上可以任意更改。经过一个滚动期，计划向后滚动一次，三个时区都依次滚动。滚动期的长短一般可根据实际情况，取一个时段或几个时段。可以定期滚动，也可以不定期滚动。在每次滚动时，修改 MPS 可以采用全重排法和净改变法两种方法。

1. 全重排法

全重排法就是系统完全重新制订 MPS。该方法的优点是运算逻辑简单，可避免差错；缺点是运算工作量较大。

2. 净改变法

净改变法是只对 MPS 中有变动的部分进行局部修改，一般改变量比较小。这种方法的优点是修改量小，运算时间短，可以随时进行。但是其缺点在于大量频繁的局部修改有可能产生全局性的差错。因此，必须要隔一定的时间，采用全重排法对全部物料进行全面的修订。

6.3 主生产计划制订的内容、约束条件及步骤

6.3.1 主生产计划制订的内容

首先，对综合计划分解和细化；其次，当一个方案制定出来以后，需要与所拥有的资源（设备能力、人员、能力、外协能力等）平衡，如果超出了资源限度，就需要调整原方案，直到得到符合资源约束条件的方案，或得出不能满足资源条件的结论。在后一种情况下，就需要对综合生产计划做出调整，或者增加资源。因此，主生产计划的制订是一个反复试行的过程。最终的主生产计划需要得到决策机构的批准，然后作为物料需求计划的输入条件。

6.3.2 主生产计划制订的约束条件

主生产计划制订的约束条件主要包括以下三个方面：第一，主生产计划所确定的生产总量必须等于综合生产计划确定的生产总量。第二，综合计划所确定的某种产品在某时间段内的生产总量（也就是需求总量）应该以一种有效的方式分配在该时间段内的不同时间生产。这种分配应该是基于多方面考虑的，如需求的历史数据、对未来市场的预测、订单以及企业资源条件等。此外，主生产计划是以周为单位的，但也可以以日、旬或月为单位。当选定以周为单位后，必须根据周来考虑生产批量的大小，其中重要的考虑因素是作业交换时设备的调整费用、机会损失和库存成本等。第三，在决定产品批量和生产时间时必须考虑资源的约束。与生产量有关的资源约束有若干种，如设备能力、人员能力、库存能力（仓储空间的大小）、流动资金总量等。在制订主生产计划时，必须首先掌握这些约束条件，根据产品的轻重缓急分配资源，将关键资源用于生产关键产品。

6.3.3 主生产计划制订的步骤

主生产计划制订的步骤包括计算现有库存量、确定主生产计划产品的生产量与生产时间、计算待分配库存等。为简便起见，暂不考虑最终产品的安全库存。

例 6-2 见表 6-6，踏板式摩托车一月份的 1500 辆计划产出量，现被分解为 50 型、100 型、150 型三种具体型号的踏板式摩托车在 1~4 周的计划产出量。二月份的 1600 辆计划产出量，现被分解为 50 型、100 型、150 型三种具体型号的踏板式摩托车在 5~8 周的计划产出量。分解的依据是历史销售数据和生产负荷的均衡性要求。由于分解方法有很多种，导致分解结果也有很多种。

表 6-6　分解型毛需求量的确定　　　　　　　　　　　　（单位：辆）

月　份	一月				二月			
周	1	2	3	4	5	6	7	8
50 型	250		250		100		100	
100 型	200	200	200	200	300	300	300	300
150 型	100		100		100		100	

1. 分解型毛需求量的确定

有些企业倾向于将综合生产计划进行分解得到毛需求量。分解综合生产计划时通常遵循以下原则：①从量上说，分解得到的各具体产品（部件）的需求总量与该类产品（部件）的综合生产计划总量相等；②从时间上说，某时段内综合计划生产总量必须按有效方式尽量均衡地分配到具体的时段上；③决定各具体产品生产量和时段时，应考虑资源约束（设备能力、人员能力、库存能力、流动资金总量等）。

2. 预测 + 订单型毛需求量的确定

有些企业倾向于根据各具体产品的预测需求量和订单量，按照一定的原则确定毛需求量。采用的原则不同，毛需求量也就不同。常用的原则如下：

原则 1：毛需求量取预测需求量。该原则不考虑订单量，各时段毛需求量取预测需求量，适于备货生产型企业，见表 6-7。

表 6-7　原则 1 对应的毛需求量　　　　　　　　　　　（单位：辆）

时段（周）	1	2	3	4	5	6	7	8
预测需求量	80	90	100	110	120	130	140	150
订　单　量	90	80	120	60	55	50	30	20
毛 需 求 量	80	90	100	110	120	130	140	150

原则 2：毛需求量取订单量。该原则不考虑预测需求量，各时段毛需求量取订单量，适于订货生产型企业，见表 6-8。

表 6-8　原则 2 对应的毛需求量　　　　　　　　　　　（单位：辆）

时段（周）	1	2	3	4	5	6	7	8
预测需求量	80	90	100	110	120	130	140	150
订　单　量	90	80	120	60	55	50	30	20
毛 需 求 量	90	80	120	60	55	50	30	20

原则 3：毛需求量取预测需求量和订单量中的最大值。该原则既考虑预测需求量，又考虑订单量，冒险型决策者多采用此原则，见表 6-9。

表 6-9　原则 3 对应的毛需求量　　　　　　　　　　　（单位：辆）

时段（周）	1	2	3	4	5	6	7	8
预测需求量	80	90	100	110	120	130	140	150
订　单　量	90	80	120	60	55	50	30	20
毛 需 求 量	90	90	120	110	120	130	140	150

原则4：毛需求量在需求时界内取订单量，在需求时界外取预测需求量。该原则既考虑预测需求量，又考虑订单量，理性决策者多采用此原则，见表6-10（需求时界为3周）。

原则5：毛需求量在需求时界内取订单量，在需求时界外取预测需求量、订单量的最大值。该原则既考虑预测需求量，又考虑订单量，理性决策者多采用此原则，见表6-10。

表6-10 原则4、原则5对应的毛需求量　　　　　　　　　　　　（单位：辆）

时段（周）	1	2	3	4	5	6	7	8
预测需求量	80	90	100	110	120	130	140	150
订 单 量	90	80	120	60	55	50	30	20
毛需求量	90	80	120	110	120	130	140	150

3. 优化型毛需求量的确定

有些企业倾向于根据具体产品优化的产出计划，将其尽量均衡地分解到更具体的时段上，毛需求量取分解量。

例6-3 设对产品A采用某方法得到最优产出计划，其中1月份计划产出量为1500件，2月份计划产出量为1000件。表6-11为一种分解方式下的分解表。

表6-11 优化型毛需求量

产品A	1	2	3	4	5	6	7	8
毛需求量（件）	375	375	375	375	250	250	250	250

在表6-12中，第1周的150单位是上一计划展望期拖延下来的计划订单；第3周的150单位是已确认的计划订单，属于当前计划展望期的计划产出量。

表6-12 计划接收量　　　　　　　　　　　　（单位：件）

时段（周）	1	2	3	4	5	6	7	8
预测需求量	80	90	100	110	120	130	140	150
订 单 量	90	80	120	60	55	50	30	20
毛需求量	90	80	120	110	120	130	140	150
正在执行的订单	150							
已确认的计划订单			150					

按照先从上到下，再从左到右的顺序依次计算各个时段的PAB初值、净需求量、计划产出量、PAB末值、计划产出总量和计划投入量。其中，PAB初值按式（6-4）计算；净需求量按式（6-5）计算；若某时段的净需求量大于0，则需要下一个计划的产出订单，计划产出量则按批量规则确定；PAB末值按式（6-6）计算；计划产出总量按式（6-7）计算。计划投入量是指生产或装配该产品或部件的下层物料的套数。若不考虑废品率，则计划投入量在数量上取计划产出总量，计划投入时间由计划产出总量所在时段及提前期共同决定。

PAB初值 = 上期PAB末值 + 本期正在执行的订单 + 本期已确认的计划订单 − 本期毛需求量

(6-4)

$$净需求量 = \begin{cases} 安全库存量 - PAB初值, 若PAB初值 < 安全库存量 \\ 0, 若PAB初值 \geq 安全库存量 \end{cases} \quad (6-5)$$

$$\text{PAB 末值} = \text{PAB 初值} + \text{计划产出量} \tag{6-6}$$

$$\text{计划产出总量} = \text{已确认的计划订单} + \text{计划产出量} \tag{6-7}$$

在式（6-4）中，对于计划展望期第一期来说，其上一期 PAB 末值取期初库存量。

设安全库存量为 25 单位、期初库存量为 20 单位、批量规则为固定批量（Fixed Order Quantity, FOQ）法、批量取 150 单位、提前期为 1 周，则确定结果见表 6-13。

表 6-13　PAB 初值、净需求量、计划产出量、PAB 末值、计划产出总量（单位：件）

时段（周）	0	1	2	3	4	5	6	7	8
预测需求量		80	90	100	110	120	130	140	150
订单量		90	80	120	60	55	50	30	20
毛需求量		90	80	120	110	120	130	140	150
正在执行的订单		150							
已确认的计划订单				150					
PAB 初值		80	0	180	70	−50	−30	−20	−20
净需求量		0	25	0	0	75	55	45	45
计划产出量			150			150	150	150	150
PAB 末值	20	80	150	180	70	100	120	130	130
计划产出总量		0	150	150	0	150	150	150	150
计划投入量		150	150	0	150	150	150	150	

按照上面的方法计算得到的调整前 ATP 和调整后 ATP 见表 6-14。其中，辅助行用于确定 ATP 计算时段，其值取正在执行订单与计划产出总量之和。除第 1 个时段必须计算 ATP 外，凡辅助行值大于 0 的时段也要一一计算 ATP。

表 6-14　调整前 ATP 和调整后 ATP

时段（周）	0	1	2	3	4	5	6	7	8
预测需求量		80	90	100	110	120	130	140	150
订单量		90	80	120	60	55	50	30	20
毛需求量		90	80	120	110	120	130	140	150
正在执行的订单		150							
已确认的计划订单				150					
PAB 初值		80	0	180	70	−50	−30	−20	−20
净需求量		0	25	0	0	75	55	45	45
计划产出量			150			150	150	150	150
PAB 末值	20	80	150	180	70	100	120	130	130
计划产出总量		0	150	150	0	150	150	150	150
计划投入量		150	150	0	150	150	150	150	
辅助行		150	150	150	0	150	150	150	150
调整前 ATP		80	70	30		95	100	120	130
调整后 ATP		80	40			95	100	120	130

至此，按道理应该已经得到了某产品或部件的主生产计划了，然而可能部分读者对 ATP 仍然不能完全理解。有些读者可能会问，计算除了第一期之外的其他时段的调整前 ATP 时为什么不加上上一期的 PAB 末值。其实，PAB 初值和 PAB 末值在本书中均指期末预计可用库存量，所不同的是 PAB 初值是在没有下达计划产出量的情况下的期末预计可用库存量，而 PAB 末值则是指下达了计划产出量之后的期末预计可用库存量。不论是 PAB 初值，还是 PAB 末值，均是一种预计期末可用库存量，不是实际库存量。要得到实际库存量，需要再引入另一个量，即临时销售量，在此情况下，期末实际库存量可按式（6-8）计算。

$$某期期末实际库存量 = 上一期期末实际库存量 + 当期正在执行的订单 + \\当期计划产出总量 - 当期订单量 - \\当期临时销售量 \quad (6\text{-}8)$$

式中，对于第一期来说，其上一期期末库存量取期初库存量。

按式（6-8）计算得到表 6-15。

表 6-15　期末实际库存量 1

时段（周）	0	1	2	3	4	5	6	7	8
预测需求量		80	90	100	110	120	130	140	150
订单量		90	80	120	60	55	50	30	20
毛需求量		90	80	120	110	120	130	140	150
正在执行的订单		150							
已确认的计划订单				150					
PAB 初值		80	0	180	70	-50	-30	-20	-20
净需求量		0	25	0	0	75	55	45	45
计划产出量			150			150	150	150	150
PAB 末值	20	80	150	180	70	100	120	130	130
计划产出总量		0	150	150	0	150	150	150	150
计划投入量		150	150	0	150	150	150	150	0
辅助行		150	150	150	0	150	150	150	150
调整前 ATP		80	70	30		95	100	120	130
调整后 ATP		80	40			95	100	120	130
临时销售量									
期末实际库存量		80	150	180	120	215	315	435	565

该表所示，若各期不存在临时销售量（全都为 0），则期末实际库存量从第 1 期的 80 单位开始发生变化，其变化规律取决于 2、3、4、5 期的计划产出总量与订单量。注意第 8 期期末的实际库存量与调整前或调整后 ATP 的总和相等，均为 565 单位，读者可以分析其原因。

表 6-16 是第 1 期临时销售 60 单位的情况。可见，由于第 1 期临时销售了 60 单位的该产品或部件，导致后面各期期末实际库存量均减少 60 单位。

表 6-16 期末实际库存量 2

时段（周）	0	1	2	3	4	5	6	7	8
预测需求量		80	90	100	110	120	130	140	150
订单量		90	80	120	60	55	50	30	20
毛需求量		90	80	120	110	120	130	140	150
正在执行的订单		150							
已确认的计划订单				150					
PAB 初值		80	0	180	70	-50	-30	-20	-20
净需求量		0	25	0	0	75	55	45	45
计划产出量			150			150	150	150	150
PAB 末值	20	80	150	180	70	100	120	130	130
计划产出总量		0	150	150	0	150	150	150	150
计划投入量		150	150	0	150	150	150	150	0
辅 助 行		150	150	150	0	150	150	150	150
调整前 ATP		80	70	30		95	100	120	130
调整后 ATP		80	40			95	100	120	130
临时销售量		60							
期末实际库存量	20	90	120	60	155	255	375	505	

表 6-17 是第 1 期临时销售 80 单位的情况，此时第 1 期期末实际库存量降为 0，若再增大第 1 期临时销售量，则第 1 期将率先缺货。

表 6-17 期末实际库存量 3

时段（周）	0	1	2	3	4	5	6	7	8
预测需求量		80	90	100	110	120	130	140	150
订单量		90	80	120	60	55	50	30	20
毛需求量		90	80	120	110	120	130	140	150
正在执行的订单		150							
已确认的计划订单				150					
PAB 初值		80	0	180	70	-50	-30	-20	-20
净需求量		0	25	0	0	75	55	45	45
计划产出量			150			150	150	150	150
PAB 末值	20	80	150	180	70	100	120	130	130
计划产出总量		0	150	150	0	150	150	150	150
计划投入量		150	150	0	150	150	150	150	0
辅 助 行		150	150	150	0	150	150	150	150
调整前 ATP		80	70	30		95	100	120	130
调整后 ATP		80	40			95	100	120	130
临时销售量		80							
期末实际库存量		0	70	100	40	135	235	355	485

第6章 主生产计划

表6-18是第1期临时销售量为80单位、第2期临时销售量为30单位的情况。可见，第4期最小的期末实际库存量为10。表示在第2~4期之间最多可再临时销售10单位该产品或部件，否则将会导致此期间发生缺货。

表6-18 期末实际库存量4

时段（周）	0	1	2	3	4	5	6	7	8
预测需求量		80	90	100	110	120	130	140	150
订单量		90	80	120	60	55	50	30	20
毛需求量		90	80	120	110	120	130	140	150
正在执行的订单		150							
已确认的计划订单				150					
PAB 初值		80	0	180	70	−50	−30	−20	−20
净需求量		0	25	0	0	75	55	45	45
计划产出量			150			150	150	150	150
PAB 末值	20	80	150	180	70	100	120	130	130
计划产出总量		0	150	150	0	150	150	150	150
计划投入量		150	150	0	150	150	150	150	0
辅助行		150	150	150	0	150	150	150	150
调整前 ATP		80	70	30		95	100	120	130
调整后 ATP		80	40			95	100	120	130
临时销售量		80	30						
期末实际库存量		0	40	70	10	105	205	325	455

表6-19是第1期临时销售量为80单位，第2期临时销售量为30单位，第3期临时销售量为20单位情况。可见，由于第2~4期之间的临时销售总量为50单位，比第2期的调整后ATP多出10单位，故导致第4期期末缺货，缺货量正好等于10单位。这也表明，调整后ATP是指当期最大可供销售量，但并不意味着一定在当期全部临时销售，它可以在其他各期分别进行临时销售。

表6-19 期末实际库存量5

时段（周）	0	1	2	3	4	5	6	7	8
预测需求量		80	90	100	110	120	130	140	150
订单量		90	80	120	60	55	50	30	20
毛需求量		90	80	120	110	120	130	140	150
正在执行的订单		150							
已确认的计划订单				150					
PAB 初值		80	0	180	70	−50	−30	−20	−20
净需求量		0	25	0	0	75	55	45	45
计划产出量			150			150	150	150	150

(续)

时段（周）	0	1	2	3	4	5	6	7	8
PAB 末值	20	80	150	180	70	100	120	130	130
计划产出总量		0	150	150	0	150	150	150	150
计划投入量		150	150	0	150	150	150	150	0
辅 助 行		150	150	150	0	150	150	150	150
调整前 ATP		80	70	30		95	100	120	130
调整后 ATP		80	40			95	100	120	130
临时销售量		80	30	20					
期末实际库存量		0	40	50	-10	85	185	305	435

4. 形成主生产计划

将制订主生产计划过程中的相关参数作为表头，形成该产品或部件的主生产计划初稿，如图 6-7 所示。这里之所以称其为主生产计划初稿，是因为在后续过程中要对企业的所有产品（部件）的主生产计划进行粗能力核算与平衡，如果能力不足，可能还要对某个或某几个产品（部件）的主生产计划进行调整。

物料编号：×××　　物料名称：×××　　计划日期：2021/06/21　　计划员：×××　　提前期：1 周
批量规则：FOQ　　批量：150　　需求时界：3 周　　计划时界：3 周　　期初库存量：20
安全库存量：25　　毛需求量：在需求时区取订单量，在需求时区以外取预测需求量与订单量的最大值

时段（周）	0	1	2	3	4	5	6	7	8
预测需求量		80	90	100	110	120	130	140	150
订 单 量		90	80	120	60	55	50	30	20
毛 需 求 量		90	80	120	110	120	130	140	150
正在执行的订单		150							
已确认的计划订单				150					
PAB 初值		80	0	180	70	-50	-30	-20	-20
净 需 求 量		0	25	0	0	75	55	45	45
计划产出量			150			150	150	150	150
PAB 末值	20	80	150	180	70	100	120	130	130
计划产出总量		0	150	150	0	150	150	150	150
计划投入量		150	150	0	150	150	150	150	0
辅 助 行		150	150	150	0	150	150	150	150
调整前 ATP		80	70	30		95	100	120	130
调整后 ATP		80	40			95	100	120	130

图 6-7　MPS 初稿

5. 形成主生产计划汇总表

对企业生产的其他产品或部件按上述的步骤重复进行，得到所有产品或部件的主生产计划初稿的汇总表。显然，这是一项烦琐的工作，必要时可借助 MRP Ⅱ 系统辅助决策和计算。

为了说明计算 MPS 的过程，举个例子。假设产品是备货型生产，持有一定的库存，并

且产品批量生产。

某产品以每批次 100 单位进行生产，预计期初库存为 80 单位。预测需求、预计可用库存余额及 MPS 见表 6-20。

表 6-20　预测需求、预计可用库存余额及 MPS

周	1	2	3	4	5	6
预 测 需 求	60	60	60	60	60	60
预计可用库存余额：80	20	60	0	40	80	20
MPS		100		100	100	

注：现有库存 = 80 单位，批次大小 = 100 单位。

第 1 周库存量为 80 单位，在满足预测需求 60 单位后，预计可用库存余额还有 20 单位。第 2 周 60 单位的预测需求没有满足，因此必须计划第 2 周 100 单位的 MPS 接收。这样，第 2 周周末预计可用余额就有 60 单位（20 + 100 − 60 = 60）。第 3 周，预测需求 60 单位可以满足，因为现有预计可用余额是 60 单位，这时预计可用余额为 0。第 4 周，必须接收 100 单位，满足预测需求 60 单位之后，库存还有 40 单位。

产品族中的每个产品都要经过计算 MPS 的过程。如果产品族中所有产品的计划生产总量及最终库存总量与生产计划不相符，单个计划就要调整，这样生产总量才能相等。预备主生产计划的计算完成之后，必须与可用产能对比。这个过程称为粗能力计划。

例 6-4　联合坚果粉碎器公司生产坚果粉碎器产品族，其中最受欢迎的型号是核桃粉碎器。销售部门准备了为期 6 周的预测，期初库存量是 50 打，生产批量是 100 打，需求时界是第 3 周周末，预测销售量、客户订单、预计可用库存余额、ATP 及 MPS 见表 6-21。

表 6-21　预测销售量、客户订单、预计可用库存余额、ATP 及 MPS　　（单位：打）

周　　次	1	2	3	4	5	6
预测销售量	75	50	30	40	70	20
客 户 订 单	80	45	40	50	50	5
预计可用库存余额（50）	70	25	85	35	65	45
ATP	25		10		45	
MPS	100		100		100	

6.4　粗生产能力计划

6.4.1　粗生产能力计划方法

主生产计划的初步方案是否可行，需要根据资源约束条件来衡量。资源约束条件主要是指生产能力的约束。通常用粗生产能力计划来检查主生产计划方案的可行性。制订粗生产能力计划的方法主要有三种：一是能力清单法；二是资源描述法；三是综合因子法。

粗能力计划检查支持预备主生产计划的关键资源是否可以用。关键资源包括瓶颈作业、人工及关键物料（如稀缺的或提前期较长的物料）。

粗能力计划的制订过程类似生产计划制订过程中所使用的资源需求计划，区别是现在的对象是产品而非产品族。资源需求计划中使用的资源清单假定产品族中一件有代表性的产品，而粗能力计划的资源清单针对单个产品。如前文一样，二者的相同点是瓶颈工作中心和关键资源。

假设公司生产四种不同型号的台式计算机，在同一个为瓶颈作业的工作中心进行组装。公司希望根据工作中心的产能安排生产而不能超出计划产能。表6-22是该工作中心的资源清单，列出了组装一台计算机所需的时间。

假设某一周主生产计划列出以下计算机需要组装：

型号：D24，200 台
　　　D25，250 台
　　　D26，400 台
　　　D27，100 台

表6-22 资源清单

台式计算机组装	
计算机型号	组装时间（标准工时）
D24	0.203
D25	0.300
D26	0.350
D27	0.425

这个关键资源所需产能是：

型号：D24，（200×0.203）标准工时 = 40.6 标准工时
　　　D25，（250×0.300）标准工时 = 75.0 标准工时
　　　D26，（400×0.350）标准工时 = 140.0 标准工时
　　　D27，（100×0.425）标准工时 = 42.5 标准工时
　　　所需总工时 = 298.1 标准工时

例6-5 极点钳子公司生产两种不同型号的钳子：普通钳和精密钳。瓶颈作业在第20个工作中心，资源清单见表6-23，未来四周的主生产计划见表6-24。

表6-23 资源清单

工作中心	普通钳	精密钳
20	0.5 工时/打	1.2 工时/打

表6-24 未来四周的主生产计划

周	1	2	3	4	总计
普通钳（打）	40	25	40	15	120
精密钳（打）	20	10	30	20	80
总工时	44	24.5	56	31.5	156

6.4.2 粗生产能力计划举例

仍然以某摩托车厂为例，表6-25是50型、100型、150型踏板式摩托车三种型号产品1~2月的主生产计划，现在用综合因子法来判断该方案是否可行。

1. 确定直接劳动因子和全部关键工序的总劳动时间

关键工序是指该工序的能力需求经常超出其实际能力的那些工序，整个产出将受这些工序制约。这些工序的工作时间被称为关键时间，因为它们制约着主生产计划的可行性。有效利用关键时间，以得到最大产出。假定某关键工序每周的工作时间为400h，如果由于某种原因在某周只使用了300h，即使下周需求量为500h，本周失去的100h也不可能再被利用

了，设本例中确定了甲、乙两个关键工序。

直接劳动因子一般用每件产品的直接劳动时间来表示，在综合因子法中，使用标准时间来计算每一产品在各工序所需的直接劳动时间，然后将各关键工序的直接劳动时间汇总，即可得出一个直接劳动因子。将全部非关键工序的直接劳动时间汇总，得出第二个直接劳动因子，表6-25 是上例中三种产品的两个直接劳动因子。

表 6-25　某公司摩托车产品的直接劳动因子

型　　号	关键工序	非关键工序	总　　计
50 型	2	5	7
100 型	1.5	8	9.5
150 型	2	6	8

2. 确定每一关键工序的负荷因子为该关键工序的劳动时间

要确定每一关键工序的负荷因子，需要参考历史数据，首先确定在某一特定时间段内每一关键工序所需的劳动时间；然后确定其分别在总关键劳动时间中所占百分比，即可得到每一关键工序的负荷因子。确定摩托车产品生产中每一关键工序的负荷因子。首先，确定甲、乙两工序的负荷因子。表6-26 提供了上一年的数据，其中甲的总劳动时间是25200h，占上一年全部关键工序总劳动时间的60%，这样甲的负荷因子为60%，则可相应推出乙的负荷因子是40%，假定当前两工序的情况仍不变。

表 6-26　某公司摩托车产品关键工序的负荷因子

项　　目	劳动时间总计（h）	负荷因子（%）
甲	25200	60
乙	16800	40
全部关键时间	42000	100
全部非关键时间	48000	

3. 计算主生产计划的负荷估计量

主生产计划中某工序的负荷估计量就是计划期内全部关键工序的总劳动时间与该关键工序负荷因子的乘积。直接劳动因子和负荷因子都确定后，就可以计算负荷估计量。对主生产计划而言，负荷估计量是对每一关键工序所需劳动时间的大致估计，也可是对全部关键工序或全厂所需劳动时间的估计。首先，对于每一单位计划期，用每种产品的主生产计划量乘以其相应的关键工序的直接劳动因子，得出每期的全部关键时间。同样，还可计算每期的全部劳动时间。其次，对于每一单位计划期，用每一关键工序的负荷因子乘以全部关键时间即可得到计划期各关键工序的负荷估计量。

根据表6-25 和表6-26 给出的直接劳动因子和负荷因子，可以计算该例中主生产计划的负荷估计量。例如，在第一周，主生产计划规定生产200 辆100 型摩托车和100 辆150 型摩托车产品，则可算出所需的全部关键时间为（1.5×200+2×100）h = 500h，全部劳动时间为 [(1.5+8)×200+(2+6)×100] h = 2700h，其他周的计算也可用相同的方法得出。然后，用负荷因子可计算每一关键工序的时间，例如在第一周，关键工序甲的时间为 500h ×

60% = 300h，关键工序乙的时间为 500h × 40% = 200h，结果见表 6-27。

表 6-27 某公司摩托车产品主生产计划方案的负荷估计量　　　（单位：h）

项目	1	2	3	4	5	6	7	8	总计
甲工序	300	480	300	480	390	390	390	390	3120
乙工序	200	320	200	320	260	260	260	260	2080
全部关键时间	500	800	500	800	650	650	650	650	5200
全部非关键时间	2200	2850	2200	2850	3000	2900	3000	2900	21900
全部劳动时间	2700	3650	2700	3650	3650	3550	3650	3550	27100

4. 比较各关键工序的实际能力和负荷估计量

分析本例主生产计划方案的可行性，以便采取相应的措施。如果该主生产计划所需的全部直接劳动时间在企业所拥有的总劳动时间内，同时符合企业生产经营中其他约束条件，就认为该主生产计划是可行的，否则就要采取相应的措施或修改主生产计划。

综合因子法是制订粗能力计划的一种简便易行的方法。当主生产计划的产品组合基本稳定时，综合因子法可取得满意的结果。但用来计算负荷估计量的负荷因子通常是根据历史数据来推断的，其前提条件是未来的需求量与过去的需求量相同，这一假设意味着产品组合不变。实际上产品组合不可能一直保持不变，如果产品组合改变，显然综合因子法就不适用了，此时宜采用能力清单法。此外，综合因子法不能反映每一工序在不同计划期内能力需求的波动，这时宜采用资源描述法。

6.4.3 制订合理的生产计划需要注意的问题

制订合理的主生产计划要注意处理好以下三个相关问题：

1. 主生产计划与综合计划的衔接

主生产计划是对综合生产计划的具体化，要体现综合生产计划的意图。它主要解决两个问题：一是由于综合生产计划中的产量是按照产品系列来规定的，为了使之转换成主生产计划中的市场需求量，首先需要对其进行分解，分解成每一计划期内对每一具体型号产品的需求。在分解时根据每种型号的现有库存量和已有顾客订单量等考虑不同型号、规格的适当组合，才能将此分解结果作为主生产计划中的需求预测量；二是由于综合生产计划要考虑生产速率、人员变化、调节库存等来进行权衡，因此在主生产计划的粗能力计划中也可采用相应的策略。

2. 主生产计划的相对稳定化

主生产计划是物料需求计划的基础。主生产计划的改变，尤其是对已开始执行，但尚未完成的主生产计划进行修改时，将会引起一系列计划的改变。当主生产计划量增加时，可能会由于物料短缺而引起交货期延迟；当主生产计划量减少时，可能会导致多余物料或零部件的产生、存货增加、成本增加等许多问题。为此，许多企业设定一个时间段，使主生产计划在该期间内相对稳定，此期间也叫冻结期。常采用两种方法：一是确定需求冻结期，在该期间内，没有决策层的特殊授权，不得随意修改主生产计划；二是规定计划冻结期。计划冻结期通常比需求冻结期要长，在该期间内，一般不得随意改变主生产计划，但可在两个冻结期的差额时间段内根据情况对主生产计划进行必要的修改。在这两个期间之外，可进行更自由的修改。总而言之，主生产计划的稳定是相对的，因为主生产计划的相对稳定尽管可以使生产成本得以减少，但同时减少了企业对市场变化的适应能力，而这将会存在机会成本问题。因此，需要确定适当的计划冻结期。

3. 不同生产类型下主生产计划的"变型"

前面讨论主生产计划的编制主要是针对大多数"存货生产型"企业而言的。在这类企业中，虽然可能用到多种原材料和零部件，但最终产品的种类一般较少且大多是标准产品。企业对这种产品的市场需求预测的准确性也较高。因此，通常将最终产品预先生产出来，放在仓库，随时准备交货。但随着市场需求的日益多样化，企业要生产的最终产品的"变型"也越来越多。这些"变型"产品往往是若干标准模块的不同组合。这些"变型"产品的主要部件和组件的种类总数比最终产品种类的总数少得多。对于最终产品需求多样化和不稳定而又难以准确预测的产品，保持最终产品的库存是一种不经济的做法。当构成最终产品的组合部件的种类较少，预测这些主要部件的需求比较容易也比较准确时，通常维持一定数量的主要部件和组件的库存。当最终产品的订单到达后，立即按订单"组装生产"。这样，在这种生产类型中，若以要出厂的最终产品编制主生产计划，由于最终产品的种类较多，该计划工作量较大，而且难以准确预测需求，计划的可靠性难以保证。因此，在这种情况下，主生产计划以主要部件和组件为对象来编制。对于"订货生产"类型的企业，当最终产品和主要部件、组件都是顾客订货的特殊产品，而这些最终产品和主要部件、组件的种类比它们所需的主要原材料和基本零件的数量还多时，主生产计划可以以主要原材料和基本零件为对象来编制。这样既可减少主生产计划编制的工作量，又可提高主生产计划的可靠性。

 习题和思考题

1. 主生产计划（MPS）在生产计划系统中的四种功能是什么？
2. MPS 在销售和生产之间扮演什么角色？
3. MPS 针对的是产品族还是单个产品？
4. 制订 MPS 的信息从哪里来？
5. 制订 MPS 的三个步骤是什么？
6. 粗能力计划的目的是什么？
7. 资源清单用在什么地方？
8. 主生产计划应在哪个层次制订？
9. 什么是最终装配计划？它的作用是什么？
10. 什么是计划期？什么决定了它的最短时间？为什么计划期要长一些？
11. 生产计划和 MPS 是如何与销售及销售预测发生联系的？
12. 什么是 ATP（可承诺供货）？它是如何计算的？
13. 时界的作用是什么？列举并描述三个主要区域。
14. 如果主生产计划的计划期过短会出现什么问题？为什么？
15. 如果不使用时界会出现什么问题？为什么？
16. 什么样的生产环境需要同时使用 FAS 和 MPS？为什么？
17. 已知一个 MPS 项目的计划期为 10 周，需求时界为第 3 周，计划时界为第 7 周，提前期为1周，期初库存为40台，安全库存为50台，批量规则为固定批量80台。预测量和订单量见表6-28。

表6-28 预测量和订单量 （单位：台）

预 测 量	100	70	60	60	60	60	110	70	70	60
订 单 量	110	70	50	70	50	80	110	60	70	30
计划接收量	50									

试根据此条件编制MPS的初步计划。

 拓展案例

爱克姆水泵公司遇到一个难题。水泵的生产和储存相当昂贵，所以公司试图将库存保持在较低水平。与此同时，快速响应顾客需求也是非常重要的，因为一旦爱克姆公司不能给顾客立即提供需要的水泵的话，顾客就会转向竞争对手处购买。公司现在的政策是每周生产100台，即平均需求量。即便是这样也存在一个问题，就像生产部经理所指出的，由于设备也用于其他产品，所以批量为300台的话效率更高。他正准备下周的水泵生产，而且声称下周有能力一次生产300台。

表6-29是今后12周的需求预测和顾客实际订购量：

表6-29 今后12周的需求预测和顾客实际订购量

周	1	2	3	4	5	6	7	8	9	10	11	12
预测（台）	90	120	110	80	85	95	100	110	90	90	100	110
客户订单（台）	105	97	93	72	98	72	53	21	17	6	2	5

爱克姆水泵公司的总裁说，他正考虑使用正规带有ATP逻辑的MPS，以更有效地满足需求，同时避免对库存造成较大影响。爱克姆水泵公司已经决定在第3周周末采用需求时界，并查明当前库存是25单位。假设爱克姆公司使用300单位的MPS批量进行生产，并在第1周开始生产第一批。

思考题

1. 用以上信息制订主生产计划。
2. 在第5周，一个顾客已经要求运送45台水泵。你会针对这一订单，对顾客说些什么？为什么？这一订单会对生产运作产生什么影响？

第 7 章
物料需求计划与企业资源计划

学习内容

1. MRP 的原理、构成。
2. MRP 的展开计算过程。
3. ERP 的概念、主要功能和特点。

重点难点

重点：独立需求与相关需求的概念，MRP 的基本原理与处理逻辑，MRP Ⅱ 的基本思想与 ERP 的内涵。

难点：MRP 编制与需求计算方法。

引导案例

宏宇汽车制造厂（简称宏宇）是一个装配轻型卡车的小型工厂，专门承接某大型汽车公司不愿生产的、用户有一定特殊需求的"变型"汽车。这些"变型"汽车生产批量小、品种较多，适合宏宇生产。

一次，宏宇接到生产 100 辆某种型号的轻型卡车的任务。生产科科长让新来的科员小张安排生产和采购计划。由于宏宇生产过这种车型，还有余下的零部件。小张经查点，发现库房里还有该车型可用的变速器 2 件，该变速器用的齿轮箱组件 15 件，用于齿轮箱的最大齿轮 7 个，以及制造该齿轮的毛坯 46 件。

小张看了看零件清单和图样，发现 1 辆轻型卡车除了包含变速器 1 件之外，还有其他零部件。每个变速器包括齿轮箱组件 1 件，每个齿轮箱中有最大齿轮 1 个，而制造这种齿轮需要锻件毛坯 1 个。

小张计算了一下，生产 100 辆轻型卡车还需要 98 件（100－2）变速器，需要 85 件（100－15）齿轮箱组件，需要 93 个（100－7）大齿轮，需要 54 件（100－46）毛坯。

当小张兴致勃勃地找到李科长，告诉他需要生产和采购的零部件数量时，李科长连连摇头，说："错了，错了！"小张顿时感到不解，难道我连这种简单的算术都不会吗？

7.1 物料需求计划

7.1.1 MRP 的基本原理

物料需求计划（Material Requirement Planning，MRP）是由美国著名管理专家奥列弗·怀特（Oliver Wight），在 20 世纪 60 年代提出的一种计算物料需求量和需求时间的系统。最初，它只是一种需求计算器，没有信息反馈，也谈不上控制。后来，引入生产能力之后，形成闭环 MRP（Closed-loop MRP）系统，这时的 MRP 系统才成为生产计划与控制系统。

在 MRP 出现以前，库存管理主要应用订货点法。MRP 是在解决订货点法缺陷的基础上发展起来的。MRP 与订货点法的区别有三点：一是通过产品结构将所有物料的需求联系起来；二是将物料需求区分为独立需求和非独立需求，并分别加以处理；三是对物料的库存状态数据引入了时间分段的概念。

根据约瑟夫·奥利奇博士的分析，企业的物料分为两类：独立需求（Independent Demand）和相关需求（Dependent Demand）。如果某项物料的需求量不依赖于企业内其他物料的需求量而独立存在，就称为独立需求；如果某项物料的需求量可由企业内其他物料的需求量来确定，就称为相关需求或非独立需求。例如，原材料、零件、组件等都属于相关需求，而最终产品则是独立需求。独立需求包括维修件、可选件和工厂自用件。独立需求的需求量和需求时间是由客户订单或者预测等外因决定的，而相关需求的需求量与需求时间是由其他物料的需求决定的。

7.1.2 MRP 的构成

1. MRP 系统的处理逻辑

MRP 作为一个规范化的数据处理系统，有自己的处理逻辑，如图 7-1 所示。

从图 7-1 可以看出，MRP 系统需要回答以下四个问题：

1）要生产什么？
2）要用到什么？
3）已经得到了什么？
4）还缺什么？什么时间下达计划？

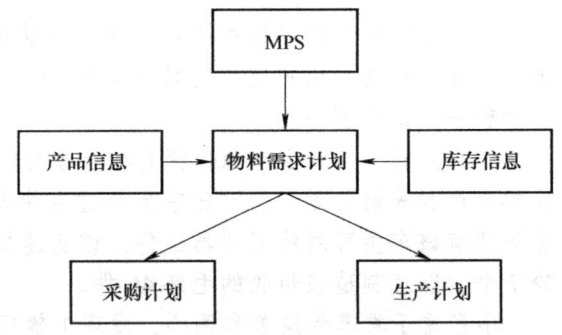

图 7-1 MRP 系统的处理逻辑

这四个问题是任何制造企业都必须回答的普遍性问题，人们习惯把它叫作"制造业的通用方程式"。

第一个问题，指的是出厂产品，是独立需求件。产品的出厂计划是根据销售合同或者市场预测，由主生产计划来确定的。

第二个问题，指的是有关产品构成、数量、顺序方面的信息，由物料清单和工艺路线来回答。

第三个问题，指的是库存信息，包括说明物料存放地点的静态信息和说明物料可用量的动态信息。必须先定义仓库与货位，说明了物料的存放地点，才能建立可用量信息、已分配量或计划出库量等动态信息。MRP 主要应用的是动态的可用量信息。

第四个问题，指的是 MRP 系统的计算结果，回答"在规定的时间、规定的地点、按照规定的数量得到需要的物料"的问题。对自制件下达生产计划，对外购件下达采购计划。

2. MRP 系统的子系统

根据 MRP 系统的处理逻辑，可以将 MRP 系统分为四个子系统：主生产计划子系统、产品结构维护子系统、库存管理子系统及物料需求计划编制子系统。

（1）主生产计划子系统　主生产计划子系统根据合同和预测计算得到独立需求的需求量与需求时间，是 MRP 系统的重要输入。

（2）产品结构维护子系统　产品结构维护子系统主要是指产品的物料清单。MBOM 是 MRP 系统的另一个重要输入，也是 MRP 系统区别于订货点法的重要特点之一。

（3）库存管理子系统　库存管理子系统包括了对所有库存物料的数据资料的管理。

（4）物料需求计划编制子系统　这是 MRP 系统的核心子系统。它在其他三个子系统提供的数据基础上，完成 MRP 的计算流程，并生成 MRP 的计划报表。

7.1.3　MRP 的基本计算过程

计算 MRP 时，从 0 级开始，自上而下、逐层进行，如图 7-2 所示。

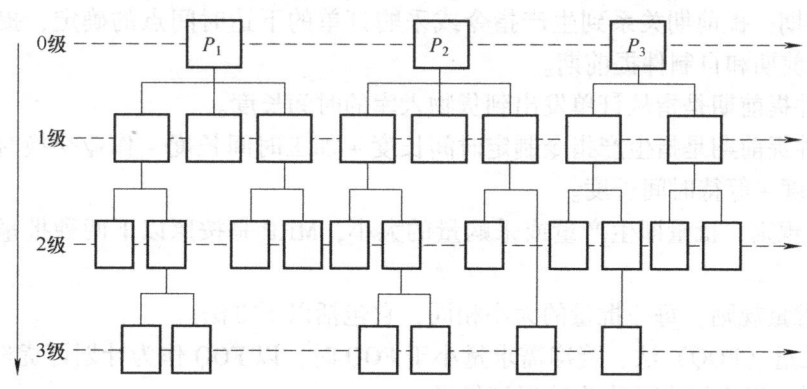

图 7-2　MRP 计算流程示意图

1. 计算项目

1）总需求量或毛需求量 $G_j(t)$ 表示物料 j 在 t 周期预计需求量。$G_j(t)$ 由主生产计划或根据该物料的直接母项计算汇总而得。

2）计划到货量（或计划入库量）$S_j(t)$ 表示已订购或已生产，预计在计划周期 t 内到货入库的物料数量。

3）可用库存量 $H_j(t)$ 表示在满足本期总需求量后，剩余的可供下一个周期使用的库存量。它的计算公式如下：

$$H_j(t) = H_j(t-1) + S_j(t) + P_j(t) - G_j(t) \tag{7-1}$$

4）净需求量 $N_j(t)$。当可用库存量不够满足当期总需求量时，即 $H_j(t)$ 小于零，其短缺部分就转化为净需求量。它的计算公式如下：

$$N_j(t) = G_j(t) - H_j(t-1) - S_j(t) - P_j(t) \tag{7-2}$$

5）计划订货量 $P_j(t)$。一般净需求量 $N_j(t)$ 就是生产批量或订货批量，但考虑到生产的经济性及其他生产约束条件，需要按批量规则将净需求量 $N_j(t)$ 调整为生产批量或订货批量 $P_j(t)$。t 为预定的交货期。

6）计划投入量 $R_j(t')$。投入生产或提出采购的数量与计划投入量相同，但其时间需要按计划投入量的时间反推一个提前期，即

$$R_j(t') = P_j(t - L) \tag{7-3}$$

式中　L——该物料的制造提前期或订货提前期。

2. MRP 的计划因子

在进行 MRP 计算时，会涉及若干称为计划因子的参数，这些计划因子在整个 MRP 的运算过程中起着重要的作用。

（1）计划期与计划周期　计划期是指相临两次 MRP 计算的时间间隔，它由若干个称为计划周期的小时间段组成。计划周期长度的大小反映了 MRP 的细致程度，并与整个计算工作量成反比，一般取其为一周。但随着计算机技术的提高，计划周期可缩短到以天为单位。当然，其他与时间有关的信息也需要精确到天，如主生产计划、提前期、库存记录及反馈信息等。一般计划期长度应大于或等于产品的最长生产周期（含采购周期或外协周期）。

（2）提前期　提前期关系到生产指令或采购订单的下达时间点的确定，提前期一般可分为外购件提前期和自制件提前期。

1）外购件提前期是指从订单发出到货物入库的时间长度。

2）自制件提前期是指生产指令制定时间长度 + 加工时间长度 + 作业交换时间长度 + 运输移动时间长度 + 等待时间长度。

（3）批量规则　批量即生产量或采购量的大小，MRP 是按照以下两种批量规则来确定批量的。

1）静态批量规则。每一批量的大小相同，它包括以下方法：

① 固定批量（FOQ）法：当净需求量小于 FOQ 时，以 FOQ 作为计划订货量；当净需求量大于 FOQ 时，以净需求量作为计划订货量。

② 经济订货批量（EOQ）法：库存管理中常用的批量方法。

2）动态批量规则。动态批量规则允许每次订货的数量不同，但不允许出现缺货，包括以下几种方法：

① 固定订货间隔期法：批量的大小等于未来 P 周的总需求量减去前一周的可用库存量。此方法的重点在于保证未来 P 周的需求，并不意味着每隔 P 周必须发出一个订单。P 的大小与物料单件价值有关。价值大，P 取小些；反之，P 取大些。

② 直接批量法：直接将净需求量作为计划订货量。

③ 最小总成本法：依据成本分析决定批量大小的一种方法，这种方法与 EOQ 法的思路一致，但可处理离散情况。它的基本做法如下：将未来若干期的需求量合并为一批，比较由于合并带来的订货成本的节省量与由此导致的保管成本增加量。若前者大于或等于后者，则合并；否则，不合并。当两者相等时累计的库存量（存货数量与存货时间的乘积）为临界库存量 E。

设每次订货费用为 C，单位产品每周期的保管费为 H，未来各期的净需求量为 Q。则有

$$E = C/H \tag{7-4}$$

实际上，由于当保管费用等于订货费用时，总费用最小。即有

$$C = HQ_2 + 2HQ_3 + \cdots + kHQ_{k+1}$$

$$E = C/H = Q_2 + 2Q_3 + \cdots + kQ_{k+1}$$

例 7-1　设某产品的成本为 100 元，保管费率为 2%，订货费用为 100 元。未来各期的净需求量见表 7-1，试按照最小成本法批量规则计算每次订货数量。

第 7 章 物料需求计划与企业资源计划

表 7-1 未来各期的净需求量

周　　期	1	2	3	4	5	6	7	8	9	10	11	12
净需求量	35	10	0	25	20	0	30	10	30	40	0	20

由给定条件，有 $H = 2\% \times 100$ 元 $= 2$ 元，因此 $E = 50$ 元，记 $Q_2 + 2Q_3 + \cdots + kQ_{k+1}$ 为 LQ，计算过程见表 7-2。

表 7-2 按照最小成本法计算例 7-1

期　号	项　目			
	净需求量	预 定 量	K	LQ
1	35	35	0	
2	10	45	1	10
3	0		2	10
4	25	70	3	85
5	20	20		
6	0		1	
7	30	50	2	60
8	10	60		90
9	30	30		
10	40	70	1	40
11	0		2	
12	20	90	3	100

（4）安全库存　安全库存主要是为了应付市场波动及供应商的不可靠性而设置的库存量。因此，从产品结构树的角度看，安全库存的位置主要处于 BOM 的顶层级和底层级。安全库存的具体数量是根据物料项目的历史资料、要求的服务水平（缺货率）采用统计分析方法计算所得。

3. MRP 的输出报告

MRP 的输出报告分为主报告与辅助报告。主报告用于库存和生产管理，包括生产作业计划、生产指令、采购订单、库存状态报告，以及计划或指令的变更通知单等。辅助报告包括预测库存和需求的计划报告、计划完成情况分析报告，以及例外报告等。

4. MRP 系统的更新

MRP 系统的一个重要功能是根据计划实际执行情况及时对计划进行更新，更新的方式有以下两种：

（1）重新生成方式　重新生成方式即按主生产计划从 0 层级开始，对物料需求量重新进行展开计算。更新的间隔期一般为 1 周或 2 周，采用批处理方式对两次更新之间的所有变化一起进行处理。重新生成方式的处理工作量较大，一般用于比较稳定的生产环境。

（2）净变更方式　净变更方式一般用于生产环境不稳定且频繁地需要在较短的时间周期内更新计划的场合。净变更方式只对那些有变化的物料项目做重新计算和新的计划安排，这样使计算工作量大大减少，计划更新的频次加快，增强了系统适应变化的能力。

5. MRP 计算举例

例 7-2　物料需求计划需要根据主生产计划、产品物料清单、库存信息、需求预测、市场订单、安全库存和批量规则等信息展开得到，具体过程与主生产计划类似，两者的区别在于物料需求计划展开过程中物料的毛需求量要取独立需求量与相关需求量之和。下面以示例的形式介绍物料需求计划的展开过程。

已知产品 A、B 的主生产计划见表 7-3 和表 7-4，产品结构见表 7-5，物料主文件见表 7-6，物料库存记录见表 7-7，订单和预测数据见表 7-8，需求时界为 3 周，计划时界为 3 周，根据以上数据，试制订物料 C、D、E、F、G 的物料需求计划。

表7-3 产品 A 的主生产计划

时段（周）	1	2	3	4	5	6	7	8
计划产出量		150	150		150	150	150	150
计划投入量	150	150		150	150	150	150	

表7-4 产品 B 的主生产计划

时段（周）	1	2	3	4	5	6	7	8
计划产出量	0	35	60	110	115	120	125	0
计划投入量	35	60	105	115	120	125		35

表7-5 产品 A 和产品 B 的产品结构

父件	子件	所需数量	父件	子件	所需数量
A	C	2	C	E	1
A	D	1	C	F	1
D	E	2	B	E	1
D	G	1	B	C	1

表7-6 物料主文件

物料	提前期（周）	安全库存量	批量规则
C	1	50	FOQ = 100
D	1	50	FOQ = 200
E	1	50	FOQ = 200
F	1	100	FOQ = 200
G	1	100	FOQ = 200

表7-7 物料库存记录

物料	期初库存量	正在执行的订单			已确认的计划订单		
		1	2	3	1	2	3
C	100	300	0	0	0	300	0
D	60	200	0	0	0	200	0
E	100	200	0	0	0	0	200
F	100	400	0	0	200	0	0
G	80	200	0	0	0	200	0

第7章 物料需求计划与企业资源计划

表7-8 订单和预测数据

物 料	类 型	时段（周）							
		1	2	3	4	5	6	7	8
D	预测需求量	60	64	68	72	76	80	84	88
D	订单量	50	45	40	35	30	25	20	15
F	预测需求量	200	220	240	260	280	300	320	340
F	订单量	200	180	160	140	120	100	80	60

解：物料需求计划的制订过程如下：

1）根据表7-5画出产品A和产品B的产品结构树，如图7-3所示。

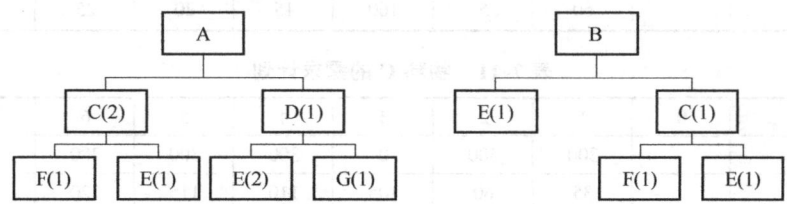

图7-3 产品A和产品B的产品结构树

2）根据图7-3确定各物料的层次码。确定层次码一定要取最底层码。确定层次码务必仔细，一旦出错，可能影响展开顺序，从而导致展开结果出错。本例各物料的层次码见表7-9。

表7-9 物料的层次码

物 料	层 次 码
C	1
D	1
E	2
F	2
G	2

3）按照层次码确定展开顺序。第一层的物料展开完毕，才可进入第二层物料的展开，依次类推，不得违反此顺序。层次码相同的物料之间没有先后顺序，可人为指定。本例按D、C、E、F、G的顺序进行展开。

4）按确定的展开顺序依次对各物料进行展开。展开结果见表7-10～表7-14。展开过程中有三点说明：①毛需求量＝相关需求量＋独立需求量；②独立需求确定原则：需求时区取订单量、需求时区之外取订单量和预测需求量的最大值；③计划投入量取计划产出总量。

表7-10 物料D的需求计划

项 目	0	1	2	3	4	5	6	7	8
预测需求量		60	64	68	72	76	80	84	88
订单量		50	45	40	35	30	25	20	15
独立需求量		50	45	40	72	76	80	84	88
A之需		150	150	0	150	150	150	150	0
相关需求量		150	150	0	150	150	150	150	0
毛需求量		200	195	40	222	226	230	234	88
正在执行的订单		200	0	0	0	0	0	0	0
已确认的计划订单		0	200	0	0	0	0	0	0

(续)

项目	0	1	2	3	4	5	6	7	8
PAB 初值		60	65	25	3	−23	−53	−87	25
净需求量		0	0	25	47	73	103	137	25
计划产出量				200	200	200	200	200	200
PAB 末值	60	60	65	225	203	177	147	113	225
计划产出总量		0	200	200	200	200	200	200	200
计划投入量		200	200	200	200	200	200	200	
辅 助 行		200	200	200	200	200	200	200	200
调整前 ATP		60	5	160	15	20	25	30	185
调整后 ATP		60	5	160	15	20	25	30	185

表 7-11　物料 C 的需求计划

项目	0	1	2	3	4	5	6	7	8
A 之需		300	300	0	300	300	300	300	0
B 之需		35	60	105	110	115	120	125	0
相关需求量		335	360	105	410	415	420	425	0
毛需求量		335	360	105	410	415	420	425	0
正在执行的订单		300	0	0	0	0	0	0	0
已确认的计划订单		0	300	0	0	0	0	0	0
PAB 初值		65	5	0	−310	−325	−345	−370	130
净需求量		0	45	50	360	375	395	420	0
计划产出量			100	100	400	400	400	500	
PAB 末值	100	65	105	100	90	75	55	130	130
计划产出总量		0	400	100	400	400	400	500	
计划投入量		400	100	400	400	400	500		

表 7-12　物料 E 的需求计划

项目	0	1	2	3	4	5	6	7	8
B 之需		35	60	105	110	115	120	125	0
C 之需		400	100	400	400	400	500	0	0
D 之需		400	400	400	400	400	400	400	0
相关需求量		835	560	905	910	915	1020	525	0
毛需求量		835	560	905	910	915	1020	525	0
正在执行的订单		200	0	0	0	0	0	0	0
已确认的计划订单		0	0	200	0	0	0	0	0
PAB 初值		−535	−495	−600	−710	−825	−845	−370	230
净需求量		585	545	650	760	875	895	420	0
计划产出量			600	600	800	800	1000	600	600
PAB 末值	100	65	105	200	90	175	155	230	230
计划产出总量		600	600	1000	800	1000	600	600	0
计划投入量	600	600	1000	800	1000	1000	600		

第 7 章 物料需求计划与企业资源计划

表 7-13 物料 F 的需求计划

项 目	0	1	2	3	4	5	6	7	8
预测需求量		200	220	240	260	280	300	320	340
订 单 量		200	180	160	140	120	100	80	60
独立需求量		200	180	160	260	280	300	320	340
C 之 需		400	100	400	400	400	500	0	0
相关需求量		400	100	400	400	400	500	0	0
毛需求量		600	280	560	660	680	800	320	340
正在执行的订单		400	0	0	0	0	0	0	0
已确认的计划订单		200	0	0	0	0	0	0	0
PAB 初值		100	−180	−340	−400	−480	−680	−200	−140
净需求量		0	280	440	500	580	780	300	240
计划产出量			400	600	600	600	800	400	400
PAB 末值	100	100	220	260	200	120	120	200	260
计划产出总量		200	400	600	600	600	800	400	400
计划投入量	200	400	600	600	600	800	400	400	
辅 助 行		600	400	600	600	600	800	400	400
调整前 ATP		100	120	40	60	80	200	320	340
调整后 ATP		100	120	40	60	80	200	320	340

表 7-14 物料 G 的需求计划

项 目	0	1	2	3	4	5	6	7	8
D 之 需		200	200	200	200	200	200	200	0
相关需求量		200	200	200	200	200	200	200	0
毛需求量		200	200	200	200	200	200	200	0
正在执行的订单		200	0	0	0	0	0	0	0
已确认的计划订单		0	200	0	0	0	0	0	0
PAB 初值		80	280	80	80	80	80	80	280
净需求量		20	0	20	20	20	20	20	0
计划产出量			200		200	200	200	200	200
PAB 末值	80	280	280	280	280	280	280	280	280
计划产出总量		200	200	200	200	200	200	200	0
计划投入量	200	200	200	200	200	200	200	0	0

7.2 制造资源计划

7.2.1 MRP Ⅱ 的原理和系统构成

20 世纪 70 年代末，MRP 系统已推行近 10 年，一些企业提出了新的要求，要求系统在处理物料信息的同时,同步形成并处理财务信息。1977年9月,美国著名生产管理专家奥列弗·怀特首先倡议给同资金信息集成的MRP系统一个新的称号——制造资源计划(Manufacturing Resource Planning),它的简称也是MRP,但为了区别于传统的MRP,就取名为MRPⅡ,可以说是第二代MRP。

MRPⅡ的主线是计划与控制,包括对物料、成本和资金的计划与控制。

MRPⅡ的基本思想是基于企业经营目标制订生产计划,围绕物料转化组织制造资源,实现按需按时生产。从一定意义上说,MRPⅡ系统实现了物流、信息流与资金流在企业管理方面的集成,并能够有效地对企业各种有限制造资源进行周密计划与合理利用,提高了企业的整体管理水平。MRPⅡ原理图如图7-4所示。

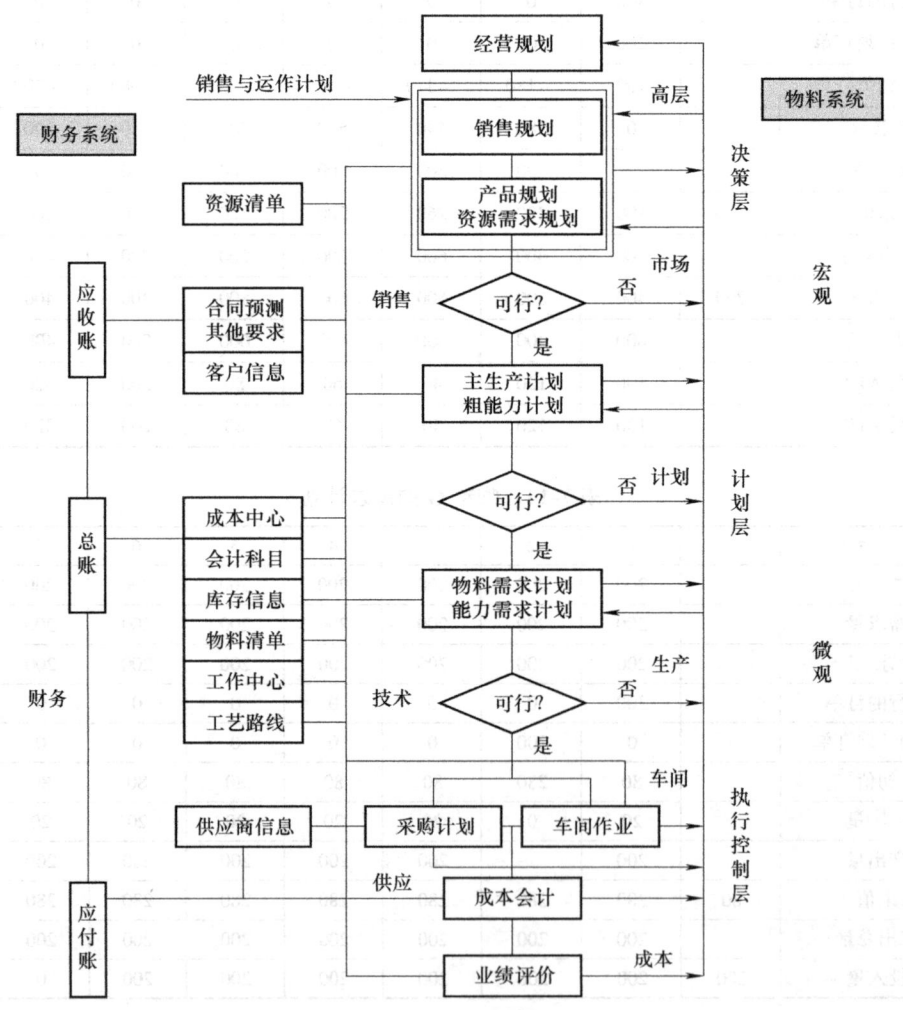

图7-4 MRPⅡ原理图

7.2.2 MRPⅡ的计划层次

MRPⅡ形成了制造企业内部较完整的五个计划层次,即经营规划、销售与运作计划(综合计划)、主生产计划、物料需求计划、作业计划与控制。

划分计划和执行层次的目的是体现计划管理从宏观到微观、由战略到战术、由粗到细的深化过程。在对市场需求的估计和预测成分占较大比重的阶段，计划内容比较粗略，计划跨度也比较大；一旦进入客观需求比较具体的阶段，计划内容就比较详细，计划跨度也比较小，处理的信息量大幅度增加。划分层次的另一个目的是明确责任，不同管理层次要对各自的计划实现率负责。

在五个层次中，经营规划和销售与运作计划带有宏观规划的性质；主生产计划是宏观向微观过渡的层次；物料需求计划是微观计划的开始，是具体的详细计划；作业计划与控制是进入执行或控制计划的阶段。

任何一个计划层次都包括需求和供应两个方面，对制造业来说就是需求计划和能力计划。企业要进行不同深度的供需平衡，并根据反馈的信息，运用模拟方法加以调整或修订。每一个计划层次都要回答三个问题：

1）生产什么？生产多少？何时需要？
2）需要多少能力资源？
3）有无矛盾？如何协调？

换句话说，每一个层次都要处理好需求和供应的矛盾，平衡需求与供应，这是 MRP II 的一个基本原则；达到计划既落实可行，又不偏离经营规划的目标。整个企业遵循一个统一的计划，即所谓"一体化计划"，既有宏观与微观计划的统一，又有销—产—供计划的统一、物料与资金计划的统一，这是 MRP II 计划管理的核心精神。

7.2.3 生产系统与财务系统、成本系统的集成

物流和资金流是企业管理的主要对象。在物流管理方面，MRP II 的销售管理、主生产计划、粗能力计划、物料需求计划、能力需求计划、车间管理、采购管理等功能逐步实现了对物流管理的控制。在资金管理方面，MRP II 包含了应收账、应付账、总账管理、成本会计核算等功能，这些功能使财务核算所需要的资金信息直接来源于生产计划的执行，提高了准确度和集成度。物流与资金流集成表现在两个方面：生产系统与财务系统的集成，以及生产系统与成本系统的集成。

1. 生产系统与财务系统的集成

在 MRP II 系统中，将应收账同销售等资金流入作业相结合，将应付账同各个资金流出作业相结合，将总账同需求信息、采购信息、成本中心、工作中心、库存信息、物料清单、工艺路线等结合起来，只要有作业发生，就可以在相应的会计科目上反映出来，可以通过生产活动直接产生财务数据，把实物形态的物料流动直接转换为价值形态的资金流动，实现了物流和资金流的统一，保证生产和财务数据的一致性。

2. 生产系统与成本系统的集成

在 MRP II 系统中，另一个不同于 MRP 系统的功能是成本管理功能。成本系统通过集成取得车间作业和采购计划的详细信息，然后根据产品的物料清单、工艺路线，以及生产过程中的各种消耗，来计算相应产品的成本。在 MRP II 系统中，首先建立物料分类，将各个物料分类同会计科目相对应，然后按照成本实际发生的过程来计算产品的成本。产品结构和工艺路线是它的计算基础。在产品成本的计算过程当中，产品结构中所有的最底层的材料或部件都是外购件，在这一层主要的成本是材料费用和采购间接费用（采购部门的管理费、运

输及保管费等），往上每一层都要加上本层的人工费和制造费，以此类推直到最终产品的所有成本，如图 7-5 所示。

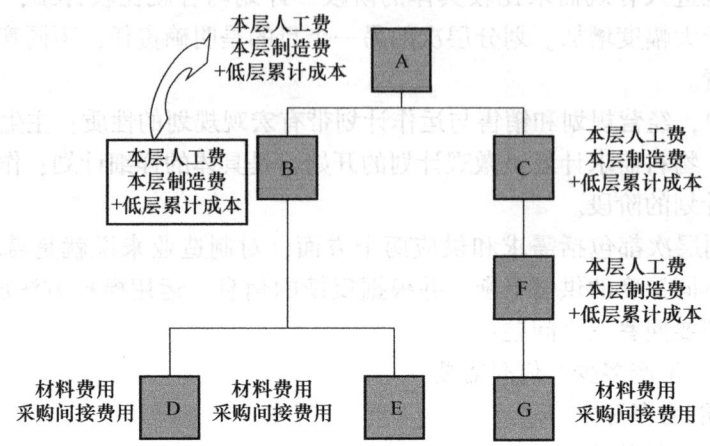

图 7-5　MRP Ⅱ 产品成本滚加计算方法

一般在 MRP Ⅱ 系统中至少设置三种成本类型：标准成本、实际成本和模拟成本。标准成本是指在正常和高效率的运转情况下制造产品的成本，它相当于计划成本或目标成本，是经营的目标和评价的尺度，反映了在一定时期内计划要达到的成本水平，在会计期内保持不变，是一种"静态"的成本，作为成本差异分析的依据。

实际成本是生产过程中实际发生的成本，主要根据各种单据（结算加工单或采购单等）得到的实际数据进行汇总分摊。

模拟成本是在 MRP Ⅱ 系统中的另一个特殊的成本类型。它是指在编制计划时，可以制定几种不同的计划方案，通过模拟不同方案下的成本，来选择最佳计划方案。它是在进行不同方案的成本模拟时，为不影响现行运行数据而设置的一种成本类型。模拟成本可在现行成本或标准成本的基础上通过复制和必要的修改来建立。模拟成本有助于实现企业经营产品的成本预测和产品开发、生产、销售的科学决策。

7.2.4　MRP Ⅱ 的特点

通过上述内容，可以总结出 MRP Ⅱ 有以下特点：

（1）计划的一贯性和连续性　MRP Ⅱ 计划层次从宏观到微观、从战略到战术、由粗到细逐层细化，但始终保持与企业经营战略目标一致。"一个计划"是 MRP Ⅱ 的原则精神。计划由计划或物料部门统一编制，车间班组只是执行和控制计划，并反馈信息。企业全体员工必须把实现企业的经营战略目标作为自己的基本行为准则，不允许各行其是，以保证计划的贯彻执行。

（2）管理的系统性　MRP Ⅱ 是一种系统工程，它把企业所有与生产经营活动直接相关部门的工作连成一个整体，每个部门的工作都是整个系统的有机组成部分。MRP Ⅱ 要求每个员工都能从整体出发，十分清楚自己的工作质量同其他职能的关系，在"一个计划"的前提下，条块分割、各行其是的局面将被团队和协作精神所取代。

（3）动态应变性　MRPⅡ是一种闭环的动态系统，它要求不断跟踪、控制和反映瞬息万变的实际情况，使管理人员可随时根据企业内外环境条件的变化，提高应变能力，迅速响应，满足市场不断变化的需求，并保证生产计划正常进行。

（4）模拟的预见性　MRPⅡ是生产管理规律的反映，按照规律建立的信息逻辑很容易实现模拟功能。在计划改变等决策之前首先进行模拟，分析"如果怎样，将会怎样"的问题，可以预见比较长的时期内可能发生的问题，以便事先采取措施消除隐患，而不是等问题已经发生再花几倍的精力去处理。为了做到这点，管理人员必须运用系统的查询功能，熟悉系统提供的各种信息，致力于实质性的分析研究工作，并熟练掌握模拟功能，进行多方案比较，做出合理决策。

（5）数据的共享性　MRPⅡ是一种管理信息系统，企业各部门都依据同一数据库提供的信息，按照规范化的处理程序进行管理和决策，数据信息是共享的。手工管理中那种信息不通、情况不明、盲目决策、相互矛盾的现象将得到改善。MRPⅡ要求企业员工用严肃的态度对待数据，专人负责维护，保证数据及时、准确和完整。

（6）物流、资金流的统一性　MRPⅡ包括产品成本和财务会计的功能，可以由生产活动直接生成财务数据，把实物形态的物料流动直接转换为价值形态的资金流动，保证生产和财务数据的一致性。财会人员可及时得到资金信息用来控制成本；通过资金流动情况也可以反映物流和生产经营情况，便于随时分析企业的经济效益，指导和控制生产经营活动。

7.3　企业资源计划

7.3.1　ERP的基本概念

MRPⅡ在制造企业中的应用越来越广泛，但是随着竞争的日益激烈，以及企业管理模式的不断创新，它逐渐表现出了局限性。

1）企业竞争范围的扩大，对企业提出了更高的要求。例如，要求企业在各个方面加强管理，要求企业有更高的信息化集成，要求企业对整体资源进行集成管理等。现代企业的竞争是综合实力的竞争，要求企业有更强的资金实力、更快的市场响应速度。因此，企业管理信息系统仅停留在对制造部分的信息集成是远远不够的，应从制造部分扩展到企业的所有资源，包括客户资源、分销资源、服务资源、人力资源、供应商资源等。对这些要求，MRPⅡ是无法满足的。

2）企业规模不断扩大，集团内部多种经营、多工厂要求协同作战、统一部署，这已超出了MRPⅡ的管理范围。企业兼并和联合趋势明显，大型企业集团和跨国集团不断涌现，企业规模越来越大。这就要求集团与集团之间，集团内多工厂之间集成信息，协调集团内外部资源，以便统一计划，协调运营步骤。这些既要独立又要统一的资源共享管理机制，是MRPⅡ无法解决的。

3）互联网和信息全球化的发展趋势，为企业之间的信息交流和合作经营提供了空间。企业之间既是竞争对手又是合作伙伴，信息管理要求扩大到整个供应链的管理，这更是

MRPⅡ不能解决的。

针对MRPⅡ在应用过程中表现出的局限性，20世纪90年代初，美国著名的加特纳公司根据当时计算机信息处理技术的发展趋势和企业对供应链管理的需求，对信息时代以后的制造业管理信息系统的发展趋势和即将发生的变革做出了预测，提出了企业资源计划（Enterprise Resource Planning，ERP）的概念。

ERP融合了同步工程、敏捷制造、供应链管理、价值链管理和精益生产等先进管理思想，通过企业业务流程和信息流程重组，集成供应链上所有流程中各环节的信息，从而能够比较好地支持和管理混合型制造环境，提高企业的应变能力，完成传统企业向敏捷企业的转变。

7.3.2 ERP的功能

1. ERP的功能扩展

ERP在MRPⅡ的基础上扩展了功能，它的功能扩展体现在向内扩展与向外扩展两个方面。

（1）向内扩展 MRPⅡ软件侧重按照功能来设置各个子系统，而ERP则侧重按照流程来设置软件程序之间的衔接。从内部集成方面来看，ERP相对于MRPⅡ在管理功能的扩充上体现在以下几点：

1）ERP支持多种计划模式。除了传统的MRPⅡ计划模式外，ERP还支持精益生产的计划模式及推拉结合的计划模式。

2）ERP涵盖更多企业管理功能。ERP增加了实验室管理、质量管理、资金管理、人力资源管理、运输管理、仓库管理、售后服务及维修和备品备件管理等功能模块，几乎涵盖了企业所有的管理功能。

3）ERP支持企业集团化。ERP满足集团企业多元化经营的要求，增加不同生产类型信息化管理工具的需求，如流程行业；同时增加了实时切换多语种、多币制、多汇率、多税制及多工厂管理功能。

4）ERP更好地支持企业信息化集成。ERP支持与企业其他信息化软件的集成，如PDM/CAX等，并且支持电子商务及企业信息门户。

（2）向外扩展 ERP的理论基础是供应链管理，因此ERP系统的向外扩展主要体现在对供应链的管理上。

1）增加优化供应和流通渠道的供应链管理功能。实现物料供应、运输配送和交付的协同和同步，选择最佳的供应商和供应路线、运输手段，控制分散在各地的仓库库存，控制整个供应链流通领域的提前期，控制总体运营成本。

2）增加前端客户关系管理功能。加强客户调查、跟踪、分析、搜集市场和商业情报、销售管理、客户服务和技术支持的功能。

3）加强辅助决策的分析功能，引入知识管理。

2. ERP软件的基本模块

不同的ERP软件的功能也有差别，一些著名的ERP提供商都有自己的解决方案。图7-6是SAP公司提出的mySAP ERP功能架构。

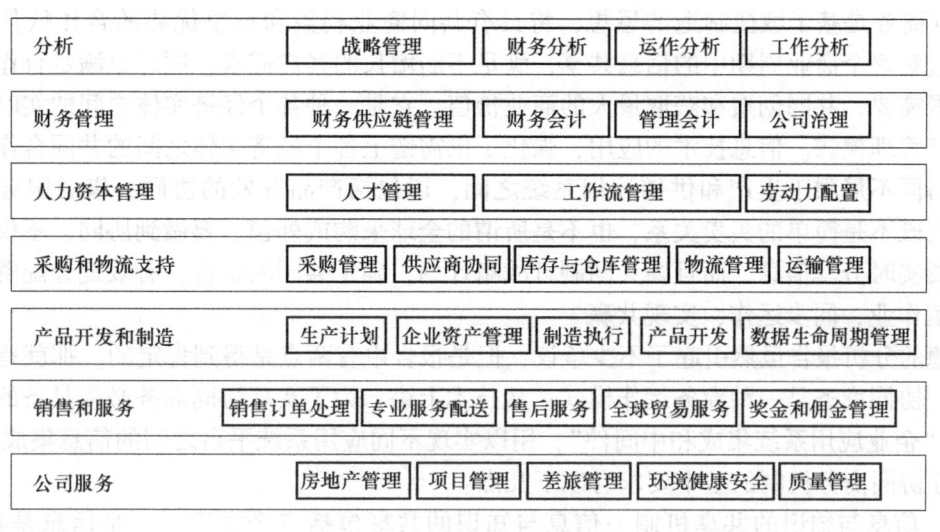

图 7-6　mySAP ERP 功能架构

7.3.3　ERP 系统的特点

通过前文的介绍，我们可以总结出 ERP 的以下几个特点：

1）ERP 更加面向市场、面向经营、面向销售，能够对市场快速响应。它包含供应链管理功能，强调了供应商、制造商与分销商之间新的伙伴关系，并且支持企业的物流管理。ERP 更强调企业流程与工作流管理，通过工作流实现企业的人员、财务、制造与分销的集成，支持企业过程重组。

2）ERP 更多地强调财务，具有较完善的企业财务管理体系，这使价值管理概念得以实施，资金流与物流、信息流更加有机结合。

3）ERP 较多地考虑人的因素作为资源在生产经营规划中的作用，也考虑了人的培训成本等。

4）在生产制造计划中，ERP 支持 MRP Ⅱ 与 JIT 的混合生产管理模式，也支持多种生产方式（离散制造、连续流程制造等）的管理模式。

5）ERP 采用了当时较新的计算机技术，如客户/服务器分布式结构、面向对象技术、电子数据交换、多数据库集成、图形用户界面、第四代语言及辅助工具、电子商务平台等。

7.3.4　ERP 的发展

从 MRP 到 MRP Ⅱ，再到 ERP，体现了制造业信息化管理的发展。随着 ERP 的广泛应用以及管理思想的不断更新，EPR 也在发展，主要体现之一就是 2004 年 10 月 4 日，加特纳公司发布了以亚太地区副总裁、分析家邦德（Bond）等六人署名的报告：《ERP 成为过去，ERP Ⅱ 永存》（*ERP is Dead*，*Long Live ERP* Ⅱ），提出了 ERP Ⅱ 的概念。由于种种原因，最初的 ERP 模糊了同 MRP Ⅱ 的界限，于是提出了用 ERP Ⅱ 来实现最初的 ERP 的"远景理想"。ERP Ⅱ 这个名称借用了 MRP Ⅱ 是 MRP 的第二代的意思，因此 ERP Ⅱ 就是 ERP 的第二代。但是没有正好合适的英文单词缩写来表达这一意思，所以 ERP Ⅱ 这个名称就没有时兴起来。一般认为，第二代 ERP 的核心思想是协同商务。

协同商务是基于敏捷制造的思想,将具有共同商业利益和竞争优势的合作伙伴整合起来,通过对整个商业周期中的信息共享,满足不断增长的客户需求,同时也满足合作企业自身的发展需要,共同创造和获取最大的商业价值。它是一种各个经济实体之间的实时、互动的供需链管理模式。信息技术的应用,强化了供需链上各个经济实体之间的共同合作和相互依赖。协同不局限于生产和供销计划系统之间,还包括产品开发的协同、售后服务的协同等。协同既不是简单的买卖关系,也不是所谓的全球采购或外包。要做到协同,不仅合作伙伴之间要实时分享信息,而且要共同制订战略计划,确定共同的宗旨,有效地分配资源,消除非增值作业,同步运作,实现共赢。

邦德的分析报告虽然引起了不少争议,但是报告中有两点是得到肯定的,那就是:从管理上讲,协同商务是一种商务运作模式;从技术上讲,为了实现协同商务必须具备的技术条件,即"企业应用系统集成和中间件",用以实现不同应用系统平台之间的信息集成。

建立协同商务机制的基本要求有以下几点:

(1) 信息与知识的共享机制 信息与知识的共享包括三个方面。一是信息是集成的,这里的信息不但包括协同商务本身的信息,还包括 ERP 以及其他系统的信息,这些信息都集成在协同商务中。二是实现信息的有效关联。例如,将员工的信息与自身的职责、工作联系起来,与用户有关的所有信息也都关联起来,这样各种业务信息是与员工的工作联系在一起的,员工所需要的信息、员工可以得到的信息都是与他的工作相关的。三是知识管理必须纳入整个系统当中。例如,对合作伙伴的质量和信誉等历史资料的快速查询、以往成功合作模式的借鉴等。另外,作为一个协同商务系统,很重要的一点是对自身产品的外部传播,如在互联网上发布最新的企业产品信息,建立与客户的沟通渠道,动态地维护外部网站的信息。

(2) 业务整合机制 当企业内部或跨企业的员工需要为了一个共同的目标工作时,都需要借助与其他部门业务的整合,如员工在进行一项产品市场设计时,需要借助市场部门、客户部门甚至外部广告公司的协助。在这种情况下,就需要对整个企业资源的整合。协同商务的整个处理过程也是企业内部业务的一个整合过程。

(3) 协商讨论机制 在企业运作过程中,企业的员工需要其他部门的协助,如员工需要一些专家对他的问题进行解答,他就需要借助在线会议、在线培训课程等向专家咨询。企业的很多工作不单单是需要内部员工的协助完成,更需要外部用户的参与。协作社区的出现是电子商务发展的一个部分,也是协同商务作用的体现。

(4) 商务交易流程 协同商务必须提供安全可靠的商务交易流程,包括客户的订单管理、财务交易管理等。这些交易结果可以与内部、外部其他系统进行互动以及数据更新。

习题和思考题

1. 简述 MRP 系统的四个子系统。
2. ERP 系统有哪些特点?
3. ERP 在 MRP II 的基础上,功能扩展体现在(   )与(   )两个方面。
4. 物料需求计划是适用于(   )企业的作业计划技术。
   A. 流水生产线生产   B. 单件生产   C. 标准件生产   D. 多级装配制造

5. ERP 的概念是什么？试着简述 ERP 中融入的先进管理思想。

6. 查阅相关资料，尝试绘制一个方凳的设计 BOM、工艺 BOM 及制造 BOM，并阐述三者之间的关系。

7. 初期的 MRP 和修改后的 MRP 分别见表 7-15 和表 7-16，完成以下的 MRP 记录。提前期为 4 周，批量为 200 单位。如果第三周的总需求增加到 150 单位，将发生什么变化？作为计划员，你能采取什么措施？

表 7-15　初期的 MRP

周	1	2	3	4	5
总需求量	50	125	100	60	40
计划接收量		200		200	
预计可用库存余额 100					
净需求					
计划订单接收					
计划订单下达					

表 7-16　修改后的 MRP

周	1	2	3	4	5
总需求量					
计划接收量					
预计可用库存余额 100					
净需求					
计划订单接收					
计划订单下达					

8. 现在是周一早晨，你刚来上班。初始 MRP 和第一周周末的 MRP 分别见表 7-17 和表 7-18，完成以下 MRP 记录，周一早上就要使用。提前期为 2 周，批量为 100 单位。

表 7-17　初始 MRP

周	1	2	3	4	5
总需求量	70	40	80	50	40
计划接收量	100				
预计可用库存余额 100					
净需求					
计划订单接收					
计划订单下达					

这一周发生了以下事情，请将它们输入 MRP 记录。

1）第一周 100 单位的计划订单已经下达。

2）第一周的计划接收量中有 30 单位是废品。

3）收到一个 20 单位的订单，第三周交货。

4）收到一个40单位的订单，第六周交货。

5）第一周70单位的总需求量已经发出。

表7-18 第一周周末的MRP

周	2	3	4	5	6
总需求量					
计划接收量					
预计可用库存余额					
净需求					
计划订单接收					
计划订单下达					

拓展训练

对一个企业（制造业或服务业）的物料计划的编制形式和方法进行调查，分析其合理性，提出你的见解和计划编制方案，写出分析报告。

拓展案例

Apix Polybob 公司

肯·马克是 Apix Polybob 公司的工厂经理，他正与生产和库存控制经理吉姆·古尔德进行激烈讨论。肯·马克厌烦了营销经理艾伦·阿普哈斯的疯狂电话，询问延迟的顾客订单，又一次求助吉姆解决问题。一些讨论内容如下：

吉姆："看，肯，我都不知道我们还能做什么。我又检查了EOQ（经济订购批量）和所有POLYBOB型号的所有库存的在订货单，包括零部件和采购件。我已经严格执行库存控制程序来保证库存精确度至少达到80%，而且我与生产人员一起确保最大化人工效率和设备利用率。实际问题在销售人员身上，我们一旦很好地生产运转，他们就修改或增加订单。哪怕他们仅留一段时间给我们，让我们完成现在延迟的订单，我们都可以做得很好。实际上，每个人都厌烦了修改订单、加急，以及把每件事变得很紧张，甚至连我们的供应商对我们都失去了耐心，他们不相信我们给他们的任何订单，除非我们要求他们紧急送货。"

肯："我很难相信你的EOQ和在订货单准确。如果准确，我们不应该总是零部件缺货，与此同时总的库存价值上升。我也不认为我们能够拒绝新订单。哪怕我想想这件事儿，都可以想象到艾伦的暴怒。她肯定会提醒我，公司的使命清楚地指出第一位的是顾客服务，拒绝订单和修改订单肯定不能很好地满足顾客服务。"

吉姆："一个办法可能是与弗兰克·亚当斯（财务总监）交谈。他总是抱怨太多库存、太多加急成本，供应商那儿太多的额外运输费用及效率太低。我努力说服他允许加班来缓解延迟订单情况，但他说我们肯定是生产了错误的型号。他还指出，现在所用的生产时间足以生产按照正常发货的订单产品，而这种情况已经持续了一年多。他不会在这上面再做预算，可能你可以说服他。"

肯："我也不确定这是问题的答案。我想他有他的观点，他肯定有数据支持自己。我找时间向劳恩·玛利森（CEO）解释我们做了什么，可能会得到更好的结果。我听说一个系统方法叫作物料需求计划还是什么，你可以试试。选一个代表性的型号看看是否有助于解决目前这个看似不可能解决的问题，我认为肯定有所帮助。我知道其他一些工厂有相似的生产状况，但看起来没有这些问题。"

产品结构树如图7-7所示。

以下是肯建议作为代表性型号用于分析的 A 型号的信息，见表7-19。

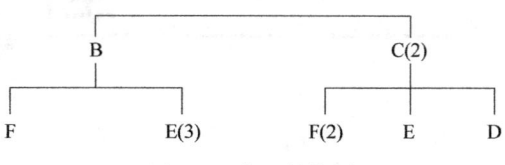

图7-7 产品结构树

表7-19 A 型号的信息

零部件	批量	库存	提前期	计划接收量	再订货点
B	80	10	1	无	5
C	150	40	1	无	15
D	200	180	2	无	50
E	400	300	2	无	70
F	500	50	2	500，第一周	80

以下是 A 型号的主生产计划批量：

第三周完成 50 单位。

第五周完成 50 单位。

第七周完成 60 单位。

第九周完成 60 单位。

第十一周完成 50 单位。

看到以上信息，吉姆说："看这个型号的生产计划是多么有规律。在订货单多于预测需求，没有提前期使得对订单的响应时间紧张。这个分析说明对 EOQ 和在订货单所做的工作是对的，真正的问题出在那些销售人员和财务人员身上，他们不理解我们的生产需求。"

思考题

1. 对话中的主要问题是什么？主要表现和根本问题是什么？请详细回答。

2. 用产品信息提出一个针对问题的 MRP 方法。MRP 可以解决这个问题吗？如果可以，详细说明 MRP 如何避免吉姆和肯所讨论的问题。

3. 用 MRP 解决问题，有什么情况困扰你？这些情况是什么？

4. 假设发现库存只有 250 单位部件 E，而不是 300 单位，这会带来什么问题？有什么方法可以解决？如果其他方法没有用，如何用 MRP 解决？

5. 假设设计工程师通知部件 F 有一种新的设计，但 2 周之后才能完成。设计工程师要求你给出供应商运货到达的时间要求，而你需要告诉供应商出货数量。由于变化对顾客来说是显而易见的，设计工程师建议你开始工作并用完型号现有物料。如何用 MRP 协助解决这一问题？

第 8 章
生产过程控制

学习内容

1. 生产过程控制的内容和任务。
2. 生产调度的基本概念和工作方法。
3. 生产进度控制的预计分析、均衡性控制、成套控制以及生产调度的主要方法。
4. 在制品控制的基本方法,成本控制和绩效考核的基本内容。
5. 生产作业核算指标的计算方法。
6. 制造执行系统的系统架构、系统功能及信息集成。

 重点难点

重点:生产作业控制的"漏斗模型",生产进度控制的预计分析、均衡性控制、成套性控制,生产调度的优化方法。

难点:生产调度的优化方法。

 引导案例

某品牌创始人的后裔小燕通过观察发现,茶馆的生意不错,并预计该市场会随着人们生活节奏的日益加快和水平不断提高而得到进一步发展。考虑到还可充分利用宝贵的无形资产,小燕决定租赁靠近风景区和高校校区的房子开一间茶馆。茶馆一开张,由于地段合适、茶叶品种多,生意好得超出想象。受此鼓舞,小燕信心大增,决心一定要把茶馆作为自己的一项事业来干,不断规范和完善各项管理工作,把该茶馆经营成一个著名品牌。

不久,小燕就遇到了问题。她从来没有管理过茶馆,对茶馆的运作和管理不熟悉,只能凭经验和感觉行事。就拿服务人员排班来说,是以自己原来的工作轮班方式为基础,再考虑休息天和夜间工作时间的因素,设计出机械式的服务人员轮班方案。按照这种方案,对应茶馆上午9:00到次日凌晨2:00的营业时间,将14名服务人员平均分成两批,每批7人(其中6人上班,1人休息),并平均分配工作时间,即第一批从9:00工作到18:00,第二批从18:00工作到次日2:00。运行一段时间后,小燕发现这种方案虽然表面上看起来很简单,但实际上存在很多问题。

1. 一方面经常有顾客抱怨服务响应太慢,而服务员则抱怨工作太忙,并且每周只休息1天,休息时间达不到法律规定;但另一方面小燕经常看到服务员在聊天,没事可干。
2. 双休日客人人数增加,虽然茶馆的茶叶品种和平时并无不同,但顾客投诉和不满意增加,说明服务质量下降,对茶馆的形象和长远发展产生负面影响。

3. 常有顾客投诉，刚到茶馆不久，服务员就开始换班，而接班的服务员的服务不到位，需要顾客反复提醒和询问才能得到服务。

4. 和同行相比，茶馆的人工费用支出偏高。

小燕意识到，这些问题都是由不合理的服务员轮班造成的。为了茶馆的发展，只有重新科学设计服务员轮班方案，才能从源头上解决这些问题。

8.1 生产过程控制概述

8.1.1 生产过程控制的任务

生产过程控制是在生产计划和生产实施这两个职能之间进行调整，通过对生产过程的实时监控，使生产计划的各项指标得到落实，以保证生产系统的总体效率与效益。生产过程控制的内容涉及生产过程中的人、机、物等各个方面。它包括生产进度控制、在制品控制、库存控制、生产成本控制、生产质量控制、生产效率控制和设备控制等，如图8-1所示。在实际操作中各企业可根据自身情况，在不同的时期选择不同的重点控制对象。本章将重点介绍生产进度控制、在制品控制和库存控制。

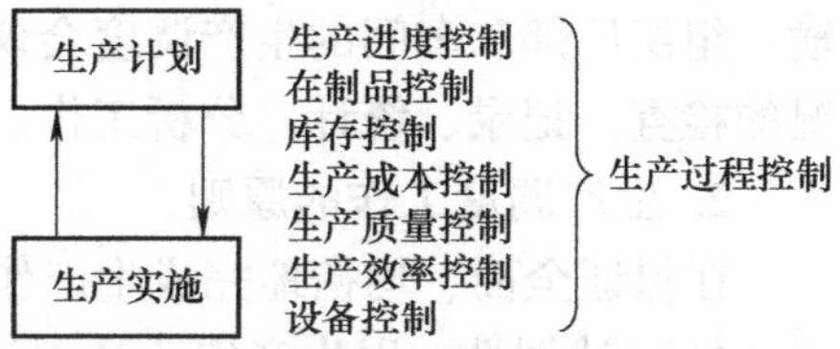

尽管生产过程控制的内容多种多样，各自的控制方法也有所不同，但生产过程控制业务的实施程序一般包括以下四个步骤：

1. 现状调查

根据生产进行情况和完成时刻的报告或现场调查的数据，将执行计划的实际结果整理成有关产量、时间、质量、成本等的指标，为评价计划和实际成果的差距及对生产进度、现有物品、加工潜力进行管理提供必要的资料。

图8-1 生产过程控制结构图

2. 比较判定

生产计划与实施的比较，判定两者的偏差程度，研究产生偏差的根本原因，为调整、处理偏差做好准备。

3. 调整或修改

在计划与实际出现差异时，按照两者偏差的大小及发生原因，采取以下处理方法：

1）利用富余的生产能力、外协、加班和库存等方面的措施消除偏差，使生产尽快恢复到计划要求的状态。

2）将偏差向生产计划系统反馈，以便修改出现偏差后的本期或下期生产计划。

4. 确定结果

督促偏差调整的落实，核实落实后的结果，必要时进行再一次调整。

8.1.2 生产调度机构

企业设有专门的调度机构行使生产过程的指挥与控制职能，它是生产过程活动的指挥与指令中心，主要任务如下：

1）检查生产作业计划执行情况，掌握生产动态，掌握在制品在各工艺阶段的投入和产出进度，及时解决生产中出现的各种问题。

2) 检查、督促和协助有关部门及时做好各项生产作业准备工作。
3) 根据生产需要合理调配各种生产要素。
4) 检查在制品储备情况,严格执行定额标准,防止过量与不足。
5) 对各期生产计划进行统计分析。
6) 组织好厂级、车间调度会议,及时传达指令,限期解决生产中的问题。

8.1.3 生产调度工作的基本概念

生产调度对企业日常生产活动进行控制和调节,对生产作业计划执行过程已出现和可能出现的偏差及时了解、掌握、预防和处理,保证整个生产活动有序进行。它是组织实现生产作业计划的一种主要手段。现代工业企业环节多,协作关系多,连续性强,情况变化快,某一环节发生故障或某一措施没有按期实现,往往波及整个生产。加强生产调度,可迅速解决已发生的问题,把可能发生的偏离因素消灭于萌芽状态。

1. 生产调度工作的任务

生产调度工作的任务主要包括:控制生产进度和在制品流转;督促有关部门做好生产准备和生产服务;检查生产过程的物资供应;监督设备的运转;合理调配劳动力;调整厂内运输;组织厂部和车间的生产调度会议,并监督有关部门贯彻执行调度决议;做好生产完成情况的检查、记录、统计、分析工作。

2. 生产调度工作的原则

在保证全面、均衡地完成生产作业计划的前提下,生产调度应遵循下列原则:

(1) 计划性 以生产作业计划为依据,保证实现计划规定的任务和进度,纠正实际与计划之间的偏差,必要时可对原计划进行调整和补充。

(2) 统一性 各级调度部门应根据领导人员的指示,按照生产作业计划和临时生产任务的要求,行使调度权力,发布调度命令,下一级生产单位和同级的有关职能部门必须坚决执行。如有不同意见,应在贯彻执行的同时,请示领导解决,以保证生产活动的集中统一指挥。

(3) 全面性 抓重点,抓薄弱环节,抓全过程。

(4) 预见性 对生产作业计划执行过程中可能发生的偏差和障碍,积极采取措施加以防止或缩小它的影响范围,抓准备、保投入,抓投入、保出产,抓出产、保计划。

(5) 及时性 生产调度部门对问题的处理要迅速果断,并督促有关部门迅速执行。

3. 生产调度机构的设置

生产调度机构要贯彻集中领导、统一调度、分级管理、归口负责的原则,做到机构设置合理,分工明确,职责清楚,管理有效。一般大、中型企业可设置厂部、车间、工段三级调度机构;小型企业可设厂部和车间两级调度机构。轮班生产条件下,厂部和车间要设值班调度,负责每班的调度工作。

(1) 厂部可设总调度室 在生产副厂长或生产科长的领导下,作为全厂调度网的中心,统一指挥全厂日常生产活动的调度工作。厂部总调度室配备调度人员根据具体情况可采取以下三种分工形式:

1) 按"条"分工,即调度人员按产品对象分工,对每种产品,从准备投料到最后制成品都有专人负责。这种分工有利于及早发现新产品投产后的问题,确保任务的按期完成,但其不利于在同一车间全面协调所有产品的生产。

2) 按"块"分工，即调度人员按车间分工，对车间所属产品负责。这种分工能够全面了解产品在该车间的情况，便于统筹兼顾，但是不利于了解和掌握产品的全部生产过程。

3) 条块结合分工，这种分工方法是以上两种形式的结合。它可以保证调度业务的集中统一，又具有统筹兼顾的优点。

可以根据企业的生产特点和生产需要，采取"条块结合，以条为主"或者"条块结合，以块为主"的形式。此外，企业可根据实际需要，在工具、设备、劳动、供应、运输、仓库等部门设立调度组，也可指定专人负责调度工作。

(2) 车间、工段　车间内部的调度机构，一般不单独设立调度组，而是同生产作业计划编制工作结合在一起，设立计划调度组。调度工作的组织形式主要有以下两种：

1) 车间调度员，分工负责一个工段或几个工段的调度工作，工段不设调度员。这种形式适用于按工艺专业化组织工段的车间。

2) 车间、工段都设调度员。车间计划调度组配备少量分工主管几个工段的计划调度员，同时在工段领导下配备工段调度员。

各车间和科室的调度组或调度员，一方面接受车间主任或科长的领导，另一方面在业务上归总调度室领导。这样使生产调度工作上下左右密切结合起来，形成一个集中、统一的生产调度系统。

4. 生产调度机构的职权

各级调度机构的职权是不同的。

(1) 厂部总调度室　负责保证按照产量、品种和期限完成全厂的作业计划。厂部调度员要掌握各半成品库的储存情况，做好各车间之间的配合；监督各基本生产车间班计划和日计划的完成情况，也要监督辅助车间及生产准备工作的情况，发现问题或接到车间调度员报告后，应迅速处理；遇到重大问题应请示生产副厂长后再处理。为了保证厂部调度命令的统一，生产作业方面的命令集中由调度机构发出。

(2) 车间调度组　根据生产作业计划的要求进行调度，保证各工段之间的衔接配合；监督车间作业计划的执行，发现问题和偏差应迅速处理，重大问题应向车间主任请示后再处理。车间调度员应经常向车间主任和厂总调度室报告情况，特别是车间无法解决的问题，应及时向厂总调度室报告。

(3) 工段调度员　根据作业计划具体地分配各个工作地、各轮班的任务，并及时做好各项准备和供应工作。工段调度员要经常掌握各工作地完成任务和产生废品、停工等的情况，发现后应立即处理。重大问题要请示工长；工段调度员应经常向工长和车间调度组报告情况，对工段无法解决的问题，应向车间调度组报告。

8.1.4　生产调度的工作方法

1. 基本方法

(1) 调查研究　调度员深入生产实际，掌握情况，分析研究，找出关键问题，预见发展趋势。出现问题，迅速采取有效措施加以解决。

(2) 召开各级调度会议　通过及时检查、协调生产进度，发现现存问题，针对生产中的薄弱环节，制定有效措施，集体讨论解决。

（3）加强日常检查　为了保证作业计划的实现，调度员要对出产量和各工序的完工情况进行核算和监督，可以利用台账和各种形式的图表来核算实际完成情况；对车间在制品积存量和半成品储备量进行核算监督，对生产准备工作进行核算监督，运用生产进度控制、在制品占用量控制等方法进行有效的控制。

2. 调度工作

（1）调度会议　调度会议是企业在组织和指挥生产的过程中，上下沟通、横向联系，由调度部门召开的例会。它是一种集思广益、统一调度和指挥生产的良好形式。采取这种形式，可以及时检查、协调生产进度，了解存在的问题，针对生产中的薄弱环节，制定有效措施，顺利解决问题。调度会议一般分为厂部和车间两级。

1）厂部调度会。它的主要内容是：检查上次调度会议决议的执行情况，对实现生产作业计划存在的问题进行充分研究和讨论，并根据新情况做出新决议，由有关部门贯彻执行。

2）车间调度会。会上检查车间生产作业计划的完成情况，重点是检查生产作业的准备情况并做出决议，由有关人员贯彻执行。每次调度会议前要了解情况，通知相关人员会议内容，以便有关部门做好准备；议题要突出重点，集中力量解决生产中急需解决的关键问题，不要把大、小问题都在调度会上讨论，也不要停留在只是了解情况、听取汇报上；会议主持人要集中大家的意见做出决策，形成会议纪要，并责成有关部门贯彻执行，由生产调度部门进行督促检查。

（2）调度值班　厂部、车间的调度机构应做到只要有生产，就要有调度值班。调度员在值班期间，要经常检查，及时处理生产中发生的问题，填好调度值班记录，严格执行交接班制度。

（3）调度报告　为使各级调度机构和领导及时掌握生产情况，企业各级调度机构要把每日值班调度的情况报上级调度部门和有关领导。各工段每班都应把本班的执行情况报车间调度组，车间调度组应把车间生产作业计划执行情况报总调度室，总调度室要把每日生产、库存、产品配套、出产进度以及生产中存在的关键问题等，写成生产日报报领导并发至有关科室和车间。

（4）现场调度　领导人员到现场，会同调度员、技术员、工人一起解决生产中出现的问题。

（5）班前、班后小组会议　班前小组会布置任务，调度生产进度。班后小组会检查生产作业计划完成情况，总结本班生产的经验和教训。

8.1.5　生产调度中常用的工具

1. 工票

工票（Job Ticket）又称工作票。它是一种对工人分配生产任务并记录其生产活动的原始凭证，见表8-1。它的内容包括：生产设备、生产任务、工时定额、实际完工数量、实用工时数和检查结果等。工票可作为统计生产进度、反映产品质量、计算工资及奖金、分析定额的执行和工时利用等的依据。生产类型与生产组织形式不同的企业或车间，所采用的工票也不相同。工票构成的形式，一般可分为单工序工票与多工序工票，在实际工作中所说的工票，通常是指单工序工票，又称施工票、派工单、工序票或短票。单工序工票是一道工序开一张票，一道工序加工完毕，工票就随加工件的验收而周转，工票使用比较灵活；但如果零件工序多，那么开票工作量较大，在车间内流转的工票数量也多，会增加管理人员的工作量。

工票一般由车间计划员或工段分配员按照三定（定机、定人、定活）和产品计划进度要求，分配生产任务。工人完成该工序后，将加工件连同工票送交技术检查员，由检查员填写检查结果，而后送还车间计划员。

工票记录的数据资料应准确、及时、全面，需要建立相应的工票管理制度，包括记录方法和要求，数据核实和检查，流转程序和路线等，保证工票记录质量。

表8-1 工票

机床号：

产品编号		件号	件名	序号	序名	单件工时定额	每台件数	投入批量		
								本批	累计	

日期	班次	操作者姓名	加工时间	工时	完工件数	检查结果				停工工时		备注
			起止工时			合格	回用	退修	废品 工料	检查者	待料	设备损坏	其他	

2. 加工路线单

加工路线单又称多序工票、长票、跟票，是指以零件为对象开列并随同加工件按生产过程流转的一种工作票。它是记录每批零件从投料、加工、检查到入库的全部生产活动过程的原始凭证。加工路线单通常是一批零件填制一份，集中记载零件的全部加工工序和加工情况，它便于制订昼夜轮班计划，控制零件的生产进度，使上下工序衔接配合，掌握在制品的流转交接、工艺纪律和期量标准，提高生产效率。因此，它应用于批量生产的企业，也常与单工序工票配合使用。加工路线单流传的一般程序如下：

1）企业的生产管理部门根据月度生产作业计划和期量标准，填写加工路线单的表头部分，送交加工车间。

2）计划调度员根据工艺规程填写各道工序的名称、工时定额和工时定件数，并送交仓库备料。

3）仓库根据加工路线单中的领料单发料或按时定点送料。

4）工段计划员（或任务分配员）根据作业轮班计划，把加工路线单交工作地加工。

5）工人每完成一道工序后，送交检查员填写检查结果。

6）当最后一道工序加工完毕，工段计划员在加工路线单上填写零件库数，并与实物一起交仓库验收。

7）车间统计员根据零件库验收签章返回的加工路线单，按日进行登记汇总，编制车间生产日报，报送生产管理部门。

3. 调度板

调度板也称任务分配板，是单件小批量生产的工段（小组）用以分配日常任务和控制生产进度的图板。由于单件小批量生产的工段（小组）生产经常变化，事先难以按月、按旬、按日做出计划安排，只能根据月度生产作业计划和设备的实际负荷情况，利用调度板形式按工段（小组）规定各工作地（或设备）的生产任务进行日常调度。

调度板上的"工作地或设备"栏，可根据小组内的工作地或设备数多少来填写。每个工作地或每台设备设有：已指定、已准备和已完工三个口袋。已指定的口袋用来插放被指派在该工作地（设备）上加工的零件的工票：当待加工零件的材料、工艺文件、工艺装备等一切准备就绪，并对该零件进行加工时，就把工票移放到已准备的口袋中去，等到工作地（设备）做完这个零件或零件的某道加工工序，再把工票插入已完工的口袋中去。计划任务栏中分别填写各工作地（或设备）所接受的正在加工的零件计划任务数。调度板的中部是用来反映各工作地（或设备）负荷量和检查完工日期的。横格表示加工日期，黑圆点为活动的牌子，它表示工作任务应完工的期限，横线是两段有颜色的带子，可以左右移动，左端为红色，右端为白色，随着加工进程，相应地移动红色部分，以表示工作任务的负荷量已经达到的日期，给指派各工作地（或设备）的下一项任务做参考。

8.2 作业排序

在编制成批生产作业计划与单件小批生产作业计划过程中，由于生产多种产品，对生产设备的需求会发生冲突，因此需要解决各个生产层次中生产任务的加工顺序问题，这里既包括哪个生产任务先投产，哪个生产任务后投产，还包括在同一设备上不同工件的加工顺序。这一过程称为作业排序。作业排序是作业计划的基础。合理的作业排序，可以缩短生产周期，提高按时交货的能力；充分利用设备能力，提高生产资源利用率；减少在制品数量，提高资金周转率。

8.2.1 作业排序的基本概念

1. 作业排序问题的分类和表示

作业排序问题有不同的分类方法，最常用的是按照机器、零件和目标函数分类。

按照机器的种类和数量不同，作业排序问题可以分为单台机器排序问题和多台机器排序问题。其中，多台机器排序问题又可以按照加工路线的特征，分为单件作业排序问题和流水作业排序问题。单件作业排序问题的加工路线不同，而流水作业排序问题的特征是所有零件的加工路线完全相同。

按照零件到达车间的情况不同，作业排序问题分为静态排序问题和动态排序问题。当进行排序时，静态排序问题的所有零件已经到齐，而动态排序问题的零件会陆续到达。

按照目标函数的性质不同对作业排序问题进行划分，目标函数有平均流程时间最短、误期完工零件数最少等。还可以按照参数的性质分为确定型排序问题和随机型排序问题，其中，随机型排序问题的加工时间、等待时间等参数为随机变量。

排序问题必须建立合适的模型。康韦（R. W. Conway）等人提出了排序问题的通用模型，即任何排序问题都可以用此模型描述，该模型是 $n/m/A/B$。其中，n 表示作业数量，n 必须大于 2，否则不存在排序问题；m 表示机器数量，m 等于 1 为单台机器排序问题，m 大于 1 则为多台机器排序问题；A 表示车间类型（其中 F 表示流水作业排序问题，P 表示流水车间排列排序问题，C 表示单件作业排序问题）；B 为目标函数，它可以是单目标，也可以是多目标。例如，$n/3/F/C_{max}$ 表示 n 个零件、3 台机器的流水作业排序问题，目标函数是使最长完工时间 C_{max} 最小。

2. 影响生产作业排序的因素

（1）生产任务的到达方式　在实际生产过程中，尤其是在单件小批生产条件下，反映生产任务的订单的到达方式有两种：一种是成批到达（静态到达）；另一种是在一段时间内按某种统计分布规律到达（动态到达）。静态到达并不意味着用户同时提出订单，只是计划人员将一段时间内的订单汇总，一起安排生产作业计划。在动态到达情况下，生产任务随到随安排，这就要求对生产作业计划不断进行修改，反映这些追加的生产任务。

（2）车间中的设备种类和数量　设备数量的多少，明显地影响着生产作业排序的过程。如果只有一台设备，生产作业排序问题将非常简单。当设备数量及种类增多时，各种生产任务由多台设备加工才能完成，则问题将变得较为复杂，很可能找不到有效的排序方法。

（3）车间中的人员数量　在进行生产作业排序时，不仅是将生产任务分配给设备，同时也是分配给相应设备的操作人员。在特定的生产操作人员数量少于设备数量的情况下，尤其是服务系统，生产操作人员成为排序时必须考虑的关键资源。

（4）生产任务在车间的流动模式　在单件小批生产条件下，生产任务在车间内的流动路线是多种多样的。如果所有流动路线相同，就称为流水车间或定流车间。与流水车间相对应的是流动路线均不一样的情形，工件是按照某种概率分布从一台设备流向满足加工需要的设备中的某一台设备，称为单件车间或随机路线车间，这类排队服务系统在医院中是常见的。在现实生产中，更多的是介于两者之间的混合式加工车间。

（5）作业计划的评价标准　作业排序是编制生产作业计划的核心工作之一，它的具体排序方法的选择与作业排序的评价标准密切相关。由于可操作性的缘故，通常对作业计划的评价集中在任务完成的程度方面，常见的有：

1）总流程时间 F_{min} 最短。总流程时间是指一批工件从进入某一车间或工艺阶段开始，到这一批工件加工完，全部退出该车间或工艺阶段为止的全部完工时间。如果这批工件完全相同，那么总流程时间与这批工件的生产周期或加工周期（等待时间与加工时间之和）相同；如果这批工件不同，那么总流程时间与这批工件实际生产周期或加工周期中最大的相同。

2）平均流程时间 F 最短。平均流程时间是指这批工件实际生产周期或加工周期的平均值。

3）最大延迟 L_{max} 或最大误期 T_{max} 最短。延迟是指工件的实际完成时间与预定的交货期的差额。这里既包括实际完成时间比预定的交货期晚，即通常意义下的延误，也包括实际完成时间比预定的交货期早的情况。提前完成生产任务并非一定是件好事，因为这意味着库存量的增加及生产资金提前被占用。误期是指通常意义下的延误。最大延迟 L_{max} 和最大误期 T_{max} 的关系为

$$T_{max} = \max\{0, L_{max}\} \tag{8-1}$$

4）平均延迟 L 或平均误期 T 最短。

5）平均在制品占用量最小。

6）总调整时间最小。在加工一批不同的工件时，每加工一个工件，设备需要调整一次，该批工件的调整时间之和称为总调整时间。

除了上述标准之外，还有延期罚款最小、生产费用最小、总利润最大、设备利用率最大等。由于实际生产过程中各种不确定因素的作用，使实际标准具有不确定性，可用具有平均值和偏差的统计分布来表示。需要注意的是这些标准彼此并不完全独立，例如使平均流程时间 F 最短意味着在制品占用量减少。

8.2.2 作业排序的调度规则

加工作业的排序问题可以表述为：n 项加工任务，在 m 个加工单位进行作业的问题。这个问题可以分为两大类。

1. 流水型 $m \times n$ 排序问题

n 项加工任务经过 m 个单位进行加工，所有加工任务的工艺顺序相同。它的特点是：如果在第一个加工单位决定了加工顺序，那么以后的加工单位都应保持同一加工顺序。设有 n 项加工任务，就有 $n!$ 个排序方案。

2. 非流水型 $m \times n$ 排序问题

n 项加工任务经过 m 个单位进行加工，所有加工任务的工艺顺序不相同或不完全相同。因此，非流水型排序问题的排序方案共有 $(n!)^m$ 个。

最优或近似最优顺序的选择方法有四种，即组合法、数学规划法（如线性规划、动态规划等）、探索法、特殊方法（如约翰逊算法、坎贝尔 – 杜达克 – 史密斯计算法等）。

从上述分析看出，可以采取遍历所有组合的方法，确定每种加工方法的优劣。但加工品种一多，排序组合就会呈阶乘增加。如果品种为 7 个，那么排序组合将为 $7! = 7 \times 6 \times 5 \times 4 \times 3 \times 2 \times 1 = 5040$ 个。如果加工设备可按任意顺序加工，这个组合数目还要大。所以，采用组合法在使用上具有限制性。

从很多方法的应用实践中，人们建立了一套选择最优排序的规则——调度规则，也叫作判定规则。这些规则可能很简单，仅需依据一种数据信息对作业进行排序，这些数据可以是加工时间、交货日期或到达的顺序。其他的规则尽管也同样简单，但可能需要更多的信息，通常需要一个指标，如最少松弛时间规则和关键比率规则。还有另外的规则，如约翰逊法则，可用于对一个机器序列上的作业进行排序，并需要一个计算程序来确定作业的顺序。下面列出了 10 个常用的优先调度规则：

（1）FCFS（先到先服务） 按照订单到达的先后顺序进行加工。

（2）SPT（最短作业时间） 首先加工所需时间最短的作业，然后加工所需时间第二短的，以此类推。此规则也称为 SOT（Shortest Operating Time）。

（3）EDD（最早交货期） 将交货期最早的作业放在第一个进行。交货期指的是整个作业的交货期；OPNDD 指的是下一个作业的交货期。

（4）ESD（最早开始日期，即交货日期减去作业的正常提前期） 将最早开始的作业放在第一个进行。

（5）STR（剩余松弛时间） 交货期前的剩余时间与剩余的加工时间的差值。剩余松弛时间最短的作业优先进行。

（6）STR/OP（每个作业的剩余松弛时间） STR/OP 最短的作业优先进行。STR/OP 的计算方法如下：

$$\frac{STR}{OP} = \frac{\text{交货期前的剩余时间} - \text{剩余的加工时间}}{\text{剩余的作业数}}$$

（7）CR（关键比率） CR 用交货日期减去当前日期的差值，再除以剩余的工作日数计算得出。关键比率最小的订单优先执行。

（8）QR（排队比率） QR 用计划中剩余时间除以计划中剩余的排队时间计算得出。排队比率最小的订单优先执行。

(9) LCFS（后到先服务） 该规则经常作为缺省规则使用。因为后到的订单放在先到的上面，操作人员通常是先处理上面的订单。

(10) 随机规则（随机排序或随意处置） 主管或操作人员通常随意选择他们喜欢的作业先执行。

8.2.3 作业排序方法

1. n 个作业的单机排序问题（$n/1$）

作业排序问题在理论方面的难度随着机器设备数量的增加而提高，而不是随着作业数量的增加而提高。因此，对 n 的唯一约束条件是，n 必须是确定的、有限整数。

单台设备上的多个工件的排序问题是最简单的排序问题。当一台设备面对多个工件需要加工时，虽然整批零件的完工时间不会因为加工顺序的改变而改变，但是不同的加工顺序会导致各单个工件的完工时间发生变化，从而影响工件按时交货。下面的例子是按各排序规则确定的加工顺序造成的不同结果。

某公司，五个客户提供了订单，详细的作业排序数据见表 8-2。

表 8-2　作业排序数据

作业（按到达顺序）	加工时间（天）	交货日期（从现在开始算）（天）
A	3	5
B	4	6
C	2	7
D	6	9
E	1	2

公司必须决定五个订单的加工顺序。

(1) FCFS 规则　按 FCFS 规则作业排序见表 8-3。

表 8-3　FCFS 作业排序

作业顺序	加工时间（天）	交货日期（天）	流程时间（天）				
			开始时间	+	加工时间	=	完成时间
A	3	5	0	+	3	=	3
B	4	6	3	+	4	=	7
C	2	7	7	+	2	=	9
D	6	9	9	+	6	=	15
E	1	2	15	+	1	=	16

总流程时间 = 3 天 + 7 天 + 9 天 + 15 天 + 16 天 = 50 天
平均流程时间 = 50 天 ÷ 5 = 10.0 天

比较每个作业的交货日期和流程时间，发现只有作业 A 能够及时交货。作业 B、C、D 和 E 都将分别延迟 1 天、2 天、6 天和 14 天。平均起来，每个作业要延迟（0 天 + 1 天 +

2 天 +6 天 +14 天) ÷5 =4.6 天。

(2) SPT 规则　按 SPT 规则作业排序见表 8-4。

表 8-4　SPT 作业排序

作业顺序	加工时间（天）	交货日期（天）	流程时间（天）
E	1	2	0 +1 = 1
C	2	7	1 +2 = 3
A	3	5	3 +3 = 6
B	4	6	6 +4 = 10
D	6	9	10 +6 = 16

总流程时间 = 1 天 +3 天 +6 天 +10 天 +16 天 = 36 天
平均流程时间 = 36 天 ÷5 = 7.2 天

按 SPT 规则排序的平均流程时间比按 FCFS 规则排序的平均流程时间要短。此外，作业 E 和 C 可以满足交货日期，作业 A 只晚一天交货。平均起来，作业要延迟（0 天 +0 天 +1 天 +4 天 +7 天）÷5 =2.4 天。

(3) EDD 规则　按 EDD 规则作业排序见表 8-5。

表 8-5　EDD 作业排序

作业顺序	加工时间（天）	交货日期（天）	流程时间（天）
E	1	2	0 +1 = 1
A	3	5	1 +3 = 4
B	4	6	4 +4 = 8
C	2	7	8 +2 = 10
D	6	9	10 +6 = 16

总流程时间 = 1 天 +4 天 +8 天 +10 天 +16 天 = 39 天
平均流程时间 = 39 天 ÷5 = 7.8 天

(4) LCFS 规则、随机规则和 STR 规则　按照 LCFS 规则、随机规则和 STR 规则，作业排序分别见表 8-6、表 8-7、表 8-8。

表 8-6　LCFS 作业排序

作业顺序	加工时间（天）	交货日期（天）	流程时间（天）
E	1	2	0 +1 = 1
D	6	9	1 +6 = 7
C	2	7	7 +2 = 9
B	4	6	9 +4 = 13
A	3	5	13 +3 = 16

总流程时间 = 46 天
平均流程时间 = 46 天 ÷5 = 9.2 天
平均延迟 = 4.0 天

表 8-7 随机作业排序

作业顺序	加工时间（天）	交货日期（天）	流程时间（天）
D	6	9	0 + 6 = 6
C	2	7	6 + 2 = 8
A	3	5	8 + 3 = 11
E	1	2	11 + 1 = 12
B	4	6	12 + 4 = 16

总流程时间 = 53 天

平均流程时间 = 53 天 ÷ 5 = 10.6 天

平均延迟 = 5.4 天

表 8-8 STR 作业排序

作业顺序	加工时间（天）	交货日期（天）	流程时间（天）
E	1	2	0 + 1 = 1
A	3	5	1 + 3 = 4
B	4	6	4 + 4 = 8
D	6	9	8 + 6 = 14
C	2	7	14 + 2 = 16

总流程时间 = 43 天

平均流程时间 = 43 天 ÷ 5 = 8.6 天

平均延迟 = 3.2 天

将以上所有排序结果总结如下，见表 8-9。

表 8-9 排序结果汇总表

有限调度规则	总完成时间（天）	平均流程时间（天）	平均延迟（天）
FCFS 规则	50	10.0	4.6
SPT 规则	36	7.2	2.4
EDD 规则	39	7.8	2.4
LCFS 规则	46	9.2	4.0
随机规则	53	10.6	5.4
STR 规则	43	8.6	3.2

在这个例子中，SPT 规则有三个指标都是最优的。在实际中，也是如此，这可以通过一系列的模拟试验得以证实。SPT 规则一般是使作业流动时间最少和工作中心作业平均数（可视为在制品库存量）最少及利用率最大的最好方法，它的主要缺点是让耗时长的作业等待，特别当新的时间短的作业不断添加到系统中时，等待时间可能会相当长。为避免这种情况的发生，可以采用各种各样的修正措施。例如，等候一定时间后，剩余作业就自动移到队头，

这叫作截头 SPT 规则。

对于 EDD 规则，它在平均延迟天数这个指标上总是最优的，但是因为它没有考虑加工时间，有可能造成这种现象：有的作业等待加工的时间很长，使在加工存货与车间的拥挤程度增加。

对于 FCFS 规则，它的主要局限在于加工时间过长，常会使其他作业延期。然而，对于顾客直接参与其中的服务系统来说，FCFS 是迄今为止占据绝对优势的一项规则，这主要是出于固有的公平理念。FCFS 规则最大的优点是使用起来非常简单。

在作业排序的过程中，有时运用一个优先规则还不能唯一地确定下一个工作，这时可使用多个优先规则的组合。例如，SPT + FCFS + 随机，它的含义是，首先按 SPT 规则选择下一个工作，若有多项工作具有相同的优先权，则运用 FCFS 规则再选择，如仍有多项工作满足条件，再运用随机规则随机地选择一个。按照这样的优先调度方法，可赋予不同工作不同的优先权，使排序方案按预定目标优化。

2. n 个作业的双机排序问题（$n/2$）

多项任务在单台设备上加工时，不管任务如何排序，它的最大流程时间总是固定值。在多项任务多台设备的排序问题中，加工顺序对总加工周期和等待时间有很大的影响。贝尔曼提出的动态规划最优化原理证明，多项任务在两台设备上的加工顺序不同时无最优排序方案，即最优排序方案只能在两台设备加工顺序相同的排序方案中寻找，以保证总加工周期最短。

两台机器的排序方法分为以下两种情形：

（1）流水型排序法 流水型排序法被称为约翰逊算法，它是一种管理者用来使一组待加工作业通过两台机器或两个连续工作中心的操作时间最少的技术，它还能使工作中心内的总空闲时间最少。

首先，利用约翰逊算法必须满足以下条件：

1）各项作业在各工作中心的作业时间（包含换产与加工）必须已知且固定。
2）作业时间必须独立于作业顺序。
3）所有作业都必须遵循同样的两步式工作顺序。
4）没有工作优先级。
5）在作业被移送到第 2 个工作中心之前，它在第 1 个工作中心的所有工作内容都必须完全结束。

满足以上条件，才能按约翰逊算法进行排序，步骤如下：

1）列出全部作业及其在各个工作中心的时间。
2）选取时间最短的作业，如果最短时间在第 1 个工作中心，就将该作业排在第 1 位，如果在第 2 个工作中心，就将其排在序列的最后 1 位。
3）消除这项作业及其时间，进行下一步的考虑。
4）重复步骤2）、3），直到所有作业都已进入序列。

下例表明了如何使用约翰逊算法。

例 8-1 某冲模工厂有 5 件特殊的工作需通过 2 个工作中心（钻机和车床）的操作，各项工作的操作时间见表 8-10，请为这组工作进行排序，使总完成时间最短。

表 8-10　各项工作的操作时间（一）　　　　　　　　　　　（单位：h）

工　作	工作中心 1（钻机）	工作中心 2（车床）
A	5	2
B	3	6
C	8	4
D	10	7
E	7	12

解：1）选出操作时间最短的工作，即工作 A，时间为 2h，由于这个时间发生在工作中心 2，将其安排在最后，并清除工作 A 不再考虑，得到表 8-11。

表 8-11　各项工作的操作时间（二）　　　　　　　　　　　（单位：h）

工　作	工作中心 1（钻机）	工作中心 2（车床）
B	3	6
C	8	4
D	10	7
E	7	12

2）表 8-11 中，工作 B 的操作时间是第 2 短的（3h）。由于这个时间在工作中心 1，将它安排在第 1 位，并清除工作 B。

3）操作时间第 3 短的是工作 C（4h），在工作中心 2，因而放在倒数第 2 位。

4）余下的两项工作的最短的操作时间相同，为 7h。首先将工作 E 安排在工作中心 1，最后安排工作 D。所以作业排序为 B—E—D—C—A。

5）按 B—E—D—C—A 的顺序列出加工时间表，见表 8-12，按此表计算出整批工件完成时间为 35h。

表 8-12　各项工作的进度计划　　　　　　　　　　　（单位：h）

工作	作业时间 t_{ij}					
	工作中心 1（钻机）	工序开始时间	工序结束时间	工作中心 2（车床）	工序开始时间	工序结束时间
B	3	0	3	6	3	9
E	7	3	10	12	10	22
D	10	10	20	7	22	29
C	8	20	28	4	29	33
A	5	28	33	2	33	35

（2）非流水型排序法　两台机器 n 项任务的随机排序方法被称为杰克逊法，它是对约翰逊算法稍加修改后在随机机型中的应用技术，计算步骤如下：

第一步，将任务进行分类。对 n 项任务，在机器 M1 或机器 M2 上的加工划分为以下四类集合：

1）$\{M_1\}$：只有一道工序，在机器 M1 上作业的工件集合。

2）$\{M_2\}$：只有一道工序，在机器 M2 上作业的工件集合。

3) $\{M_1, M_2\}$：第一道工序在机器 M1 上加工、第二道工序在机器 M2 上加工的工件集合。

4) $\{M_2, M_1\}$：第一道工序在机器 M2 上加工、第二道工序在机器 M1 上加工的工件集合。

第二步，按约翰逊算法，对 $\{M_1, M_2\}$ 和 $\{M_2, M_1\}$ 分别排序。由于 $\{M_1\}$ 和 $\{M_2\}$ 与所需总时间的大小与排序先后并无关系，可以任意排序。

第三步，按下列规则排序：

机器 1：$\{M_1, M_2\}$，$\{M_1\}$，$\{M_2, M_1\}$

机器 2：$\{M_2, M_1\}$，$\{M_2\}$，$\{M_1, M_2\}$

3. 三台机器上 n 项作业的排序（$n/3$）

（1）流水型排序法　三台机器上的 n 项作业排序问题，如果满足下面的两个条件之一或均满足，可以按基于约翰逊算法的扩展方法约翰逊法则扩展求得最优解：

$$\min t1 \geqslant \max t2$$

$$\max t2 \leqslant \min t3$$

1) 机器 1 上作业的最小操作时间至少等于机器 2 上作业的最大操作时间。

2) 机器 3 上作业的最小操作时间至少等于机器 2 上作业的最大操作时间。

求解方法是：假设 2 台机器 G、H 代替这 3 台机器，零件在机器 G 上的操作时间为机器 1 与机器 2 上操作时间之和，在机器 H 上的操作时间为机器 2 与机器 3 上操作时间之和，这样问题就转化为了对 G、H 两台机器的作业排序问题，运用约翰逊法则便可求得最优解，即使三台机器上的操作时间不符合上述条件，也可用这种方法求得近似的最优方案。

例 8-2　有四项作业 A、B、C、D，需经过三台机器的加工，它们在各机器上的操作时间如表 8-13 所示，请对它们进行作业排序。

表 8-13　各作业在各机器上的操作时间　　　　　　　　　　（单位：h）

作　业	机器 1，T1	机器 2，T2	机器 3，T3
A	13	5	9
B	5	3	7
C	6	4	5
D	7	2	6

解：从表 8-13 中可以看出，前面提到的两个条件均满足，因此可假想两台机器 G、H 代替这三台机器，操作时间见表 8-14。

表 8-14　假想机器 G、H 的操作时间　　　　　　　　　　（单位：h）

作　业	机器 G，T1 + T2	机器 H，T2 + T3
A	18	14
B	8	10
C	10	9
D	9	8

运用约翰逊法则，可得作业顺序为 B — A — C — D。

(2) 非流水型排序法　三台机器上加工的非流水型排序问题，理论上可以采用完全列举法得出最优排序方法，但随着工件数目的增加，求解非常困难。吉弗劳和汤普森提出了吉弗劳和汤普森法，即在逐次对加工任务进行排序的同时，得出若干个可行的排序方案，从中选出最优方案作为最终的作业排序。这种方法又称为缩小所需总时间和启发式排序法，随着计算机和信息技术的发展，可以通过 witness 等仿真软件模拟投产顺序，寻求最优方案。

4. m 台机器上 n 项作业的排序（n/m）

m 台机器上 n 项作业的排序是实际中最常见的排序问题，用分支定界法可求得最优解。但随着问题规模的扩大，计算量相当大，甚至连计算机也难以求解，故无法应用于实际生产之中。此外，还需要考虑经济性，如果求最优解所付出的代价超过了这个最优解所带来的好处，那么得不偿失。

(1) 流程型排序法　流程型问题，有一个有效的启发式算法，称为 CDS 算法，该算法是将 $n/3$ 的约翰逊法则扩展方法进一步扩展到一般的 n/m 问题，以求得一个近似的最优解。步骤如下：

第一步，根据第 1 台与第 m 台（最后 1 台）机器的两组操作时间，运用约翰逊法则排出第 1 个作业顺序方案。

第二步，将第 1 台与第 2 台机器的操作时间合并，以及第 $(m-1)$ 台与第 m 台机器的操作时间合并，得到两组操作时间，运用约翰逊法则排出第 2 个作业顺序方案。

第三步，将第 1 台、第 2 台、第 3 台三台机器的操作时间合并，以及第 $(m-2)$ 台、第 $(m-1)$ 台、第 m 台三台机器的操作时间合并，又得到两组操作时间，运用约翰逊法则，推出第 3 个作业顺序方案。

第四步，重复以上运算，最后将第 1 台、第 2 台、…第 $(m-1)$ 台，共 $(m-1)$ 台机器的操作时间合并，以及将第 2 台、第 3 台、…第 m 台，共 $(m-1)$ 台机器的操作时间合并，得到两组操作时间，也运用约翰逊法则排出第 $(m-1)$ 个作业排序方案。

第五步，根据以上 $(m-1)$ 个工作顺序方案，分别作图求出它们的总流动时间，从中取得最小值，最小值所对应的排序方案为最优的或近似最优的方案。

(2) 非流水型排序法　n 项任务在 m 台机器上的随机型排序问题，一般来说有 $(n!)^m$ 个排序方案，要想在 $(n!)^m$ 个排序方案中找出最佳排序方案极为困难，只能借助计算机采用优化算法来解决。

8.3　生产过程控制的内容

8.3.1　生产进度控制

1. 生产进度控制的主要内容

生产进度控制是生产过程控制的主要内容。它是指对原材料从投入生产准备到成品入库的全部生产过程进度所进行的控制，包括时间上的控制和产量上的控制两个方面。企业通过生产进度控制，可以采取有效措施，控制和保证计划目标的如期实现，保证生产的均衡性和稳定性。生产进度控制的主要内容有以下几点：

(1) 投入进度控制　投入进度控制是指对产品开始投入日期、产量、品种及原材料、毛坯、零部件投入提前期的控制，如果在计划期内有新增设备、新增劳动力和技术措施项目，则投入进度控制还应包括对这些项目投入使用日期的控制。投入进度控制是一种预防性的控制，主要作用：控制投料、避免造成计划外生产和产品积压，保证在制品的正常流转，保证投产的均衡性、成套性和连续性。

(2) 出产进度控制　出产进度控制是指对产品（或零部件）的出产日期、出产提前期、出产量、出产均衡性和成套性的控制。出产进度、投入进度和工序进度的控制是相互制约、相互促进的。投入进度和工序进度控制的加强，有利于出产进度控制的顺利进行；反之，出产进度控制的加强，可及时掌握出产信息，追踪投入进度和工序进度的控制。

(3) 工序进度控制　工序进度控制是指对产品（或零部件）在生产过程中经过的每道加工工序的进度所进行的控制。在成批、单件生产条件下，每个工作地上加工的零件种类多，工艺、工序不固定，因此只控制投入和出产进度是不够的，还需要控制工序进度。那些加工周期长、工序多的产品（或零部件）更需要控制工序进度。在大量生产条件下，生产连续性强，每个工作地都固定加工一种或几种零件，一般通过控制在制品数量来实现控制工序进度的目的。

2. 生产进度控制的方法

(1) 平衡线法　此法是运用平衡线形式安排产品生产进度，并进行作业控制的一种方法。具体来说，就是按照合同规定的交货日期和生产数量，绘制平衡线图表，使生产过程各个环节在各个时期内的在制品与出产进度保持平衡，并据以检查和控制生产进度，保证产品输出。平衡线法适用于同一产品重复生产、一次订货而分期交货、合同期限较短的工业产品订货生产项目。平衡线法主要采用图解方式，即通过绘制产品生产周期控制图、计划交货期图和任务完成情况检查图等，分析各生产环节的实际进度和计划进度的差异，以便采取改进措施，使生产过程按预定目标完成。运用平衡线法必须具备以下两个基本要素：产品交货期限、产量的要求，生产各阶段的顺序及所需时间。

(2) 图表控制法

1) 坐标图控制法。坐标图控制法是根据产量随时间变化的对应关系，通过绘制坐标图来描述生产进度及其变化趋势，用以控制计划执行的一种方法。在连续均衡生产的情况下，因产品规格较稳定，工序专门化程序较高，产量又是随着时间变化的，对生产过程的进度控制就可以放在最终工序的完成数量上。在这种条件下，用坐标图来描述实际生产数量和计划数量的进度，就能比较实际生产进度与计划进度的差异，从而控制生产作业进度。

2) 条形图控制法。条形图控制法是通过绘制生产进度条形图来展示产品或零件在各工艺阶段的投入、产出期限，借以控制整个产品生产进度的方法。对于零件或工序复杂的单件和成批生产，以及加工周期长的零部件，一般要按各项订货合同规定日期和主要工艺阶段的投入产出日期进行加工进度的控制。

3) 投入产出日历进度表控制法。投入产出日历进度表控制法是通过编制投入产出日历进度表，反映生产过程中产品的实际和计划投入产出数量，分析实际同计划的差异，对生产投入进度实施控制的一种方法。它是大量生产特别是大量流水生产条件下，控制生产进度较简便有效的方法。

(3) 准时制控制法

1) 准时制控制法的基本原理。一般来说，由多种生产工序组成的加工组装生产系统，其生产过程的组织控制方式是，根据某时期的预测需求量和现有库存水平，确定计划生产量，并通过各工序在某时期的标准资料确定生产前置期，然后向工序发出生产指令，各工序根据指令开工生产。生产过程中的每一道工序都把加工出来的产品或零部件依次送到下一道工序，随着每道工序向最后一道工序的推进，最终产品逐渐形成，这就是传统的"推进式"生产组织控制方式。这种传统的由前道工序向后道工序送料的"推进式"生产组织控制方式，往往会造成前后工序的生产脱节。由于不知道后道工序何时需要何种零部件（物料）及其数量，时常会造成前道工序的盲目过量生产。如果在不需要的时候制造出超量的零部件，并在不需要的时候把这些零部件源源不断地送往后道工序，那么就会造成生产过程的混乱。

日本丰田汽车公司开发的准时制生产控制方式采用"倒过来"的形式，从生产物流的相反方向来组织生产，即后道工序在必要的时候到前道工序去领取必要数量的必要零部件（或物料），接着前道工序只生产被领取走的那部分零部件（在数量和种类上相同）。事实上，这种"倒过来"的生产组织方式是从生产过程的终点做起的。生产计划只下达到总装配线，指示"何时生产多少数量的何种产品"。总装配线则根据生产指令的计划需要，分别向前方工序领取装配所必需的零部件，并被要求"需要什么取什么，何时需要何时取，需要多少取多少"。前方各工序只生产被领取走的那部分零部件。这种方式逆着生产流程，一步一步地上溯到原材料供应部门。这种"倒过来"的"拉动式"生产组织控制方式，改变了传统生产过程中的物料传送方式，即把"送料制"改变为"取料制"。这种一环扣一环的同步化衔接方式，使生产系统中各道工序的作业人员对自己的工作进度一目了然。大家都能够在必要时生产，减少了生产过程中的在制品数量，提高了生产率和生产系统的柔性，为企业提升市场竞争力奠定了物质基础。

2) 看板。看板是实现准时制控制法的一个重要手段。在看板上，一般都标有工厂名称、零部件名称、零部件编码号、零部件数量、容器种类、上下道工序名称、存放处等信息。经常使用的看板有取料看板和生产看板。

① 取料看板。它显示后道工序应该向前道工序领取的零部件种类和数量等信息。

② 生产看板。它显示前道工序必须生产或订购的零部件种类和数量等信息。

3) 看板管理。所谓看板管理，就是用看板进行生产现场管理和作业控制的方法。看板管理有两种主要方式，即单看板方式和双看板方式。

① 单看板方式。单看板管理方式的特点是只使用生产看板来发出作业指令并控制生产过程。

② 双看板方式。双看板管理方式是丰田汽车公司普遍采用的一种生产管理方式。它的特点是同时使用生产看板和取料看板来控制生产过程。

8.3.2 在制品控制

企业从原材料、外购件等投入生产起，到经检验合格、办完入库手续之前，存在于生产过程中各个环节的毛坯、零部件通称为在制品。它是为保证生产过程连续性和周期性，在生产过程中必须具备的物流要素。在一定的生产条件下，为保证生产过程正常地进行，必须规定科学合理的在制品数量。如果在制品数量过少,就会影响生产过程的均衡性;如果在制品数量过多,就要积压企业的流动资金、占用过多的生产面积和仓库容积,影响生产的现场条件和生产效益。因此,企业对生产过程中的在制品必须加以严格控制。为便于管理,企业通常根据零部件所处的不同工艺阶段,把在制品分为生产在制品和生产半成品。生产在制品是指已投入车间、正处于加工、装配、检验,或处于等待状态、运输过程中的各种原材料、毛坯、外购件、半成品等。生产半成品是指毛坯经机械加工成为零件,并已检验合格、办完入库手续的制品。

1. 生产在制品控制

生产在制品控制的主要内容有变化情况的控制和占用量的控制。

(1) 在制品变化情况的控制　在生产过程中,不可避免地发生报废、回用、返修等情况,这将引起在制品数量的增减和质量的变化。在设备出现故障时,在制品加工进度也会与计划脱节。为了保证生产有节奏地进行,必须及时反馈在制品变化情况,以便企业采取措施保证生产按计划进行。

车间生产类型和生产组织形式的不同,控制在制品变化情况的方法也不同。在大量生产条件下,由于在制品数量比较稳定,通常事先制定标准定额,在生产中的流转有一定的顺序和规律。因此,通常采取轮班任务报告,并结合统计台账来控制在制品的变化情况。在单件小批和成批生产条件下,由于产品品种和产量经常变化,在制品数量的稳定性很差,通常采用加工路线单或工票等凭证,结合统计台账来控制在制品的变化情况。

1) 轮班任务报告。轮班任务报告是车间、工段规定每个工作地、每个工作班甚至每个操作者生产任务的文件,由车间计调人员根据零件的工艺规程和作业计划填写生产任务的具体内容。在零件投产后,根据每道工序的完工情况,由检验人员填写结果。它的优点是简化原始记录的种类,可以把统计、核算和检查计划完成情况结合起来,加强了生产的计划性。轮班任务报告通常是每台机床每班或每昼夜写一次。如果是加工时间较长的零件,轮班任务报告可跨班组使用,但不能跨月使用。

2) 加工路线单。加工路线单又称为多工序工票、长票、跟票等,是指以零件为对象开列并随同加工件按生产过程流转的一种工作票。它记录和掌握每批零件从投料开始,经各道工序的加工、检验一直到入库的整个生产过程的原始凭证。加工路线单的填写、使用和传递路线,根据企业生产机构设置和人员配备状况而定。加工路线单非常适用于成批生产的机械加工车间,其优点在于:①每批零件的加工信息集中在同一张路线单上,可有效减少单据数量,一单多用;②加工路线单中的工艺顺序和工艺流程一致,有利于贯彻工艺纪律,保证零件质量;③由于领料、加工、检验、入库都使用同一原始资料,可以有效地保证领料数、加工数、合格品数、废品数、入库数互相确认,防止错乱;④一批零件都用一张路线单,有助于贯彻期量标准。

3) 单工序工票。单工序工票以工序为对象设票,一个工序开一张票。它也是用来反映零件在各道工序加工中的有关产量、质量等情况的凭证,但单工序工票仅记录一道工序的生产情况。一道工序完工,零件送检,检验员在工票上记录有关事项后,工票返回到计调员,计调员再为下道工序开具新的工票。单工序工票的优点是使用灵活,适用于单件小批生产;缺点是工票数量多,填写工作量大,不便于统计核对。

(2) 在制品占用量的控制标准　为了使生产过程的各个环节、各个阶段、各道工序都能按计划、有节奏地生产，企业可以储备一定数量的在制品。但是，过多的在制品储备，会给企业带来不必要的损失。例如，在制品过多，使生产能力不能充分发挥，生产中的矛盾被掩盖起来，仓库和生产面积占用增加，运输和保管工作量上升，从而增加保管费用，大量积压流动资金。这一切，不仅使企业生产成本上升，而且降低了企业生产的柔性。因此，企业对在制品占用量进行合理控制具有十分重要的意义。由于生产类型与生产组织方式的不同，在制品占用量的计算方法也有所不同。需要指出的是，计算出的在制品占用量定额，仅表达企业在满足生产计划的前提下，按现有生产系统运行时在制品占用量的一般水平。通常来说，影响在制品占用量的因素很多，如设施布置、物流路线的设计、生产批量与传递方式、生产工艺与设备等。因此，按在制品占用量定额公式计算出的结果，还需要根据企业生产系统的实际情况进行修正。

2. 生产半成品控制

在大量流水生产条件下，相邻流水线按同一节拍协调生产，因而零件可直接转交，不必设置中间库。在多品种、小批量生产条件下，生产单位多按工艺原则进行布置，为了控制生产单位之间在制品的周转，就有必要在生产单位之间设置半成品库，它是车间之间在制品转运的枢纽。生产半成品的控制主要是通过半成品出入库台账及其他凭证进行。因而，生产半成品应建立账卡，按零件进行统计。生产半成品的台账可用领料单、完工入库单等作为登录凭证。生产半成品的控制方法是指用于控制库存量的检查方法，可分为定期控制方法和连续检查方法。

（1）定期控制方法　该方法是企业按一定的时间间隔观察半成品库存水平，如果检查时半成品库存水平低于或等于订货点水平，则发出补充半成品生产的指令，使库存回到目标水平，如果半成品库存水平高于订货点水平，则无须采取任何措施。

（2）连续检查方法　该方法是企业不断地监测库存水平，如果库存水平降到或已低于订货点，则发出补充库存的生产指令。

定期控制方法与连续检查方法的区别在于：对于前者，生产指令可于某时期期末发出也可以不发出，这取决于库存水平；对于后者，生产指令总是在库存水平降到或低于订货点水平时发出，与时间长短无关。

3. 在制品控制的日常管理工作

企业搞好在制品控制工作，要求对日常在制品的投入、产出、领用、发放、保管、周转做到有手续、有制度、有秩序。因此，要做好以下几方面的工作：

（1）建立健全在制品、半成品的收发领用制度　对在制品和半成品的收发领用，企业要有入库单、领料单等原始凭证，严格执行按计划限额收发在制品制度。收发时，企业应遵守"先入先出"原则。车间内部在制品的流转，通过加工路线单等进行控制。装配用的零件要按配套明细表规定的要求发放。

（2）建立在制品、半成品增减数量管理制度　对在制品、半成品要正确、及时地进行记账核对。工作地之间、工段之间、工段与仓库之间的在制品、半成品的收发数量必须及时记账，及时结清。企业要有定期对账制度，做到账实相符，账账相符。企业还应注意妥善处理零件的报废、代用、补发和回用；合理地存放和保管在制品、半成品，充分发挥库房的作用，做好在制品和半成品的清点、盘存工作。

8.3.3 生产作业核算

1. 生产作业核算的基本概念

生产作业核算是在实现生产作业计划过程中，对生产过程各阶段、各环节的原材料投入、在制品流转和产品出产，以及设备运转、维修时间消耗等进行的核算。它是检查作业计划执行情况和考核作业计划完成程度的重要手段。它的主要作用是：为编制作业计划提供依据，为进行生产调度工作反馈信息，为开展会计核算和统计核算提供原始资料，反映作业进展。

（1）生产作业核算内容　生产作业核算的内容包括产品及零件的投入量和产出量、投入期和出产期、在制品（包括半成品在内）的占用量、产品或劳务的作业进度（完成的工作量或工序道数）、各个单位和个人完成的工作任务等。它主要是通过一些单、卡、票据等形式的原始凭证来反映的。为满足生产调度工作和会计、统计核算的需要，避免凭证过多或核算数字口径不一，在一个企业内的原始凭证力求统一。在选择作业核算凭证时，需要根据各企业的生产特点、生产类型、核算对象、核算内容等因素，来选择适用、简便、易懂的原始凭证。工业企业常用的凭证有：产量报告表、班组和个人生产记录、加工路线单、工票、领料单、库单、废品通知单、返修通知单等。进行生产作业核算的计量单位，通常是以实物量表示，也可以采用工时和价值表示。

（2）生产作业核算基本程序　先由企业最基层的生产环节（班组或工段）和仓库（原材料库、半成品库），利用一定形式的凭证，以数字和文字对生产作业活动进行直接记载，然后再根据一定的目的，把这些原始资料汇编成各种图表或记入有关台账，做到数字准确，记载及时，账实相符。

（3）生产作业核算方式　按不同的生产类型，基层生产环节有以下几种内部作业核算方式：

1）在大量大批生产工段（班组）中，通常可采用产量报告表作为作业核算的主要方式。具体的做法是，利用产量报告表，根据投入量、在制品盘存数量和废品数量，计算每道工序（或各个工作地）产出合格品的数量。

2）在成批轮番生产工段（班组）中，各工作地的生产任务经常变动，不便采用盘存在制品的方法来核算产出量，或采取产量报告表和加工路线单结合使用的核算方式。加工路线单按每一批产品填制，随同在制品在各工序（或工作地）间流转，每完成一道工序后，送交检查员填写检查结果，用来核算各个工作地的产出量、在制品的流转和储备量。

3）在单件生产工段（班组）中，可采用工票或工票与加工路线单相结合的核算方式。工票按每道工序开出，工序完工后由工人记载，检查员填写检查结果，核算各个工作地的合格品数量。产量报告表和加工路线单，也可以作为单件生产工段（班组）中的作业核算方式。

各不同生产类型的工段（班组），在采用上述作业核算方式时，为了有效地掌握生产情况、控制生产进度、执行生产作业计划，还需要根据工段（班组）的特点，采用个人生产记录、班组生产记录、领料单和入库单等其他凭证来进行企业的生产作业核算。

2. 生产作业核算方法

生产作业核算方法是以生产作业计划规定的计划指标为依据，检查和考核作业计划的完成情况。

(1) 产量计划完成情况核算方法　通过对比实际产量与计划产量，来确定计划期内产量计划完成的程度。计算公式为

$$产量计划完成程度 = \frac{实际产量}{计划产量} \times 100\%$$

这个公式可按单位时间（如一个工作日、一个轮班等）的产量计算，也可按核算日的累计产量计算，用以表示生产进度计划的执行情况。

(2) 品种计划完成情况核算方法　核算品种计划完成情况的指标，一种是按品种数计算品种计划完成的程度，计算公式为

$$按品种数计算品种计划完成程度 = \frac{完成计划产品的品种数}{计划品种数} \times 100\%$$

另一种是按各品种的实际产量计算品种计划完成的程度，计算公式为

$$按产量计算品种计划完成的程度 = \frac{各品种实际产量与计划产量百分比之和}{计划品种数} \times 100\%$$

上式中完成或超额完成计划产量的百分比取为1。例如，某工段2月1日至10日计划装配部件20件，该部件由5种零件组成，生产情况见表8-15。

表8-15　生产计划与实际对照表

零件号	每个部件需要零件数	产量（件）		完成计划（%）
		计划	实际	
1	5	100	104	104
2	4	80	80	100
3	1	20	22	110
4	3	60	57	95
5	2	40	42	105

该工段2月上旬按品种数计算的零件品种计划完成率为

$$4/5 \times 100\% = 80\%$$

按产量计算的零件品种计划完成率为

$$(1.00 + 1.00 + 1.00 + 0.95 + 1.00) \div 5 \times 100\% = 99\%$$

(3) 产品成套计划完成情况核算方法　核算产品成套计划完成情况的指标有以下两个：

1) 成套数指标。成套数指标是指某产品中零件（或部件）实际产量所能配套的产品数量，计算公式为

$$成套数 = \frac{一种产品中实际完成的最少零件（或部件）数}{一种产品中需用该种零件（或部件）数}$$

2) 成套率指标。成套率指标是按计划能实现产品成套的程度，计算公式为

$$成套率 = \frac{实际成套台份数}{计划成套台份数} \times 100\%$$

(4) 生产均衡性情况核算方法　以作业计划规定的生产进度为尺度进行核算。机械生产企业通常采用均衡率指标（一种产品的日或旬均衡率、多种产品的生产均衡率和日历作业计划完成次数的均衡率等）来进行核算，也可用进度对比来衡量企业、车间、工段、班

组的均衡生产水平，即以一个阶段的产量与总体时间的产量进行对比。在计算均衡率时，应把实际产量中超计划部分扣除，以防止超计划部分掩盖未完成计划部分所造成的全面完成作业计划的假象。

3. 加强生产作业核算的措施

1) 建立和健全作业核算的组织机构和人员配备，尤其需要配备好班组和中间仓库这两个基层单位的生产作业核算人员。

2) 建立和健全生产作业核算的工作制度、台账管理制度、考核评比制度等。

3) 以专业人员为主，充分依靠群众开展作业核算工作。

4) 加强业务培训工作，不断提高作业核算人员的责任心和业务水平务求数字准确、及时，并能按生产进度做好分析考核工作，预测生产发展趋向，发现和解决问题，保证作业核算工作的质量。

8.4 制造执行系统

制造执行系统（Manufacturing Execution System，MES）是面向生产过程管理的工业应用系统，是实现智能工厂的核心。这里主要介绍 MES 的主要功能及其在开发实施中的关键技术。

MES 不仅是工厂内部的管理系统，而且在企业的信息集成中起着承上启下的关键作用。作为面向工厂的管理系统，MES 通过生产计划、生产调度、库存管理、质量管理、设备管理、物料跟踪等系统功能，对产品订单、质量、设备、资源等进行全面的动态管理。作为将 ERP 等系统与生产设备的控制系统相连接的神经系统，MES 将来自 ERP 系统的计划信息转化为指令下发到过程控制系统，并从过程控制系统中获得生产实绩数据，向 ERP 系统及时地提供生产实际情况信息。因此，本书针对 ERP 层采用 SAP R3 系统的软件环境，介绍制造执行系统功能与实现上的关键技术，主要内容包括：

1) 在工业企业中，从订单投入到成品完成的整个生产过程是 MES 关注的焦点。结合企业管理实践，主要介绍在 ERP/MES/PCS 的三层结构下，MES 的系统整体架构、功能组成，以及信息集成，实现生产计划体系、物流管理、质量管理，以及原料库、中间库和成品库管理。

2) 在生产过程中，生产计划阶段和作业计划阶段都以生产订单为对象，介绍 ERP/MES/PCS 的三层结构下，生产线 MES 系统设计与实现上的关键技术，以来自 SAP/ERP 系统的订单为主线，包括生产订单的转换与分解、产品与设备的指派、作业计划的制订等功能。

3) 在工业信息化建设过程中，库存管理系统的开发实施是关键性环节。介绍在 ERP/MES/PCS 的三层结构下，库存管理系统设计与实现上的关键技术。通过与 ERP 和 MES 的集成，能够对出库、入库、配货、计量、发运等进行精确管理。

工业企业信息化的三层结构如图 8-2 所示。最上层是面向企业商务和计划的 ERP 系统，中间层是面向生产和执行过程的 MES 系统，最底层是面向生产过程和控制的 PCS 系统。

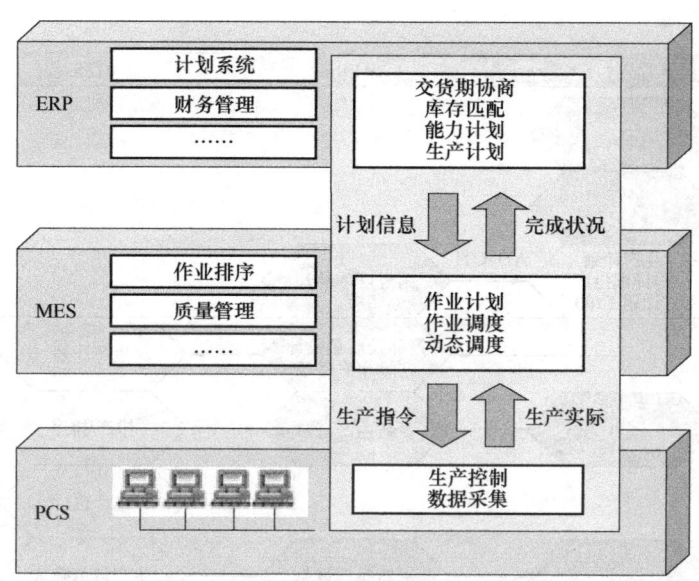

图 8-2 工业企业信息化的三层结构

（1）ERP　ERP 管理的重点是产品的订单、交货期等与顾客紧密相关的内容，作用是管理企业资源和销售服务、制订生产计划，计划期间长度是月、周等，管理范围是整个公司。ERP 的计划系统在整个公司范围内，基于对顾客需求、生产能力平衡以及利润最大化等因素的综合考虑，制订长期和中期生产计划。

（2）MES　MES 包括生产作业计划、生产调度、设备管理、质量管理、物料跟踪等系统；管理的重点是产品生产的执行过程；作用是以分钟或小时为单位平衡整体的生产能力、对产品的制造过程进行跟踪，并介于 ERP 和 PCS 之间进行双方向传递信息；管理范围通常是整个工厂或整条生产线。MES 的计划系统基于工厂内的详细情况，对产品交货期、生产工艺限制、生产顺序优化等进行综合考虑，制订生产作业计划、进行动态生产调度。

（3）PCS　PCS 包括 DCS（分布式控制系统）、DNC（分布式数控系统）、PLC（可编程逻辑控制系统）、SCADA（数据采集与监视系统）等；管理的重点是生产过程的监控；PCS 的作用是以分钟、秒为单位监视生产设备运行，对生产过程进行控制；管理范围通常是某一特定的设备。PCS 通常可以承担数据采集、生产实绩反馈等 MES 的部分工作。

在工业企业中，从订单投入到成品完成的整个生产过程是 MES 关注的焦点。在这个过程中，涉及订单、工艺、质量、设备和生产等各种信息，计划与调度体系起着将这些信息紧密连接在一起的核心作用。因此，图 8-2 所示的三层结构在界定 MES 的范围和位置的同时，把计划与调度体系作为连接 ERP 层、MES 层以及 PCS 层中的各种系统的主线，强调其在企业生产信息循环中的核心作用。

8.4.1　系统架构

SAP 环境下 ERP 系统的整体架构如图 8-3 所示，采用 SAP APO + SAP ERP + MES 系统的模式。

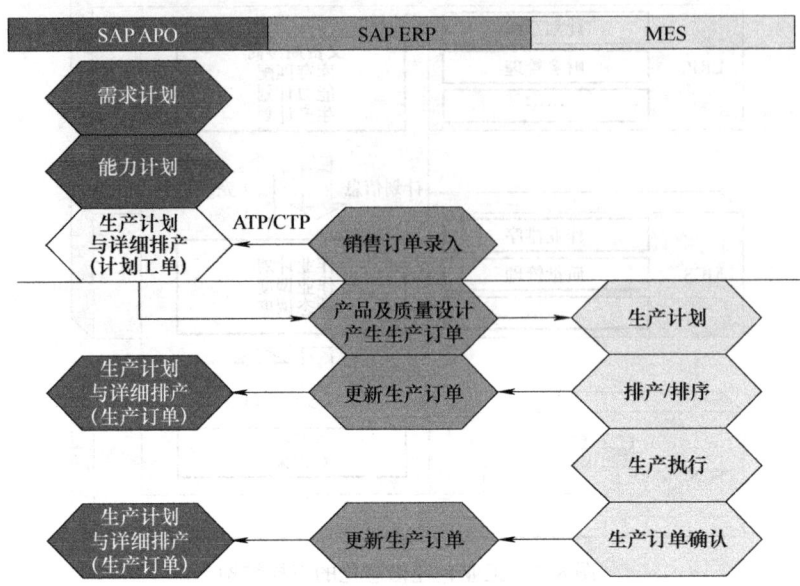

图 8-3　SAP 环境下 ERP 系统的整体架构

8.4.2　系统功能

MES 架构如图 8-4 所示。

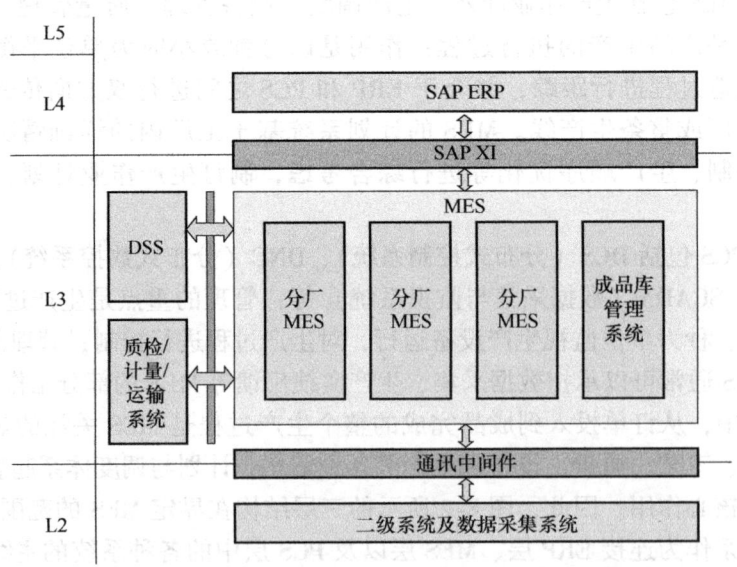

图 8-4　MES 架构

MES 系统包括各个生产厂 MES 和成品库管理系统，在体系结构中处于 L3 级，分别需要与处于 L4 级的 SAP ERP 和处于 L2 级的二级过程控制系统实现信息集成，起着承上启下的作用。同时也需要与同样处于 L3 级的数据支撑系统、质检系统、计量系统和运输系统等实现信息交互。MES 的功能构成如图 8-5 所示。

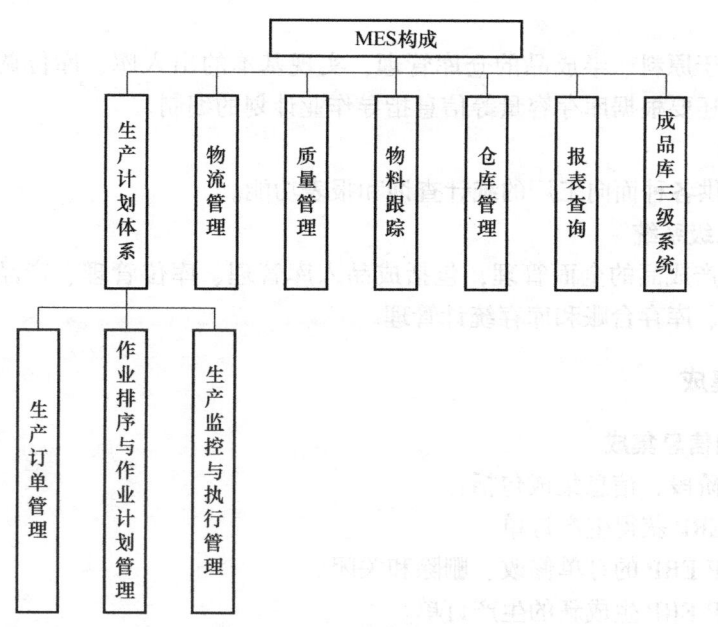

图 8-5 MES 的功能构成

1. 生产计划体系

生产计划体系的功能是 MES 的核心所在,包括生产订单管理、作业排序与作业计划管理、生产监控与执行管理。MES 接受 ERP 的生产订单,进行生产线和机组的作业排序,将作业计划下达到二级系统,监控生产执行过程,实时调整作业计划;MES 从二级系统、质量系统获得生产实绩,进行质量分析和订单匹配;MES 向 ERP 反馈作业计划、订单完成和生产实绩等信息。生产计划体系的功能需要与 ERP 的生产计划体系实现集成,同时也需要与生产线的二级控制系统实现集成。

2. 物流管理

MES 中的物流管理主要包括生产过程中发生的生产投料、生产收货、厂内物料转移、工厂间物料转移、产成品发货等。对于生产过程中的发料和收货等,MES 记录这些信息并反馈给 ERP 系统;对于有 ERP 计划的物流转移,MES 接受转移指令并将执行结果反馈给 ERP 系统;对于成品销售的物流转移,MES 接受发货指令并将执行结果反馈给 ERP 系统;对于其他非 ERP 计划内的物流转移,MES 在发生时反馈给 ERP 系统。

3. 质量管理

MES 从过程控制系统以及质检系统中获取相关的质量数据,并将这些数据与产品、原料的工艺参数进行对比分析。与过程控制系统相结合,在质量数据分析的基础上,将生产控制指令传递给本工序或下一工序的二级系统,对质量偏离进行矫正。对于偏离生产订单的产成品或半成品,基于质量分析的结果进行订单的重新匹配建议,并提示系统重新编制生产作业计划。

4. 物料跟踪

实现面向生产线,基于件次的物料跟踪,记录产品在各工序点的流转过程,以及各工序当前物料的处理状态,形成两维物料跟踪体系,形成生产中完整的物料生命周期档案。

5. 仓库管理

MES 提供对于原料、半成品的仓库管理,实现基本的出入库、库位调度、库存状态调整等功能,同时还要根据库存容量等信息指导作业计划的编制。

6. 报表查询

报表查询提供各种面向工厂的统计查询和报表功能。

7. 成品库三级系统

MES 实现对产成品的全面管理,包括成品入库管理、库位管理、产品定位管理、配货管理、出库管理、库存台账和库存统计管理。

8.4.3 信息集成

1. 生产计划信息集成

在生产计划阶段,信息集成包括:

1)从 SAP ERP 获得生产订单。
2)接受 SAP ERP 的订单修改、删除和关闭。
3)触发 SAP ERP 生成新的生产订单。
4)将生产线作业计划提交给 SAP ERP。
5)将生产线作业计划提交给上一道工序的 MES(DSS)系统。
6)将作业指令下达给各生产线的二级系统。

SAP ERP 系统所实施的计划体系,完成的主要工作包括:制订中长期计划;将销售订单重组合并形成短期计划的生产订单;生产订单的时间单位面向若干天;生产订单内容主要面向产量和交货时间安排;生产订单的组织考虑产能匹配;接收下游生产线生产计划的排定情况,反馈给下游生产线作为其计划编制依据。

在作业计划的编制阶段需要在各生产线之间进行协调,因此下游生产线的作业计划应该提交给 SAP ERP(或者同时直接提交给上游生产线的 MES)。生产计划阶段的 MES 信息集成如图 8-6 所示。

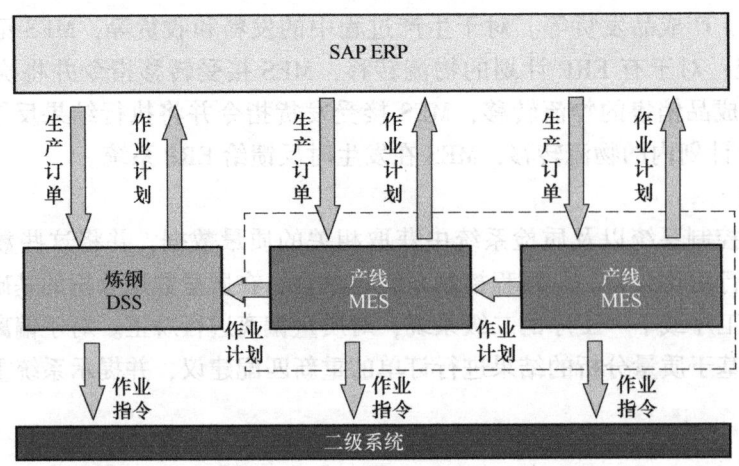

图 8-6 生产计划阶段的 MES 信息集成

2. 生产执行信息集成

在生产执行阶段，信息集成包括：

1）从二级系统采集生产实绩信息。
2）从质量系统获取质量信息。
3）向 SAP ERP 提供生产实绩和订单完成信息。
4）向 SAP ERP 提供生产发料、收货信息。
5）向下游生产线提供生产实绩信息。

在生产执行阶段，下游生产线需要了解上游生产线的生产执行情况，以便在必要时实时调整作业计划。因此，上游生产线需要将生产实绩提供给下游生产线，如图 8-7 所示。有关板材区各生产线生产执行阶段信息集成的具体描述，参见后文中各生产线功能描述。

MES 的仓库管理模块需要从外部的发运系统获取发运计划，以便进行配货装车。

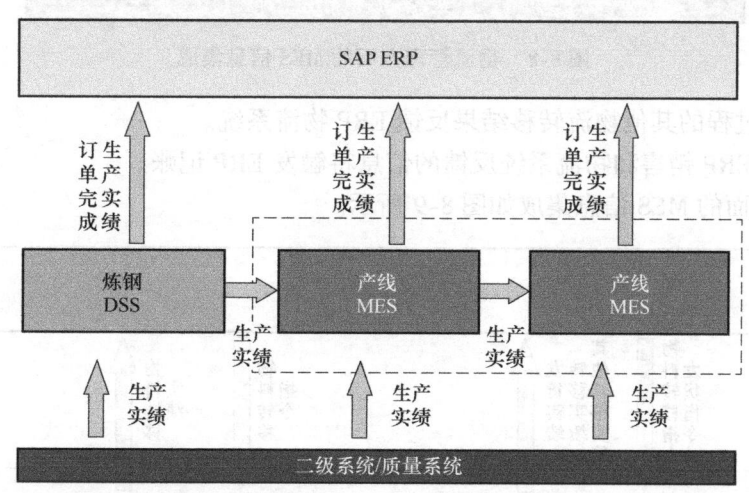

图 8-7　生产执行阶段的 MES 信息集成

3. 物流管理信息集成

在物流管理方面，信息集成包括：

1）从 ERP 物流系统获取物流转移计划。
2）将物流转移结果反馈 ERP 物流系统。
3）将生产过程的其他物流转移结果反馈 ERP 物流系统。
4）MES 向 ERP 物流系统反馈的物流转移信息将触发 ERP 记账。

物流管理方面的 MES 信息集成如图 8-8 所示。

4. 销售发运信息集成

在销售发运方面，信息集成包括：

1）从 ERP 销售系统获取发货指令计划。
2）将发货实绩反馈 ERP 销售系统。
3）接受 ERP 系统的退货入库信息。
4）从 ERP 物流系统获取物流转移计划。
5）将物流转移结果反馈 ERP 物流系统。

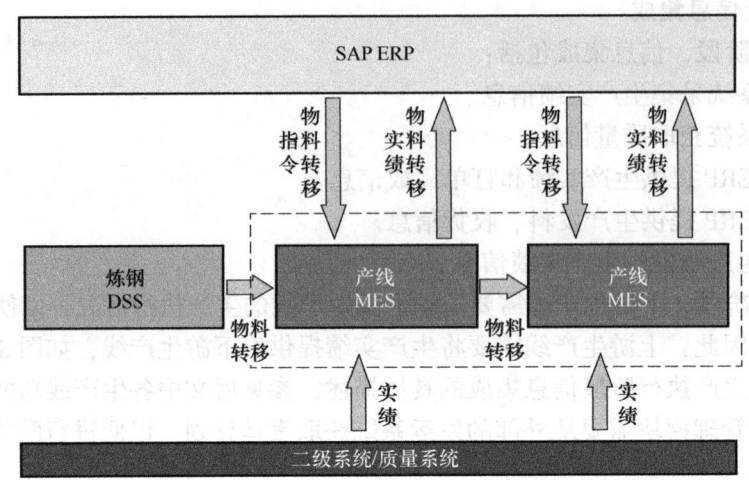

图 8-8 物流管理方面的 MES 信息集成

6）将生产过程的其他物流转移结果反馈 ERP 物流系统。

7）MES 向 ERP 销售和物流系统反馈的信息将触发 ERP 记账。

销售发运方面的 MES 信息集成如图 8-9 所示。

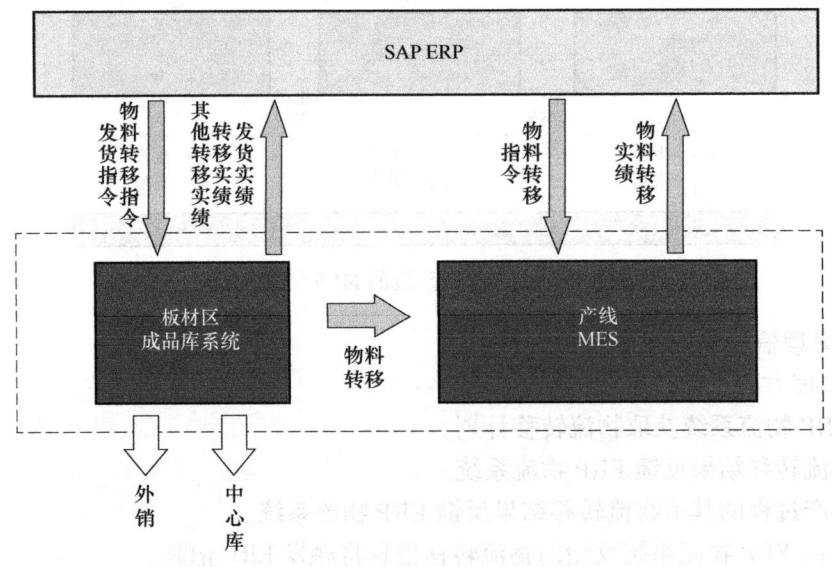

图 8-9 销售发运方面的 MES 信息集成

习题和思考题

1. 生产过程控制的基本任务有哪些？
2. 生产过程控制的主要内容有哪些？
3. 试描述生产过程控制的实施程序？
4. 生产调度的主要任务是什么？
5. 生产调度有哪些工作内容？

6. 生产调度有哪些工作制度？
7. 生产进度控制的主要任务和内容是什么？
8. 试描述平衡线控制法的工作原理。
9. 试描述准时制控制法的工作原理。
10. 什么是在制品？为什么要控制在制品？
11. 在制品控制的标准是什么？
12. 为什么要进行生产作业核算？
13. 生产作业核算的方法有哪些？

拓展案例

阅读引导案例的材料，结合本章所学内容，思考如下问题：

设计"阿庆嫂茶馆"的服务人员轮班方案，并与原方案进行比较分析（可对案例进行补充，包括各种前提假设，通过亲自调查得到有关数据资料，如顾客人数的时间分布情况、人工工资水平等?）

第 9 章
生产管控模式探讨

 学习内容

1. 了解准时生产的内涵。
2. 学习精益生产的思想。
3. 了解敏捷制造的内容。

 重点难点

重点：准时生产、精益生产和敏捷制造的相关理论知识。
难点：约束理论的理解与应用。

 **引导案例**

一汽大众变速车厂始建于 1989 年 10 月，其生产从日本日野公司引进的 LF06S 六档同步变速箱，并配装解放 CA141 载货车。一汽大众变速车厂在引进产品的同时引进了先进的管理模式，但是曾因管理未能及时到位，一度造成生产被动，导致产品的质量不佳，效益不理想。

一汽大众学习丰田生产方式中的管理理念，并结合厂区的具体情况开展准时化生产，同时运用多种管理方法，做到以必要的劳动确保必要的时间，生产必要数量的必要工件，从而杜绝企业的超量生产，消除企业中的无效劳动和浪费，实现企业少投入多产出的目的。

一汽大众准时生产的特点：①目标明确，系统性强，围绕提高产品质量、降低成本、满足市场需求的目标，进行配套设计；②采用精益生产拉动式生产组织方式，以市场需求为目标组织生产；③向工序之间在制品为 0 进军；④实行一人多机操作，实行 U 形生产设备布置，大大提高劳动生产率；⑤工具定置集配，精度刀具强制换刀与跟踪管理；⑥现场管理强调观念更新，建立以生产现场为中心、生产工人为主体、车间主任为首的三为管理体制；⑦一切后方部门围绕准时生产服务，使生产不停地创造附加价值；⑧生产现场实行 5S 管理活动，整顿、整理、清扫、清洁等；⑨实行"三自一控"创合格，深化工艺、五不流和产品创优的管理体系。

一汽大众准时生产项目实施效果：在 2019 年经过 1 年多的实践，准时生产方式使工厂面貌产生巨大变化。生产能力大幅度提高，产品质量稳步提高，市场占有率大幅度提高。精益生产准时生产方式提高了企业整体素质，改变了旧的管理作风，管理工作效率大幅度提高。

9.1 准时生产

9.1.1 准时生产方式概述

1. 准时生产方式的由来

准时生产方式（Just In Time，JIT），在1953年由日本丰田汽车公司的副总裁大野耐一提出，是日本丰田汽车公司创立的一种独特的生产方式。它是指企业生产系统的各个环节、工序只在需要的时候，按需要的量，生产出所需要的产品。它的基本思想是只在必要的时间，按必要的数量，生产必要的产品。JIT系统的核心是追求一种零库存、低成本的生产系统。

2. 准时生产方式的目标

精益生产方式的研究专家门田安弘教授曾经指出，准时化生产方式的总体目标就是要实现全公司整体性的利润。这种"整体性的利润"，要求站在全公司的角度，把各部门对提高全公司总体经营成绩的贡献作为评价对象。如果各部门都在各自的小范围内实现生产合理化、降低成本、提高生产率，就不能增加全公司的利润，精益生产方式也被认为是毫无意义的。精益生产方式的这个总体目标体现了系统科学理论的基本思想，即"系统功能总体最优"的思想，其目标体系如图9-1所示。

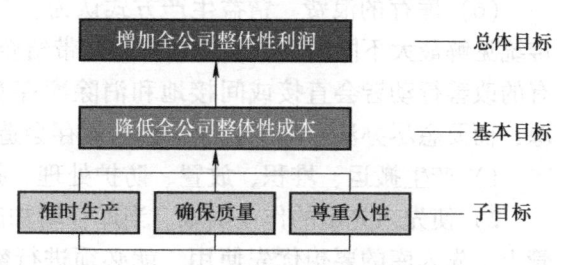

图9-1 准时制生产方式的目标体系

为了实现"增加全公司的整体性利润"这个总体目标，在"全公司范围内彻底降低成本"就成为准时生产方式的最基本目标。这里所指的成本不仅包括制造成本，还包括库存成本、资本成本、销售成本、管理成本等。

3. 准时生产方式的基本思想

要实现准时制生产方式的目标，无疑要彻底消除各种不合理的成分，杜绝库存过量和人员过剩等的浪费。消除浪费是准时化生产的起点。JIT强调消除生产中的一切浪费，其中包括过量生产、部件与操作者的移动和等待时间、劣质品的制造、物料储存过多等。准时生产是在正确时间、正确地点做正确的事情，以期达到零库存、无缺陷、低成本的理想生产模式。它的理想目标是6个"零"和1个"一"，即零缺陷、零储备、零库存、零搬运、零故障停机、零提前期和批量为一。"无浪费"是丰田生产方式和管理方法的核心。

"凡是超过增加产品价值所必需的绝对最少的物料、机器和人力资源的部分，都是浪费。"在精益生产中可以将浪费分为七类：

（1）等待的浪费　等待就是闲着没事，等着下一个动作的来临。造成等待的原因通常有作业不平衡、安排作业不当、停工待料、品质不良等。

（2）搬运的浪费　大部分人皆会认同搬运是一种无效的动作，也有人会认为搬运是必需的动作，因为没有搬运，不能做下一个动作。正因如此，大多数人默认它的存在，而不设法消除它。有些人想到用输送带的方式来克服搬运的浪费，这种方式仅能称为花大钱减少体力的消耗，但搬运本身的浪费并没有消除，反而被隐藏了起来。搬运的浪费若分解开来，又包含放置、堆积、移动、整理等动作的浪费。

（3）不良品的浪费 在产品制造过程中，任何不良品的产生，皆造成材料、机器、人工等的浪费。任何修补都是额外的成本支出。精益生产方式能及早发掘不良品，容易确定不良的来源，从而减少不良品的产生。

（4）动作的浪费 要达到同样作业的目的，会有不同的动作，哪些动作是不必要的呢？是不是要拿上、拿下，动作如此频繁？是否必须有反转的动作、步行的动作、弯腰的动作、对准的动作、直角转弯的动作等？若设计得好，有很多动作皆可被省掉！在管理理论中，专门有一种"动作研究"，但实施起来比较复杂，我们完全可以用上述基本思想，反思一下在日常工作中有哪些动作不合理？如何改进？

（5）加工的浪费 在制造过程中，为了达到作业的目的，有一些加工程序是可以省略、替代、重组或合并的。若是仔细地加以检查，我们将发现，又有不少浪费等着去改善。

（6）库存的浪费 精益生产方式认为："库存是万恶之源。"这是丰田对浪费的见解与传统见解最大不同的地方，也是丰田能带给企业很大利益的原动力。精益生产方式中几乎所有的改善行动皆会直接或间接地和消除库存有关。精益生产方式为什么将库存看作万恶之源，而要想尽办法来降低它呢？因为库存会造成下列浪费：

1）产生搬运、堆积、放置、防护处理、找寻等浪费。

2）使先入先出的作业困难。当库存增加时，以铜管为例，新入厂的铜管压在原来的铜管上，先入库的要想优先使用，就必须进行额外搬运。如果为了省事，先使用新入厂的铜管，原来的铜管长期放置会带来质量等一系列问题的发生。

3）损失利息及管理费用。当库存增加时，用于生产经营活动的资金会大量沉淀在库存上，不仅造成库存所占资金增大，还会增加库房的管理费用。

4）物品的价值会降低，变成呆滞品。当库存增加时，库存量会大于使用量，甚至会造成长期积压，特别是当产品换型时，这种问题可能会显得更加严重。

5）占用厂房空间，造成多余的工厂、仓库建设投资的浪费。当库存增加时，就需要额外增加放置场所。

6）设备能力及人员需求的误判。由于库存的存在，设备能力不平衡时也看不出来（库存越多，越不容易看出来），人员是否过剩，也无法了解。由于有较多的库存，供应部门需要增加人员，制造一线需要更多的人员来生产产品用于补充库存，需要增添设备来保证生产库存所需要的设备能力，从而形成新一轮的浪费。

（7）制造过多（早）的浪费 制造过多（早）的浪费，在丰田被视为最大的浪费。精益生产方式强调的是"适时生产"，也就是在必要的时候，生产出必要的数量的东西。

4. JIT 的体系

JIT 的体系一般包括三个方面的内容：JIT 的结构体系、推拉式生产系统、JIT 的基本手段。

（1）JIT 的结构体系 JIT 的结构体系如图 9-2 所示。

第9章 生产管控模式探讨

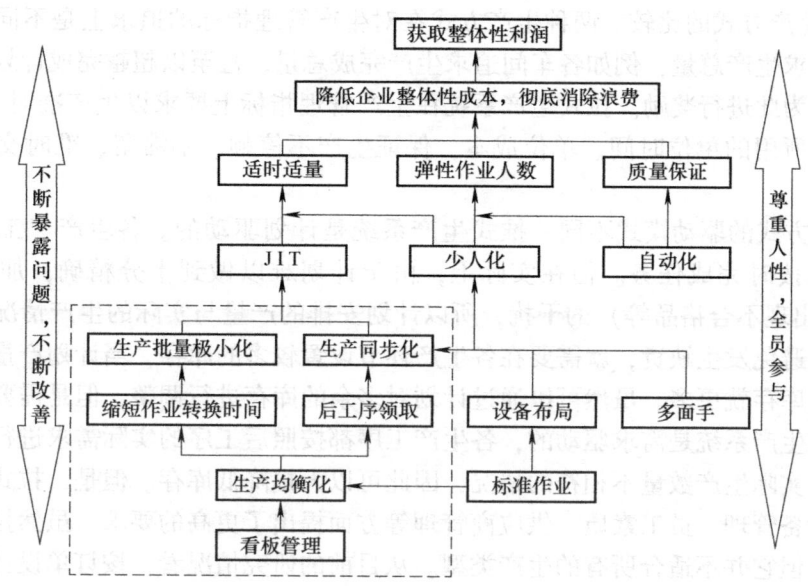

图 9-2 JIT 的结构体系

（2）推拉式生产系统

1）推式生产系统。这种方式是由一个计划部门根据市场需求，按零部件展开，计算出每种零部件的需要量和各生产阶段的生产提前期，确定每个零部件的投入出产计划，按计划发出生产和订货指令，如图 9-3 所示。

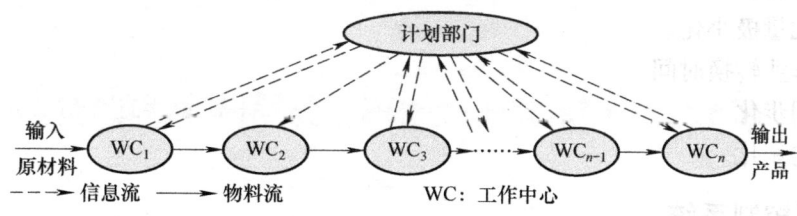

图 9-3 推式生产系统

2）拉式生产系统。拉式生产系统是指一切从市场需求出发，根据市场需求来组装产品，借此拉动前面工序的零部件加工。每个生产部门、工序都根据后向部门以及工序的需求来完成生产制造，同时向前向部门和工序发出生产指令。在拉式生产方式中计划部门只制订最终产品计划，其他部门和工序的生产是按照后向部门和工序的生产指令来进行的。根据"拉动"方式组织生产，可以保证生产在适当的时间进行，并且由于只根据后向指令进行，因此生产的量也是适当的量，从而保证企业不会为了满足交货的需求而保持高水平库存产生浪费，如图 9-4 所示。

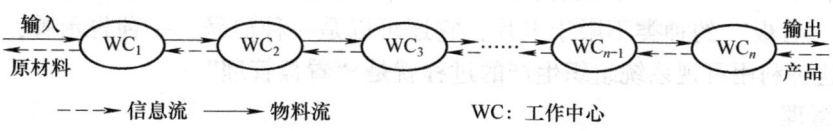

图 9-4 拉式生产系统

3）两种生产方式的比较。两种生产方式在对生产管理指标的追求上是不同的。推式生产系统通常追求生产总量，例如各车间追求生产完成总量，甚至以超越完成计划为荣，很多企业可能还会为此进行奖励。拉式生产系统在生产管理指标上要求以生产准时为第一目标，其次追求生产所用的单位时间、单位成本，保证生产不停顿、不滞留、准时交货，追求零库存。

两种生产方式的驱动模式不同。推式生产系统是计划驱动的。各生产"工序"都按生产计划的要求按时完成任务。但在实际上，由于计划难以做到十分精确，加上随机因素（设备故障、出现不合格品等）的干扰，所以计划安排的产量与实际的生产情况总是有较大的出入。为了避免发生缺货，就需要在各生产环节设置较多的库存，当计划产量大于实际需求时，积压的库存就更多。虽然可以通过计划对多余的库存进行调整，但是需要等到下一个计划期。拉式生产系统是需求驱动的，各生产工序都按照后工序的实际需求进行生产，不存在计划数量与实际生产数量不相符的情况，因此可以大幅降低库存。但是，拉式生产系统对质量管理、设备管理、员工素质、供应商管理等方面提出了更高的要求。虽然拉式生产系统有很多优点，但它并不适合所有的生产类型。从目前的研究情况看，按订单设计和制造的单件小批生产类型和项目式生产类型，如造船、重型机械等，就难以采用这种生产方式。不过，由丰田生产方式引发的精益生产哲理，可以在各种生产企业中应用。

（3）JIT 的基本手段

1）适时适量生产。
2）弹性配置作业人数。
3）质量保证。
4）生产批量极小化。
5）缩短作业转换时间。
6）生产同步化。
7）生产均衡化。

9.1.2 看板控制系统

丰田汽车公司在采用拉式生产系统进行计划与控制的过程中，生产指令仅下达到总装线，并通过后道工序向前道工序领取物料，逐渐将需求信息从生产过程的下游传向上游。那么如何使需求信息准确、无误、迅速、简明地进行传递呢？丰田汽车公司采用了一种"卡片"，该卡片能够明确地表示出"何工序何时需要何数量的何种零部件"等信息。后道工序的作业人员在领取物料时，将这种卡片传递给前道工序，前道工序的作业人员按照卡片上的信息进行生产。这样就通过卡片将生产过程中的每一道工序连接起来，有效地控制了生产过程。

由于"卡片"一词的日文写法就是"看板"，因此把传递生产信息的这种卡片称为"看板"。当然，"看板"的种类不限于卡片，它还可以是一种信号、一种告示牌，总之是一种可视系统。这种利用可视系统组织生产的过程就是"看板管理"。

1. 看板管理

看板管理方法是在同一道工序或者前后工序之间进行物流或信息流的传递。JIT 是一种拉式管理方式，它需要从最后一道工序通过信息流向上一道工序传递信息，这种传递信息的载体就是看板。没有看板，JIT 是无法进行的。因此，JIT 生产方式有时也被称作看板生产方式。

看板管理不等同于准时生产：准时生产是一种生产组织方式；看板管理则是生产控制与调节方式，是准时生产的外在表现形式。

看板管理是一种生产现场物流控制系统，它是通过看板的传递或运动来控制物流的一种方法。看板及其使用规则，构成了看板控制系统。

2. 看板的形式

看板的形式有很多，常见的如下：

1）塑料夹内装的卡片或类似的标识牌。
2）运送零件的小车。
3）工位器具或存件箱上的标签。
4）指示部件吊运场所的标签。
5）流水生产线上各种颜色的小球或信号灯、电视图像等。

3. 看板的分类

看板主要分为传送看板、生产看板和临时看板，具体分类如图 9-5 所示。

（1）传送看板　传送看板用于指挥零件在前后两道工序之间的移动，分为工序间看板和外协看板两种。工序间看板主要用在工厂内部，是后工序到前工序领取所需的零部件时使用的看板。外协看板与工序间看板类似，只是前工序是外部的协作厂家。

一般的传送看板主要包含"零件号""容器容量""看板号""供方工作地号""供方工作地出口存放处号""需方工作地号""需方工作地入口存放处号"等。典型的传送看板如图 9-6 所示。

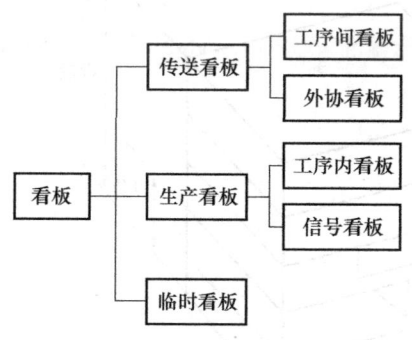

图 9-5　看板的分类

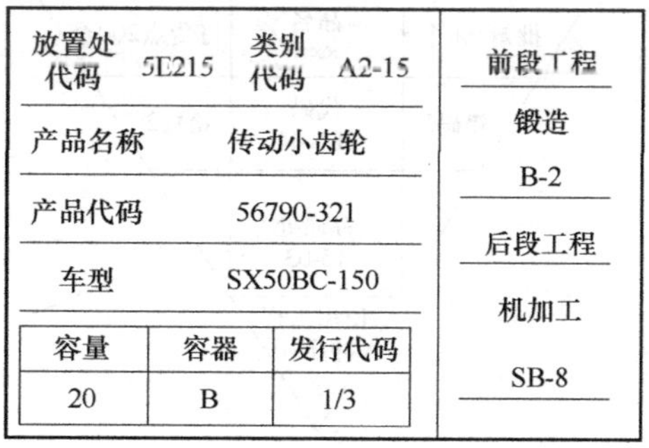

图 9-6　典型的传送看板

当放置零件的容器从上道工序的出口存放处运送到下道工序的入口存放处时，传送看板就附在该容器上。当下道工序开始使用其入口存放处容器中的零件时，传送看板就被取下，放在看板盒中。当下道工序需要补充零件时，传送看板就被送到上道工序的出口存放处相应的容器上，同时将该容器上的生产看板取下，放在生产看板盒中。因此，传送看板的主要作用是指挥零件在上道工序的出口存放处与下道工序的入口存放处之间进行往返运动。

（2）生产看板　生产看板用于指挥工作地的生产，它相当于工作指令，规定了所生产的零件及其数量。生产看板分为工序内看板和信号看板。一般的生产看板通常包括以下信息："要生产的零件号""容器的容量""供方工作地号""供方工作地出口存放处号""看板号""所需的物料""所需零件的简明材料清单""供给零件的出库存放处位置",以及一些其他信息。

工序内看板如图 9-7 所示,是各工序进行加工时所用的看板,它只在工作地和它的出口存放处之间往返。

信号看板如图 9-8 所示,是在不得不进行成批生产的工序所使用的看板。例如,树脂成型工序、模锻工序等。信号看板挂在成批制作出的产品上。当该批产品的数量减到基准数时摘下看板,送回到生产工序,然后生产工序按该看板的指示开始生产。例如,在图 9-8 中,三角形看板挂在一批(共五箱)零件的第四箱上(从上往下数)。它指示第 10 号冲压工序当后工序领取该零件至第四箱时,开始生产 500 个(另一批量)该种零件,即该种零件的"订货点"是两箱零件或是第 200 个零件。在第三箱上附着的长方形信号看板就是请求材料看板,它指示第 10 号冲压工序当后工序开始领取第三箱零件时,必须前往 25 号物料存储处,领取 500 个(一批量)钢板,即该材料的订货点是三箱零件或 300 个零件。另外,零部件出库到生产工序,也可利用信号看板来进行指示配送。

放置处代码	F26-18	类别代码	A5-34	工程名称
产品名称		曲轴		
产品代码		56790-321		机加工
车型		SX50BC-150		SB-8

图 9-7 工序内看板

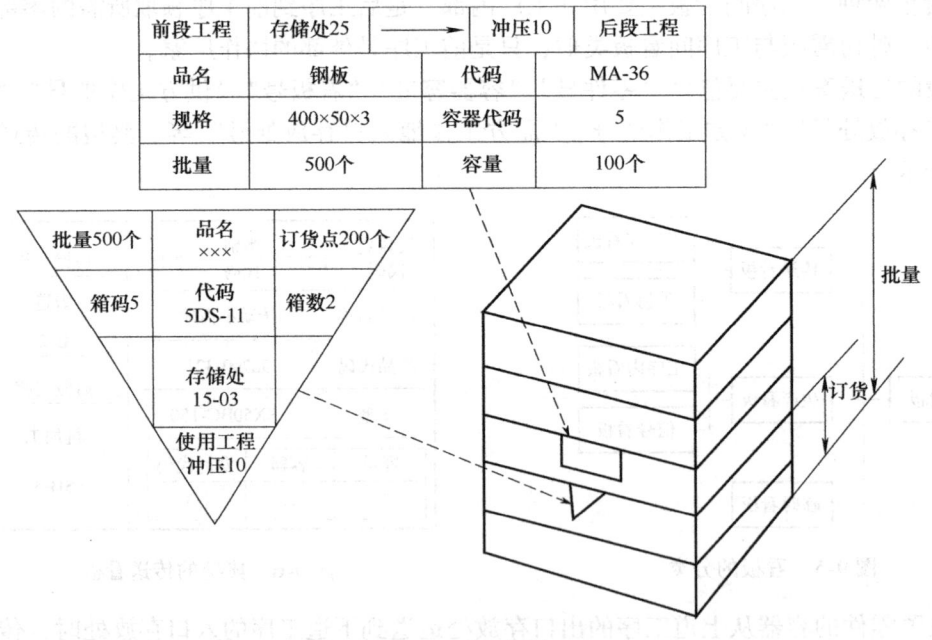

图 9-8 信号看板

当需方工作地转来的传送看板与供方工作地出口存放处容器上的生产看板对上号时,生产看板就会被取下,放入生产看板盒内。该容器(放满零件)连同传送看板一起被送到需方工作地的入口存放处。工人按顺序从生产看板盒内取出生产看板,并按生产看板的规定,从该工作地的入口存放处取出要加工的零件,加工完规定的数量之后,将生产看板挂到容器上。

(3)临时看板　临时看板是在进行设备维护、设备修理、完成临时任务时所使用的看板。它通常在作业量之外,使用的主要目的是不造成整个工程的混乱。

4. 用看板组织生产的过程

为了简便起见，假设整个生产过程只有三个工作中心，其中3#工作中心为装配中心。用看板组织生产的过程如图9-9所示。

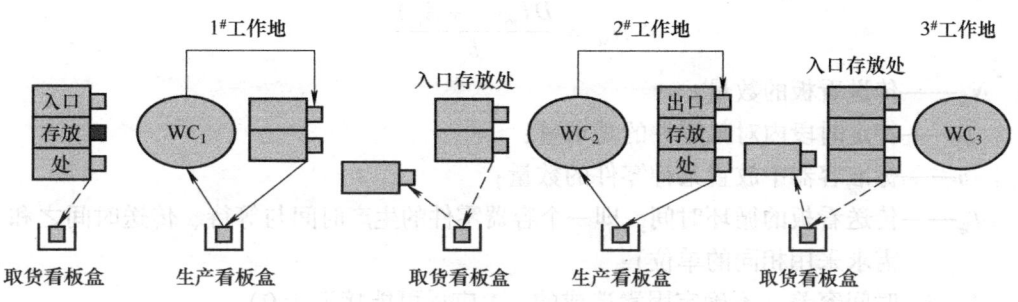

图9-9 用看板组织生产的过程

在图9-9中，假设产品装配是按照计划进行的。进行看板管理要采取以下步骤：

1）当某产品需要进行装配时，3#工作中心就会发出传送看板，工作人员按传送看板上显示的供方工作中心及出口存放处编号，就可以找到存放所需零件或部件的容器。此时，工作人员将容器上挂着的生产看板取下，放到2#工作中心的生产看板盒中，并将传送看板挂到该容器上，将容器运到3#工作中心的入口存放处相应的位置，供装配使用。

2）2#工作中心的工作人员从生产看板盒中取出一个生产看板，按生产看板的规定，到2#工作中心的入口存放处找到放置所需零件或部件的容器，从中取出零部件进行加工。同时，工作人员将该容器上的传送看板放入2#工作中心的传送看板盒中，当生产的数量达到标准容器的要求时，则将生产看板挂在该容器上，将该容器放置于2#工作中心的出口存放处规定的位置。

3）同样，2#工作中心的传送看板送到1#工作中心的出口存放处，取走相应的零件。按同样的方式，逐步向前推进，直到原材料或其他外购件的供应地点。

当然，采用卡片并不是进行看板管理的唯一工具。有些公司还会采用传递彩色乒乓球或高尔夫球、空容器、地面空格标志、信号标志等方法组织生产，其基本原理与卡片式的看板管理是相似的。

5. 用看板控制物流的全过程

用看板控制物流的全过程如图9-10所示。

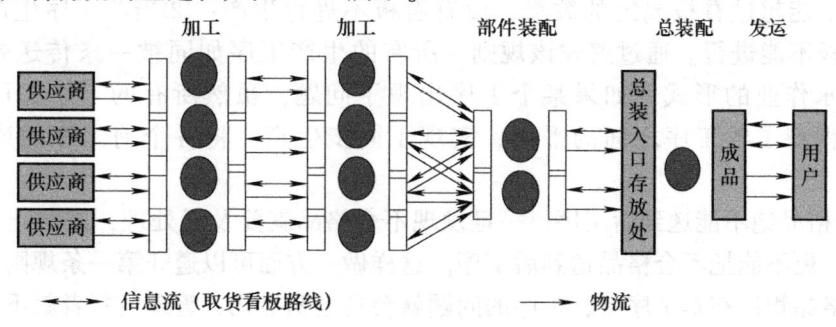

图9-10 用看板控制物流的全过程

6. 看板数量的计算

看板数量代表了前后两个"工序"之间来回流动的物料容器数,每个容器放置的零件数代表了最小供应批量。因此,看板数量(容器数)直接控制着系统中在制品的库存数,在进行看板管理过程中必须计算出来。尽管各个看板系统有所不同,但是看板数量的计算方法基本一致,可以通过以下公式计算看板数量。

$$N_m = \frac{DT_w(1+A_w)}{b}$$

式中 N_m——传送看板的数量;
      D——特定时段内对某零件的需求量;
      b——标准容器中放置某种零件的数量;
      T_w——传送看板的循环时间,即一个容器零件的生产时间与等待、传送时间之和(与需求采用相同的单位);
      A_w——时间容差(不确定因素造成的,A 应尽可能接近于 0)。

例 9-1 某产品装配线对某零件的需求量 $D=40$ 件/h,标准容器放置该零件的数量为 $b=20$ 件,T_w 为 1h,A_w 为 0.2。求所需传送看板的数量。

解:采用以上公式,可以得到:

$$N_m = \frac{40 \text{ 件} \times 1 \times (1+0.2)}{20} = 2.4(\text{取 }3)$$

例 9-1 向上取整,取 3,表示系统中有 3 个容器的在制品在流转。向上取整会令系统装配时间变得较松散,向下取整则使系统装配时间变紧。通常都用向上取整,以使系统具有一定的安全库存。

由此可见,看板系统并不能实现零库存。但是,它可以适当增加或减少看板的数量,控制系统中的在制品数量。

7. 实施看板管理的规则

采用看板方式组织生产要遵循以下规则:

1) 后工序必须在必要的时候,只按必要的数量,从前工序领取必需的物品。在看板管理中,要特别注重领取物品的时间与数量,同时,为了防止后工序任意领取,有必要将规则细化,因此附加了三个规则:①如果没有看版,领取一概不能进行;②超过看板数量的领取一概不能进行;③看板必须附在实物上。

2) 前工序仅按被后工序领取的物品和数量进行生产。该规则还有两条附加规则:①生产数量不能超过看板规定的数量,没有看板不进行生产;②当前工序生产多种零件时,没有看板不能进行。通过遵守该规则,所有的生产工序如同被一条传送带连接,形成了一种流水作业的形式。如果某个工序出现了问题,虽然所有的工序都可能停止生产,但至少保持了各工序之间的平衡,实现了同步生产,将各个前工序的库存控制在最小限度。

3) 不合格品绝不能送到后工序。一旦发现不合格品就要及时处理,以防止对不合格品再继续制造,更不能把不合格品送到后工序。这样做一方面可以遵守第一条规则,另一方面如果有不合格品积压在本工序中,工序的问题就会马上明显化,管理监督者就不得不制定防止再发生的对策。

4）把看板数量减少到最低限度。看板的数量表示某种零件的最大库存量，所以有必要把它控制在最低限度。有计划地主动减少看板，可以及时发现问题，并找出原因。不断减少看板数量，能使现场的改善活动不断进行。

5）通过看板对生产进行微调。看板的主要功能之一是作为生产和搬运的指令。因此，在采用看板的时候，不需要提供如工作计划表、搬运计划表这样的信息，仅用看板作为生产和搬运指示的信息，作业者只依赖于看板进行作业。

9.2 精益生产

9.2.1 精益生产的起源

20世纪初，从美国福特汽车公司创立第一条汽车生产流水线以来，大规模的生产流水线一直是现代工业生产的主要特征。大规模生产方式是以标准化、大批量生产来降低生产成本，提高生产效率的。这种方式适应了美国当时的国情。汽车生产流水线的产生，一举把汽车从少数富豪的奢侈品变成了大众化的交通工具。美国汽车工业也由此迅速成长为美国的一大支柱产业，并带动和促进了包括钢铁、玻璃、橡胶、机电以至交通服务业等在内的一大批产业的发展。大规模流水生产在生产技术以及生产管理史上具有极为重要的意义。但是第二次世界大战以后，社会进入了一个市场需求向多样化发展的新阶段，相应地要求工业生产向多品种、小批量的方向发展，单品种、大批量的流水生产方式的弱点就日渐明显了。为了顺应这样的时代要求，由日本丰田汽车公司首创的精益生产，作为多品种、小批量混合生产条件下的高质量、低消耗进行生产的方式在实践中摸索、创造出来了。

1950年，日本的丰田英二考察了美国底特律的福特公司的轿车厂。当时这个厂每天能生产7000辆轿车，比日本丰田汽车公司一年的产量还要多。但丰田英二在他的考察报告中却写道："那里的生产体制还有改进的可能"。

第二次世界大战后的日本经济萧条，缺少资金和外汇。怎样建立日本的汽车工业？照搬美国的大量生产方式，还是按照日本的国情，另谋出路，丰田汽车公司选择了后者。日本的社会文化背景与美国是大不相同的，日本的家族观念、服从纪律和团队精神是美国人所没有的。日本没有美国那么多的外籍工人，也没有美国人的生活方式所形成的自由散漫和个人主义的泛滥。日本的经济和技术基础也与美国相差甚远。日本当时没有可能全面引进美国成套的设备来生产汽车，而且日本当时所期望的生产量仅为美国的几十分之一。"规模经济"法则在这里面临着考验。

丰田英二和他的伙伴大野耐一进行了一系列的探索和实验，根据日本的国情，提出了解决问题的方法。经过30多年的努力，终于形成了完整的丰田生产方式，使日本的汽车工业超过了美国，产量达到了1300万辆，占世界汽车总量的30%以上。

在电子、计算机、飞机制造等工业中。丰田生产方式是日本工业竞争战略的重要组成部分，它反映了日本在重复性生产过程中的管理思想。丰田生产方式的指导思想是，通过生产过程整体优化，改进技术，理顺物流，杜绝超量生产，消除无效劳动与浪费，有效利用资源，降低成本，改善质量，达到用最少的投入实现最大产出的目的。

日本企业在国际市场上的成功，引起西方企业界的浓厚兴趣。西方企业家认为，日本在生产中所采用的方式是其在世界市场上竞争的基础。20世纪80年代以来，西方一些国家很重视对丰田生产方式的研究，并将其应用于生产管理。

精益生产（Lean Production，LP）是麻省理工学院国际汽车项目组的研究者给日本汽车工业的生产方式起的名称。之所以用"Lean"这个词，是因为与大量生产相比，精益生产只需要一半的人员、一半的生产场地、一半的投资、一半的工程设计时间、一半的新产品开发时间和少得多的库存，就能生产质量更高、品种更多的产品。

9.2.2　精益生产的含义

精益生产既是一种原理，又是一种新的生产方式。其中"精"，表示少而精、质量高；"益"，表示成本低、零库存。精益生产方式是指运用多种现代管理方法和手段，以社会需要为依据，以充分发挥人的积极性为根本，有效配置和合理使用企业资源，以彻底消除无效劳动和浪费为目标，最大限度地为企业谋取经济效益的生产方式。

精益生产方式致力于追求七个"零"极限目标：①零切换（指作业切换时间）浪费；②零库存；③零浪费（JIT的七种浪费，特别是生产过剩的浪费）；④零缺陷；⑤零故障；⑥零停滞；⑦零灾害。

精益生产方式的核心思想就是追求零库存和快速应对市场变化。

9.2.3　精益生产的基本原理

精益生产的基本原理如图9-11所示。

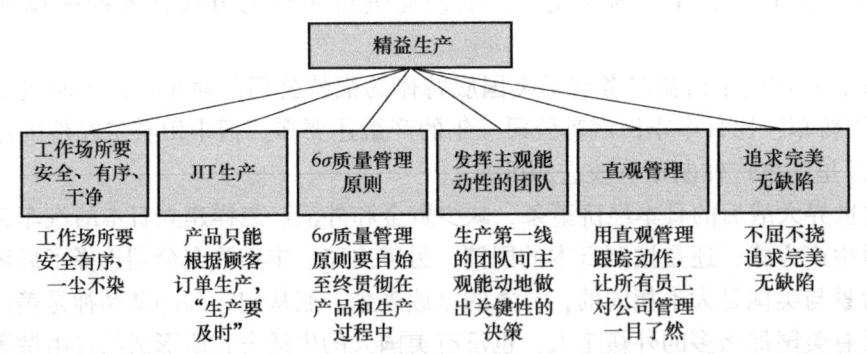

图9-11　精益生产的基本原理

1）在生产系统方面，一反大量生产方式下的作业组织方法，以作业现场具有高度工作热情的"多面手"（具有多种技能的工人）和独特的设备配置为基础，将质量控制融合到每一道生产工序中去；生产起步迅速，能够灵活敏捷地适应产品的设计变更、产品变换，以及多品种混合生产的要求。

2）在零部件供应系统方面，采取与大量生产方式截然不同的方法，在运用竞争原理的同时，与零部件供应厂家保持长期稳定的全面合作关系，包括资金合作、技术合作，以及人员合作（派遣、培训等），形成一种"命运共同体"，并注重培养和提高零部件供应厂家的技术能力和技术开发能力，使零部件供应系统能够灵活敏捷地适应产品的设计变更，以及产品变换。进一步通过管理信息系统的支持，使零部件供应厂家共享企业的生产管理信息，从而保证及时、准确地交货。

3）在产品的研究与开发方面，以并行工程和团队工作方式为研究开发队伍的主要组织形式和工作方式，以"主查"负责制为领导方式。在一系列开发过程中，强调产品开发、设计、工艺、制造等不同部门之间的信息沟通和同时并行开发。这种并行开发还扩大至零部件供应厂家，充分利用它们的开发能力，促使它们从早期开始参加开发，由此大大缩短开发周期和降低成本。

4）在流通方面，与顾客、零售商及批发商建立一种长期的关系，使来自顾客、零售商及批发商的订货与工厂的生产系统直接挂钩，销售成为生产活动的起点；极力减少流通环节的库存，并使销售和服务机能紧密结合，以迅速、周到的服务来最大限度地满足顾客的需要。

5）在人力资源的利用上，形成一套劳资互惠的管理体制，并一改大量生产方式中把工人只看作一种"机器的延伸"的机械式管理方法，通过 QC 小组（在生产或工作岗位上从事各种劳动的职工，围绕企业的经营战略、方针目标和现场存在的问题，以改进质量、降低消耗，提高人的素质和经济效益为目的组织起来，运用质量管理的理论和方法开展活动的小组）、提案制度、团队工作方式、目标管理等一系列具体方法，调动职工进行"创造性思考"的积极性，并注重培养和训练工人以及各级管理人员的多方面技能，最大限度地发挥和利用企业组织中每一个人的潜在能力，由此提高职工的工作热情和工作兴趣。

6）从管理理念上说，总是把现有的精益生产方式、管理方式看作改善的对象，不断地追求进一步降低成本、降低费用、质量完美、缺陷为零、产品多样化等目标。这样的极限目标虽然从理论上来说是不可能实现的，但这种无穷逼近的不懈追求却可以不断产生意想不到的效果，即不仅使"白领阶层"，而且使大部分"蓝领阶层"的职工也提高了对工作的热情和兴趣，让他们在工作中感受到了成功的喜悦。由此带来的则是质量和生产率的不断提高。

9.2.4 精益企业

精益企业是指产品必须精益求精，生产装配并行且响应速度快，工厂布置尽可能少地占用并最有效地利用土地和空间，全新的组织以及人际关系，环境污染小的企业。

传统企业与精益企业的文化差异见表 9-1。

表 9-1 传统企业与精益企业的文化差异

传 统 企 业	精 益 企 业
1. 命令自上而下，责任主要在上级领导 2. 因为介入有限，员工情绪受到挫折 3. 不主动去改进 4. 很少交流公司的目标和运作 5. 员工或专业人员的满意程度有限 6. 各功能部门之间的界限分明	1. 由下层做出决定 2. 员工参与、承诺、参加、有自豪感 3. 精益求精 4. 公司的目标和运作广泛交流 5. 工作让员工和专业人员满意 6. 各功能部门之间没有界限

9.2.5　5S 管理

5S 管理源于日本，是指在生产现场中对人员、机器、材料、方法等生产要素进行有效的管理。这是日本企业独特的一种管理办法。1955 年，日本 5S 管理的宣传口号为"安全始于整理整顿，终于整理整顿"。当时只推行了前两个 S，其目的是确保作业空间的充足和安全。到了 1986 年，日本 5S 著作逐渐问世，从而对整个现场管理模式起到了冲击作用，并由此掀起了 5S 热潮。

日本的企业将 5S 运动作为管理工作的基础，推行各种品质的管理手法。第二次世界大战后，产品品质得以迅速提升，奠定了日本经济大国的地位，而在丰田汽车公司的倡导、推行下，5S 在塑造企业的形象、降低成本、准时交货、安全生产、高度的标准化、创造令人心旷神怡的工作场所、现场改善等方面发挥了巨大作用，逐渐被各国的管理界认识。随着世界经济的发展，5S 已经成为工厂管理的一股新潮流。5S 广泛应用于制造业、服务业等改善现场环境的质量和员工的思维方法方面，使企业能有效地迈向全面质量管理，主要是针对制造业在生产现场，对材料、设备、人员等生产要素开展相应活动。根据企业进一步发展的需要，有的企业在 5S 的基础上增加了安全（Safety），形成了"6S"；有的企业甚至推行"12S"，但是万变不离其宗，都是从"5S"衍生出来的。例如，在整理中要求清除无用的东西或物品，这从某些意义上来说，就能涉及节约和安全，具体来说，横在安全通道中无用的垃圾，这就是安全应该关注的内容。

1. 整理：要不要

不用的东西不放在作业现场，坚决扔掉；不常用的东西放远点儿（放仓库）；偶尔使用的东西集中放在车间；经常使用的东西放在作业区。

2. 整顿：需要的东西定位放置

需要的东西定位放置，物各有位，各在其位；定量摆放，目视管理，过目知数；取用还置方便，无寻找时间；工具要归类、分规格摆放、一目了然。

3. 清扫：将灰尘、油污、垃圾清除干净

自己用的东西自己要清扫干净，不是增加清扫工；清扫设备，检查是否有异常；清扫设备加工出的废料，清扫也是保养。

4. 清洁

清洁是在整理、整顿、清扫之后，认真维护、保持完善的最佳状态。不用的东西，不要随意放置、不要弄脏、不要弄乱；在物品清洁的同时，现场工作人员的外表也要清洁。

5. 素养

养成良好的习惯。

9.3　约束理论

9.3.1　约束理论的相关概念

1. 约束理论的产生与发展

约束理论（Theory of Constraints，TOC）最早是由以色列物理学家及企业管理大师犹太人高德拉特博士于20世纪80年代提出的。他在20世纪70年代末先提出"最优生产技术"（Optimized Production Technology，OPT）后在此基础上发展而成约束理论。在我国常常被翻译为瓶颈管理、限制理论、制约因素、制约法，其与木桶理论、短板理论、链条理论等类似。

OPT的基本思想具体体现在几条原则上。这几条原则集中反映了OPT的指导思想及运行机制，它是实施OPT的基石。

原则之一是追求物流的平衡，而不是能力的平衡；在瓶颈资源上损失1h，就使整个系统损失1h；非瓶颈资源的利用程度不由其本身决定，而由瓶颈资源的能力决定；在非瓶颈资源上节省时间是没有意义的；为了提高整个系统的产出量，保证瓶颈资源满负荷工作，系统中应设置缓冲环节。

原则之二对瓶颈工序的前期工序和后续工序应采用不同的计划方法；根据不同的目的分别确定合理的运输批量和加工批量；批量的大小可根据实际情况动态地变化；不采用固定的生产提前期，用有限能力计划编制生产进度计划。

简而概之，约束理论就是在管理活动中关于进行改进和如何最好地实施这些改进的一套管理理念和管理原则，可以帮助企业或组织识别出在实现目标的过程中存在哪些制约因素——"瓶颈"，并进一步指出如何实施必要的改进措施以消除这些瓶颈，从而更有效地实现企业目标。

2. 约束理论的基本原理

约束理论的管理思想是首先抓"重中之重"，使最严重的制约因素凸显出来，从技术上消除"避重就轻""一刀切"等管理弊病发生的可能，避免管理者陷入大量的事务处理当中不能自拔的情形。但在实现目标的过程中，瓶颈并非是一成不变的，其会随着环境的变化而产生变化，如实际生产过程中出现机器故障、刀具磨损、临时插单、急件、物料短缺、交货期变动、工艺路线改变等会使瓶颈不断发生改变。对瓶颈的持续改善，短期的效果是"抓大放小"，长期的效果是大小问题齐抓共管，从而使企业的整体管理水平持续提高。

在约束理论中非常重要的概念就是制约因素，或者叫约束。制约因素就是制约整个系统产出水平的那些因素或要素。制约因素包括：有形制约因素和无形制约因素；内部制约因素和外部制约因素。

3. 约束理论的基本思想

约束理论是关于进行改进和如何最好地实施这些改进的一套管理理念和管理原则。它可以帮助企业识别出在实现目标的过程中存在哪些制约因素——约束，并进一步指出如何实施必要的改进来——消除这些约束，从而更有效地实现企业的目标。

将所管理的对象抽象成一条链条，任何链条都至少存在一个薄弱环节（瓶颈或系统的约束）。薄弱环节决定了链条最终的承载量（系统的产出），是系统（链条）进一步提升产出水平（链条的承载量）的制约因素。因此，系统管理的关键是管理系统中最薄弱的环节，系统的一切优化都应该围绕系统的最薄弱环节进行。

4. 约束理论的五步工作法

约束理论有一套思考方法和持续改善程序，具体表述如下：

（1）找出系统中存在哪些约束　企业要增加有效产出的话，一般会在以下方面考虑提出应对措施：

1）原料，即增加生产过程的原料投入。
2）能力，即某种生产资源不足而导致市场需求无法满足，就要考虑增加资源。
3）市场，如果由于市场需求不足而导致市场能力过剩，就考虑开拓市场。
4）政策，找出企业内部和外部约束有效产出的各种政策规定。

（2）最大限度地利用瓶颈，即提高瓶颈利用率　这是解决第一步中所提出的各种问题的具体方法，从而实现有效产出的增加。例如，某种内部生产资源是约束，就要采取一系列措施来保证这个环节始终高效率地生产。以某台设备利用率不高的约束来说，具体的解决方法如下：

1）设置缓冲时间。缓冲时间多用于单件小批量生产类型，即在瓶颈设备前工序的完工时间与瓶颈设备的开工时间之前设置一段缓冲时间，以保证瓶颈设备的开工时间不受前面工序的生产率波动和发生故障的影响。缓冲时间的设置，与前面非瓶颈工序波动的幅度和故障出现的概率及企业排除故障恢复正常生产的能力有关。
2）在制品缓冲。多用于成批生产类型，其位置与数量确定的原则与方法同单件小批量生产。
3）在瓶颈设备前设置质检环节。
4）统计瓶颈设备产出的废品率。
5）找出产出废品的原因并根除。
6）对返修或返工的方法进行研究改进。

（3）使企业的所有其他活动服从第二步中提出的各种措施　很多企业在解决生产系统中的瓶颈问题时没有明确这一点，对那些非约束环节追求百分之百的利用率，给企业带来的不是利润，而是更多的在制品。因此，企业要按照约束环节的生产节拍来协调整个生产流程。

（4）打破瓶颈　设法解决第一步中找出的瓶颈。

（5）返回第一步　返回第一步，持续改善。

9.3.2　生产能力制约型生产系统和市场需求制约型生产系统

生产能力制约型生产系统是指企业生产系统的制约因素是生产能力不足，即生产系统能够生产某种产品或提供某种服务的数量小于市场对该产品或服务的需要量。

市场需求制约型生产系统是指企业生产系统的制约因素是市场需求不足，即生产系统能够生产某种产品或提供某种服务的数量大于市场对该产品或服务的需求量。

9.3.3　约束理论的生产计划与控制方法——DBR 系统

DBR（Drum Buffer Rope）系统是 TOC 生产计划的核心。DBR 是击鼓（Drum）、缓冲器（Buffer）、绳子（Rope）的英文简称。DBR 系统将击鼓比作制约环节（如瓶颈工序）的处理速度，将缓冲比作最大限度地运用制约环节在时间上的宽裕或在数量上的宽裕（如库存缓冲），将绳子比作防止击鼓在其他因素影响下过多超出制约环节的处理速度的控制器。

图 9-12 是企业运用 TOC 理论改进生产系统的示意图。

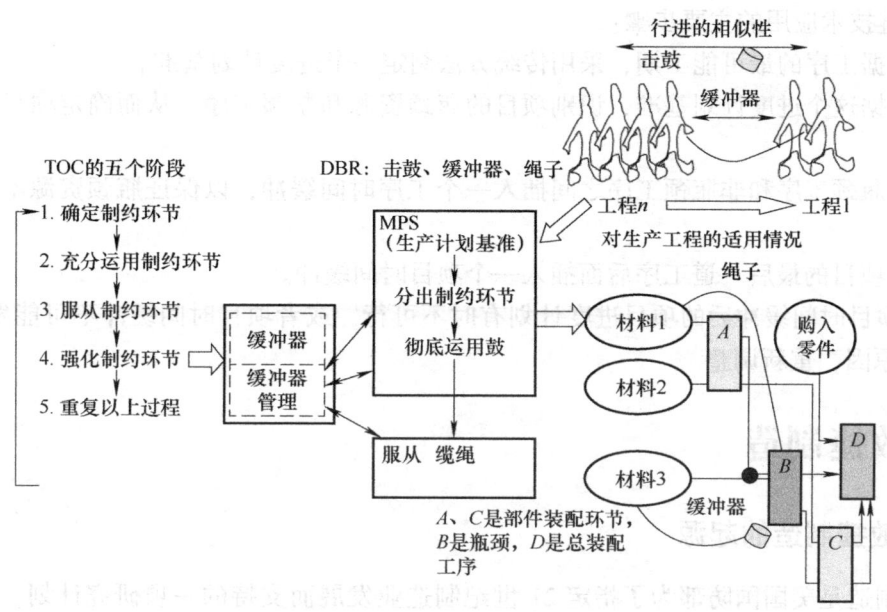

图 9-12 企业运用 TOC 理论改进生产系统的示意图

9.3.4 约束理论的进一步发展

约束理论（TOC）的进一步发展可总结为思维过程理论、有效产出会计法、关键链理论。

1. 思维过程理论

思维过程理论阐述了思维的基本逻辑和方法，提供了分析问题和解决问题的基本方法。思维过程理论着眼于事物变化的过程。思维过程理论的结构化逻辑思维框架是：

1）改进什么？
2）改进成什么？
3）怎样使改进得以实现？

并在此逻辑思维方法基础上提出了一些分析的配套工具，包括现状树、消雾法、未来树、前提树、转移树等分析工具。

2. 有效产出会计法

有效产出会计法是一种基于约束理论的会计核算方法。约束理论认为，有效产出、库存、运作费用是企业运作过程中最重要的三个指标。

$$有效产出 = 销售收入 - 在销售产品中的原材料价值$$

库存是企业运作过程中的资金占用，是一切暂时不用的资源。运作费用是企业用于把库存转化为有效产出所花费的费用。

$$企业的净利润 = 有效产出 - 运作费用$$

3. 关键链理论

1997 年高德拉特在约束理论的基础上，提出了面向项目管理的计划方法——关键链技术。关键链技术依托于约束理论，是约束理论的一种具体应用和发展，从瓶颈、系统考虑入手，将 DBR 的核心思想应用到项目管理中。

关键链技术应用的主要步骤：

1）依据工序的最可能工期，采用传统方法制定一个进度计划基准。

2）根据这个进度计划基准，识别项目的瓶颈资源和瓶颈工序，从而确定项目的初始关键链。

3）在瓶颈工序和非瓶颈工序之间插入一个工序时间缓冲，以保证瓶颈资源不出现等待状态。

4）在项目的最后一道工序后面插入一个项目时间缓冲。

插入项目时间缓冲后的项目进度计划有时不可行，或者项目时间缓冲不可能发挥作用，需要查明原因，重新调整。

9.4 敏捷制造

9.4.1 敏捷制造的起源

敏捷制造是美国国防部为了指定21世纪制造业发展而支持的一项研究计划。该计划始于1991年，有100多家公司参加，由通用汽车公司、波音公司、IBM、德州仪器公司、AT&T、摩托罗拉等15家著名大公司的代表和国防部的代表共20人组成了核心研究队伍。此项研究历时三年，于1994年年底提出了《21世纪制造企业战略》。在这个报告中，提出了既能体现国防部与工业界各自的特殊利益，又能获取他们共同利益的一种新的生产方式，即敏捷制造。

敏捷制造是指制造企业采用现代通信手段，通过快速配置各种资源（包括技术、管理和人员），以有效和协调的方式响应用户需求，实现制造的敏捷性。

9.4.2 敏捷制造的特征

敏捷制造强调企业能够快速响应市场的变化，根据市场需求，能够在最短时间内开发制造出满足市场需求的高质量产品。因此，敏捷制造具有如下特征：

1）对市场需求反应敏捷。

2）敏捷制造是高度柔性化、无库存的生产组织方式。

3）产品服务可以全程面向用户。

4）敏捷制造可以达到充分的资源共享。

5）敏捷制造可以充分调动和发挥人的作用。

9.4.3 敏捷制造的三个主要要素

敏捷制造的三个主要要素：生产技术、组织方式和管理手段。

1. 敏捷制造的生产技术要素

具有高度柔性的生产设备是创建敏捷制造企业的必要条件，以具有集成化、智能化、柔性化特征的先进制造技术为支撑，建立完全以市场为导向、按市场需求任意批量且快速灵活制造产品、支持顾客参与生产的生产系统。该系统能实行多品种、小批量生产和绿色无污染制造。

在产品设计和开发过程中，利用计算机的过程模拟技术，可靠地模拟产品的特性和状态，精确地模拟产品生产过程，既可实现产品、服务和信息的任意组合，又能丰富品种、缩短产品设计、生产准备、加工制造和进入市场的时间，从而保证对消费者需求快速灵敏的反应。

2. 敏捷制造的组织方式要素

敏捷制造企业必须具有高度柔性的动态组织结构。根据产品不同，采取内部团队、外部团队（供应商、用户均可参与）与其他企业或虚拟公司合作等不同形式，保证企业内部信息即时沟通，同时保证迅速抓住市场机会，从而进一步做出灵敏反应。

3. 敏捷制造的管理手段要素

敏捷制造以灵活的管理方式达到组织、人员与技术的有效集成，尤其是强调人的作用。敏捷制造在人力资源上的基本思想是，在动态竞争环境中，最关键的因素是人员、柔性生产技术和柔性管理。

9.4.4 实现敏捷制造的过程

实现敏捷制造的过程包括设计、绘图、论证、准备和加工等，具体如图 9-13 所示。

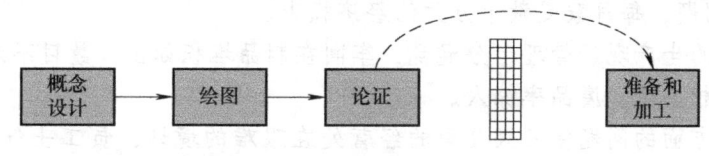

图 9-13 实现敏捷制造的过程

习题和思考题

1. 分析准时生产的优点和缺点。
2. 举例说明精益生产的过程。
3. 说明敏捷制造的内容。

拓展案例

一、广东新会日兴公司简介

广东新会日兴公司（以下简称日兴公司）成立于 1998 年，并在当年开始试生产。第一期工程由一家澳门贸易公司独资兴建，第二期工程拟与日本某制造企业合资，进一步扩大企业规模。日兴公司总投资约 2000 万美元，占地 20 多万 m²，有 10 多个生产用厂房，还有办公大楼、招待所等生活配套设施。

日兴公司主要面向海外市场，特别是欧美、日本市场。该公司主要是依照出口订单制造中高档不锈钢厨具、餐具和浴盆等。日兴公司采用来样加工方式，主要由海外客户提供样品、图样。日兴公司以欧美发达国家同类型企业为榜样，引进了国际先进的加工制造技术和生产设备。设备布局采用了国内最先进的流水生产线生产模式，引进了世界一流的产品设计技术和生产加工技术。日兴公司采用了国际先进水平的计算机辅助设计软件、计算机辅助工艺规划软件，以及数控化的计算机精密加工中心。在引进设备的过程中，日兴公司派出技术人员接受了适当的培训。技术人员掌握了计算机软件和加工设备的应用技巧，在短时间内使日兴公司的产品设计和产品质量达到了出口订单的高要求。

但是，日兴公司在引进设备时没有引进相关的生产管理技术，在生产计划和现场管理方面遇到了困难，无法实现自动化设备的高效率。

二、日兴公司生产与运作系统面临的主要问题

虽然日兴公司拥有现代化的流水生产线、生产厂房、加工制造设备，并采用了处于国内领先技术水平的制造工艺流程和精密加工中心，但是并没有同时从国外引进生产管理技术和方法。企业的生产运作系统需要针对我国的国情和员工素质加以改造，以整合企业的硬件资源和软件资源，合理发挥硬件资源的利用效率，以提高生产运作效率。

日兴公司从1998年试生产到1999年4月，从未实现过正常生产和按期交货。因此，日兴公司成立了一个项目组来解决生产运作方面的问题。

项目小组经过认真调查，发现日兴公司存在以下问题：

1) 日兴公司总是不能按期交付产品，客户满意度低。由于客户经常投诉产品质量问题以及其他方面的问题，每月蒙受数十万元的经济损失。

2) 日兴公司的生产现场管理十分混乱，车间在制品堆积如山，数目不清。

3) 产品质量相当低，废品率惊人。

4) 生产运作方面的问题使日兴公司的经营处在艰难的境地，员工士气低落，找不出生产效率低的原因。

三、日兴公司应用MRPⅡ、JIT和制约因素理论改善生产与运作系统的总体思路

项目组通过反复研讨，认为生产运作方面的问题主要是由于没有采用先进并适用的生产管理方式所造成的。项目组对生产运作管理的理论进行了研讨，并借鉴了国内外企业运用MRPⅡ、JIT和TOC（制约因素理论）的实践经验，提出了日兴公司应用MRPⅡ、JIT和制约因素理论改善生产与运作系统的总体思路。

1. 对当前的生产管理理论进行比较分析

目前，对企业有影响力的先进生产方式主要有MRPⅡ、JIT、TOC、CIMS、敏捷制造、精益生产等。项目组成员对MRPⅡ、JIT和TOC进行分析后，认为这三种生产管理方式都适用于日兴公司，但这三种生产方式又各有优势，发挥作用的领域不完全相同。如果能把它们整合在一起，发挥各自的优势，就可以快速解决日兴公司生产运作方面存在的瓶颈问题，迅速提高企业的经营绩效。

2. 以计划系统作为三种生产方式的结合点

由于三种方式都强调计划的重要性，可以将计划管理体系作为结合点，将三种生产方式整合到一起。

日兴公司新的生产运作系统的中心工作是采用MRPⅡ理论和方法进行生产计划的制订，其中的关键点是对生产运作系统的制约环节和瓶颈资源进行计划。计划的核心工作是提高瓶颈资源的利用效率，采用JIT的原理和方法来开展生产控制工作，特别是生产现场管理工作。三种生产方式互相配合，对整个系统运行的数据要求大大降低，同时基础管理数据也比较容易取得，信息反馈也较为及时。

3. 采用 JIT 的原理和方法进行生产控制

虽然计划工作完美无缺，但是如果生产控制工作跟不上，企业的生产运作问题仍无法很好地解决。运用 JIT 进行生产控制不仅可以很好地提高生产现场管理的水平，而且可以充分暴露制约环节和瓶颈资源，使管理人员更加重视制约环节和瓶颈资源的利用。

根据制约因素理论的原理，项目组决定在制约环节的前道工序设置一定的缓冲库存，以达到充分利用制约环节、提高瓶颈生产设备效率的目的。

日兴公司生产运作管理的整体思路可以用图 9-14 来表示。

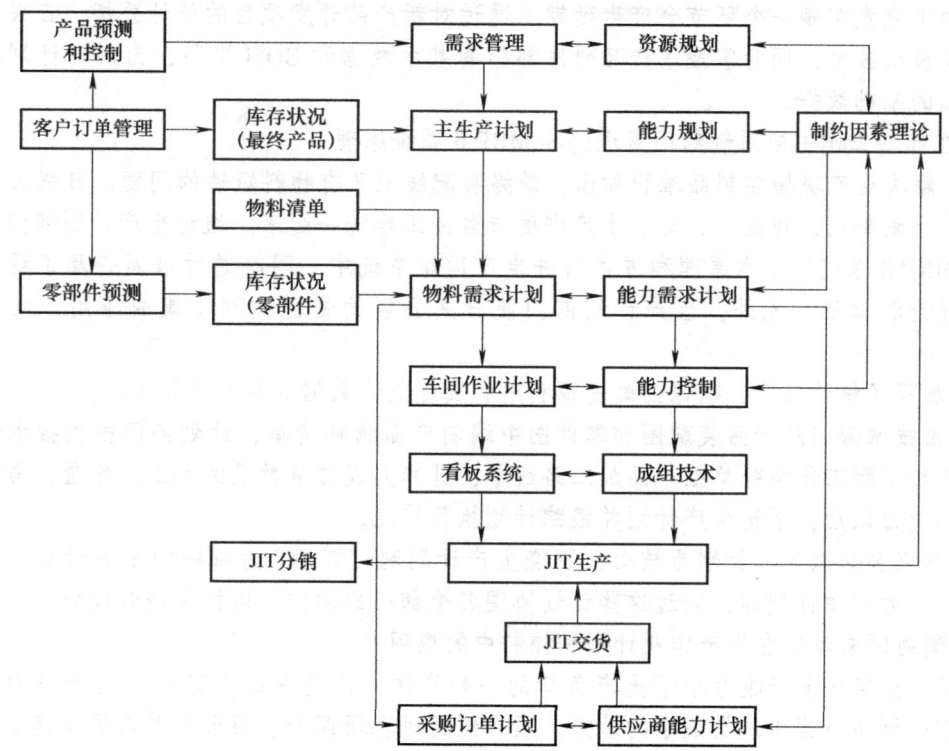

图 9-14　日兴公司生产运作管理的整体思路

四、用 MRP II 和制约因素理论指导，发现问题根源

根据 MRP II 的基本原理可知日兴公司是典型的倒树型加工企业。这是因为企业的原材料品种少，经过少数几道工序加工后形成多种规格和品种的产品。此外，日兴公司又是典型的订单生产型企业。为了满足多个品种的订单生产，日兴公司的生产策略是通过增加成品和半成品的数量和种类来改善交货情况。

由于受传统计划经济管理模式的影响，日兴公司部分管理人员单纯追求生产效率和最大加工批量，往往不按实际生产能力和加工进度安排工作。某些员工为了省事经常人为地错误加工或装配产品，造成订单延期和库存积压。由于生产过程非常复杂，中间工序比较多，运用 MRP II 和制约因素理论可以寻找这些问题产生的根源，从而制定有效的解决方案。

五、主要改进措施

项目组在认真分析以上问题根源的基础上，综合应用生产运作管理的理论和方法，特别是 MRP II、JIT、TOC 的原理和方法制定了解决问题的方案。项目组采取以下方案逐步改善了生产系统绩效。

1. 改善产品研发的管理工作

为了缓和生产与经营矛盾，理顺加工工艺流程，全面了解从产品研发到最终交货的情况，及时有效地满足客户需求，日兴公司改善了产品研发的流程及管理工作。日兴公司实施的主要方案为认真推行新产品开发的项目管理制，并在新产品开发项目中引进了甘特图，对新产品开发任务层层分解目标和计划进度，掌握产品的基本数据。通过使用 MS Excel 软件和 MS Project98 进行项目进展情况跟踪和分析，项目组测算了每一种新产品开发的实际时间，明白了究竟在哪一个环节会产生延期。通过对新产品开发项目的统计分析，日兴公司初步确定了核心技术，同时掌握了产品研发部门的基本数据和 BOM 资料，为制订计划提供了非常准确的基础数据。

2. 在计划工作中应用制约因素理论和 MRP Ⅱ 系统原理

为了解决生产现场在制品堆积如山，最终装配线上又有物料短缺的问题，日兴公司新成立了生产计划部门，将生产计划、生产调度与监控工作统一起来。通过生产计划部门，日兴公司把 MRP Ⅱ 系统的基本原理和方法引进生产运作系统中，同时通过培训普及了现代化生产管理理论和知识。此外，生产计划部门使日兴公司的资源达到了集成应用，主要措施如下：

1）加强了统计工作，确保关键资源利用和实际能力数据的真实性和正确性。

2）由技术部门从产品装配图和零件图中编制产品物料清单，计划部门根据技术部门提供的资料和实际工作经验草拟产品加工路线单，计算完成订单数量的加工工作量，考虑设备实际加工能力以后，下达生产计划并跟踪计划执行情况。

3）日兴公司以生产计划为核心，围绕生产计划制订以 JIT 为基础的采购计划、设备维修计划、人力资源计划等，通过这些计划协调各个部门的运作，以提高经营绩效。

3. 制约因素理论在生产作业计划和控制中的应用

瓶颈是指实际生产能力小于生产负荷的一切资源，它是系统内部制约生产率的关键因素，也就是制造过程中流量最小的地方。项目组通过现场调查、召开有关人员座谈会、参加生产情况分析会议、统计分析有关数据等方法，发现日兴公司的生产瓶颈只有一个，即唯一的关键资源是某重型加工设备——中频加热摩擦打底的复底加工设备。发现了关键设备后，日兴公司认真计划和控制了该设备的资源利用效率，并以此设备为中心展开全部的计划工作。

实际运行方案是在接受客户订单时，考虑公司的加工能力和交货期。日兴公司通过 Excel、BOM、加工路线单以及统计分析得到实际加工能力和加工质量数据。日兴公司新成立的计划部门根据客户订单制订关键资源的作业计划，然后再根据生产工艺流程，前向排序和后向排序制定所有加工设备的作业排程表，确保作业计划切实可行。

日兴公司的生产流程除一个关键设备外没有其他制约因素，而且订单生产方式下设立每个工序的在制品库存没有实际意义，因此日兴公司除了在关键设备的前一道工序设立在制品库存外，还将逐步消除其他工序的在制品量，消化以前积累的在制品，从而实现削减在制品库存量，降低库存的要求。

4. 准时生产方式用于生产现场管理

项目组在生产现场管理中应用准时生产方式的基本思想和方法，消除生产与运作过程中出现的各种浪费。主要方法是：

1）组织各个部门协同工作，使关键加工工序的调整准备时间最小化，以提高关键资源的实际利用效率，最终实现提高产出的目标。

2）在生产线上组织混流生产。在同一条生产线上同时加工生产多种不同规格型号的产品。

3）加强生产现场的质量管理工作，对产品质量实施源头控制，努力降低加工过程出现的不合格品。

4）对重点和关键设备实施重点监控，努力保证关键设备的可用性。

5）对外购零部件实施准时采购的策略，对有可能转化成瓶颈的资源采取特别的措施，加以保护。

5. 对改进策略和步骤加以条例化、制度化，保证生产运作系统的物流均衡

为了保证所取得的成果能够长期保持下去，日兴公司以计划部门为主组织各个部门对改进策略和步骤加以条例化、制度化，保证生产与运作改进措施的落实。通过几个月的实施运行，日兴公司逐步实现了生产运作系统的转型，做到了制订的生产计划切实可行，生产加工进度均衡有序，生产过程物流稳定，实现了通过生产运作咨询诊断来提高公司业绩的目标。

六、实施结果

根据统计资料和调查结果，日兴公司没有增加新的设备资源，但是通过运用现代生产管理技术和方法提高了公司的加工能力。日兴公司的生产能力由原来的每日平均生产一个货柜的生产量提高到了近两个货柜的生产量，产品质量也有所提高。由于能够按期向客户交付产品，避免了以前的每个货柜延期交货罚款数万美元的商业损失。日兴公司生产运作系统的改善，提高了客户的信心，避免了潜在客户的流失，有助于实现公司的经营管理目标。

第 10 章 智能工厂设计案例

10.1 舟山大皇山凝灰岩矿砂石骨料项目

10.1.1 项目概况

据中国砂石协会和中国砂石网数据，舟山大皇山凝灰岩矿砂石骨料项目，矿区面积约 1.0481km²，基础储量 1.84 亿 t，初步设计开采规模约每年 1500 万 t，服务年限 15 年。该项目位于舟山定海区册子岛北部、钱塘江入海口周边。这个地方是长三角海上砂石料的良好区位，以其良好的区位优势及丰富的资源储量备受各方关注。项目建成后将成为长三角地区规模最大的建筑骨料生产基地之一，可满足浙江省建设高速、铁路等交通网络的砂石需求。这意味着，该项目生产的砂石骨料可满足高速、铁路用砂石骨料的相关标准要求。

该矿点的开采将为沿海地区的宁波舟山港主通道工程、六横大桥等建设项目提供数量足、品质高的石料保障。矿点的丰富储量也将对公司参与建筑石料行业市场化经营、定价提供资源基础。

2017 年 7 月，经过 431 轮激烈竞价角逐，舟山市定海区岑港街道桃夭门社区大皇山建筑用石料（凝灰岩）矿采矿权被以 29.132 亿元的价格拍下。

大皇山砂石骨料产线加工生产的砂石骨料基本上都通过舟山码头海运实现。舟山大皇山项目附带新码头，新码头二期项目是在舟山主体项目基础上建立的，因此打通与主体项目之间不同系统和设备的联系，规避冲突建设和重复建设是关键。

10.1.2 智能系统整体规划

2019 年 3 月，云统科技正式承接"大皇山凝灰岩矿砂石骨料产线自动化控制系统"项目。项目通过对舟山册子岛矿区实施全面的新线控制系统设计规划，将物联网新一代信息技术用于爆破开采、石料运输、破碎筛分、仓储物流等矿山全生产流程中，有效地将舟山册子岛灰岩矿的自动化控制系统、环保监控系统、安全监控智能化系统所涉及的智能控制及视频监控系统纳入统一管理平台，实现了应用平台系统集成，如图 10-1 所示。

大皇山凝灰岩砂石骨料产线整体的规划设计包含：①生产加工区自动化控制系统、视频监控系统的设计及该系统、柜体的软硬件等的供应、安装和调试；②矿区北侧 2000t 级货运码头自动化控制系统；③矿区安防监控系统设计、安装、调试、开通；④现场集中控制中心设计、安装。

整个舟山项目分为四块区域：粗破区、中细碎及制砂区、成品料仓区和码头区，针对产线工艺特点，设计了智能自动化集散网络控制系统（DCS）、全线视频监控系统、码头装船控制系统、安防系统四个子系统。该系统可以满足产线设备的信息采集、智能判断及反馈控制功能。

第10章 智能工厂设计案例

图 10-1 加工生产线概览图

10.1.3 模块设计与实现

1. 智能自动化集散网络控制系统

从爆破开采到生产加工再到料仓以及海运运输，生产加工区是整个矿区中最核心的位置。除了预留的污水处理子站外，还有其他四个现场分控站，分别为粗破系统控制子站、中破系统控制子站、筛分及入库系统控制子站和装船系统控制子站，其中三个子站位于生产加工区内，如图 10-2 所示。

图 10-2 生产加工区

智能自动化集散网络控制系统（DCS），主要包含 PLC 控制子站、母料计量系统、产品销售皮带称重系统、破碎物料计量系统、料仓料位监测及报警系统、料仓出料防堵系统、电量统计系统、产线使用指标统计系统、安全管理方面的自动化系统，如图 10-3 所示。

生产计划与控制

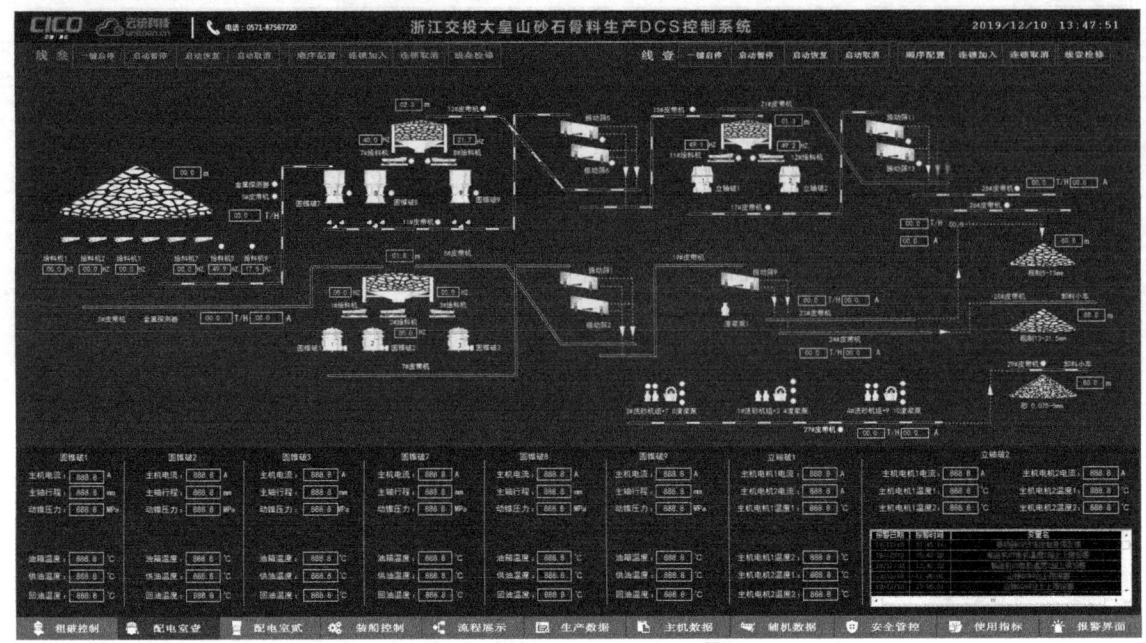

图 10-3　砂石骨料生产智能自动化集散网络控制系统

DCS 通过采集数据，可为大皇山砂石骨料产线统计设备各项运行指标，提供设备维保提醒，实施故障维修流程管控，以及提供安全和环保方面自动化管理控制系统。

砂石骨料 DCS 在设计之初就考虑到整个产线数据的采集和设备的控制问题，在建设完成后，大数据分析的结果会通过数据接口反馈调整产线运行参数，为产线的节能、省人工等打下良好的基础。

2. 全线视频监控系统

矿区生产过程复杂，环境恶劣，易发生影响生产的突发事件及影响人身安全的事故，设计科学高效的视频监控系统，能够为安全生产、调度指挥提供直观、可靠的决策支持。

监控中心是整个系统的中枢和核心，所有的前端生产设备、环保设备、监控设备等实时运行状态信息均可在监控中心平台进行统一展现，并接受中心平台统一调度管理，如图10-4所示。监控中心主要由三部分构成：大屏幕展示部分、控制台位部分、网络机房部分。监控范围包括爆破开采、石料运输、生产加工、破碎筛分、仓储装车、物流装船等舟山矿区全方位、全流程。

拼接大屏幕布置于产线集控中心，显示的监控内容主要分为三个部分：采矿区、生产加工区和码头装船区，如图 10-5 所示。

1）采矿区主要展示采矿工作面，爆破作业和边坡情况。

2）生产加工区主要展示 DCS 产线流程图、产线整体状态图、云统计产量监控、设备监控、报警监控和班组管理等界面图。

3）码头装船区域主要展示料仓上码头主皮带、装船机及当前装船情况。

通过 DCS 系统进行产线整体数据的采集和设备的控制，可以在监控中心全面监测到生产现场数据，实时记录相关事件以及数据生产报表，实现生产现场的可视化、生产统计的智能化和生产过程的可追溯性。

图 10-4　监控中心

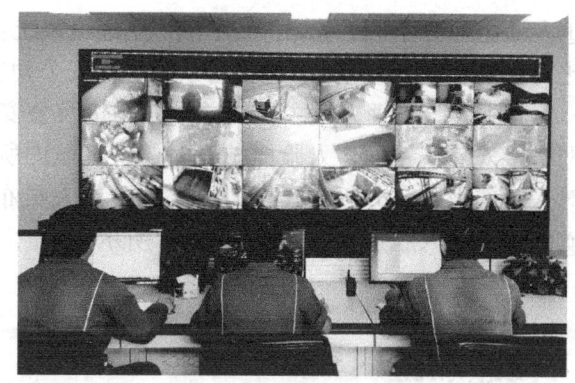

图 10-5　拼接大屏幕

3. 码头装船控制系统

大皇山砂石骨料产线加工生产的砂石骨料运输外运基本都通过舟山码头海运实现。新码头二期项目是在舟山主体项目基础上建立的，因此打通与主体项目之间不同系统和设备的联系，规避冲突建设和重复建设是关键，如图 10-6 所示。

在项目前期通过业主个性化需求深入沟通与调研，充分结合现有基础及实施条件，设计了既符合新码头二期项目智能化系统规划实施建设，又兼顾舟山项目整体架构的要求方案。码头采用两台控制柜加两台控制箱实现现场的

图 10-6　舟山新码头

本地控制和无线遥控控制。在符合控制系统功能、结构要求的前提下，优化设计方案，极大地节约了码头控制系统硬件的成本。在装船皮带附近（龙门上）安装装船数据显示箱，实时显示装船数据，通过无线连接的方式避免龙门行走位置不定而导致有线线路的增加和故障的出现。在装船数据显示箱附近放置无线遥控装置，实现远程遥控控制，方便现场人员操作。

4. 安防系统

在舟山市定海区公安部门倡议下，舟山安防二期项目（简称安防二期项目）以打造"舟山市民从业单位作业示范点"为目标，以"矿区内人员智能管控和火工器材智能管控"为实现要点，对大皇山矿区安防监控设施进行智能化系统规划。2019 年 8 月，云统科技签订施工合同后，在项目前期基于业主个性化需求进行沟通调研，结合舟山市公安局诉求，特制定与公安局人脸大数据系统对接的智能化系统规划实施安防二期项目方案。

考虑到矿区生产过程复杂，环境恶劣，易发生影响生产的突发事件情况及影响人身安全的事故。除了全方位覆盖监控系统外，还为整个舟山矿区设置了入侵报警系统、出入口控制系统、防爆安全检查等组成的综合防护系统。

该项目设计的安防系统是通过入侵报警系统、视频安防监控系统、出入口控制系统、防爆安全检查等组成的综合防护系统。

矿区作为特种作业场所，必须预防突发安全事故。基于此创建了七个智能化安防子系统：

①人证比对访客登记系统；②车辆识别通道系统；③人脸识别人员通道管理系统；④人脸抓拍比对监控系统；⑤门岗一键报警系统（保安公司实施）；⑥矿区视频监控系统；⑦安全帽系统。

其中人脸管理方案主要由前端抓拍机及公安人脸大数据中心组成，前端人脸抓拍机通过网络接入公安专网，人脸抓拍机对监管区域内所有人员进行人脸抓拍，公安人脸大数据中心对人脸的识别、分析、建模，可实现重点人员布控报警、人脸比对、人脸照片查询等功能。矿区内部的人脸识别系统如图 10-7 所示。

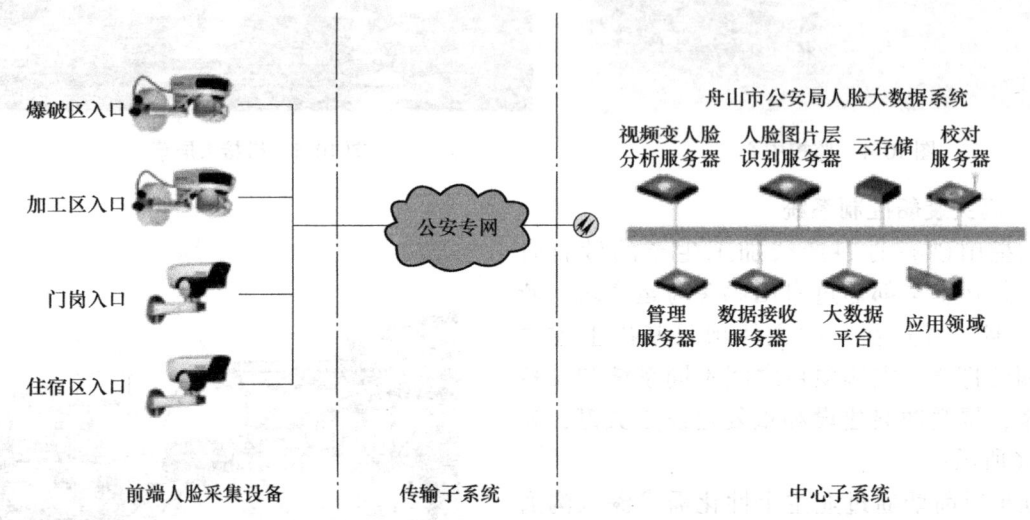

图 10-7　矿区内部的人脸识别系统

值得一提的是，考虑到现有的监控点位不一定能达到 100% 无死角覆盖，因此使用布控球临时布控，可临时补充缺失的监控点；同时对于各临时施工现场，通过移动布控球，也可降低成本，面对应急事件也能及时补上监控位。矿区内部摄像头如图 10-8 所示。

图 10-8　矿区内部摄像头

矿区内部监控网络如图 10-9 所示。

作为数字化新基建的应用成果，安防二期项目为大皇山矿区管理提供了高效的管理手段，大大减轻了库管人员压力，降低了矿区安全隐患，是"管理一流"理念的外现。

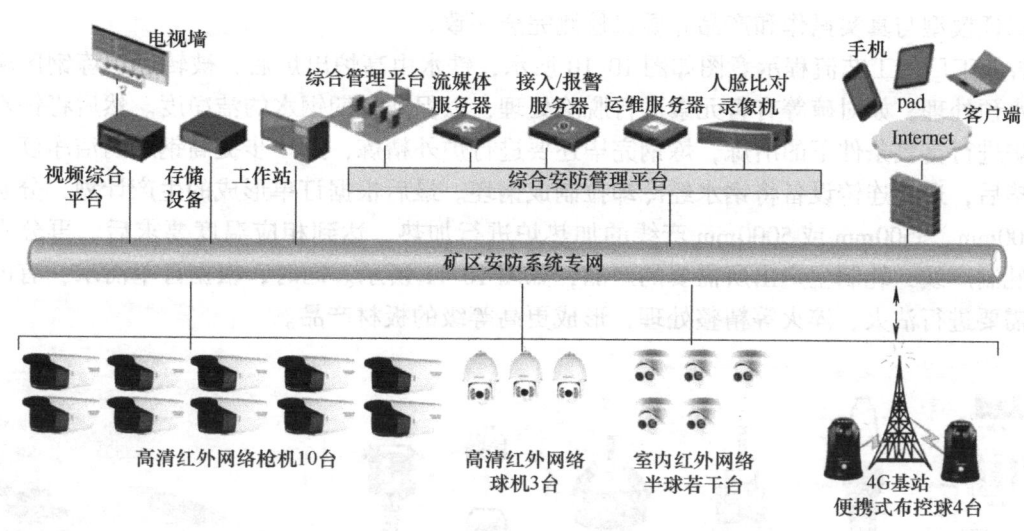

图 10-9　矿区内部监控网络

10.1.4　小结

"大皇山凝灰岩矿砂石骨料产线自动化控制系统"将舟山册子岛灰岩矿的自动化控制系统、环保监控系统、安全监控智能化系统所涉及的智能控制及视频监控系统纳入统一管理平台，实现了应用平台系统集成。

舟山项目涉及的控制点位数量多，数据采集种类多，控制网络及通信网络工程量大。该项目已上线单元通过对开采爆破区、生产加工区、堆场及皮带装船码头所涉及设备的全方面数据采集与监控，切实满足了生产、管理的快速、准确、低成本要求，加强了实时调度和监控功能，提高了系统运行的可靠性和生产自动化程度。

后续将针对舟山产线的具体需求，完成二、四单元的上线投产及码头船只调度等智能化系统的实施，围绕产、供、销核心业务，进一步提升产线的生产效益。智能化的舟山大皇山项目，代表了未来行业发展方向，在为企业自身带来效益的同时，也将成为砂石骨料生产的标杆工程。

10.2　流程工业智能工厂案例

依托已有的智能制造基础，某钢铁股份有限公司在工信部的大力支持下，从 2014 年开始引入日本和韩国钢厂先进的准时制精益生产模式，尝试启动船板智能制造和定制配送项目，以满足下游造船业定制化、精益化、柔性化的生产需求，实现上下游产业链的高效协同发展。智能工厂实施后，生产效率提高了 21%，运营成本降低了 22%，产品研制周期缩短了 30%，产品不良品率减少了 25%，单位产值能耗降低了 12%。

10.2.1　系统模型建立与运行

工艺流程及布局模型是按工序设置的，均体现在各工序相应的检测和控制过程中，如转炉工序就布置转炉实时控制及流程模型，轧钢工序就布置轧钢工艺流程及产品流控制模型，并且保证模型与真实操作和产品介质流检测完全一致。

智能工厂的工艺流程示意图如图 10-10 所示，铁水由高炉出炉后，被转运到炼钢区域先做铁水预处理，如对硫等有害元素进行脱除处理，以保证初期钢水的洁净度。然后将铁水转入转炉进行富氧条件下的冶炼，炼钢完毕还要进行炉外精炼，进一步提高钢水的洁净度，精炼完毕后，通过连铸设备将钢水经冷却拉制成钢坯。最后根据订单形成的生产计划，分别装入 2800mm、3500mm 或 5000mm 产线的加热炉进行加热，达到相应温度要求后，再分别由相应轧制产线，轧制生产出所需要的产品，如图 10-11 所示。同时，根据订单需求，有的产品还需要进行沾火、淬火等精整处理，形成更高等级的板材产品。

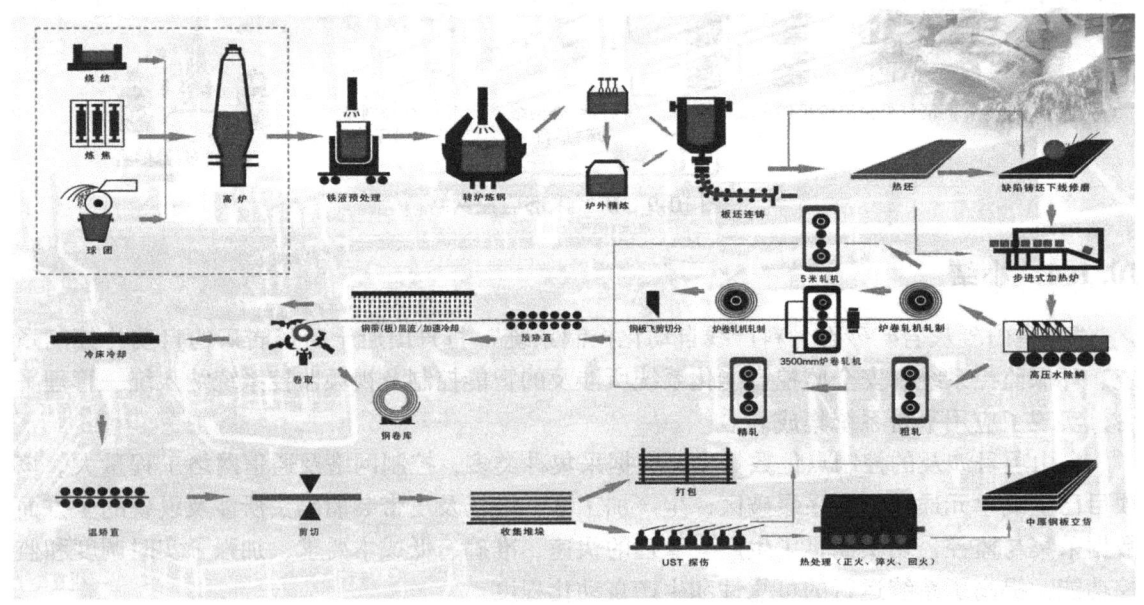

图 10-10　智能工厂的工艺流程示意图

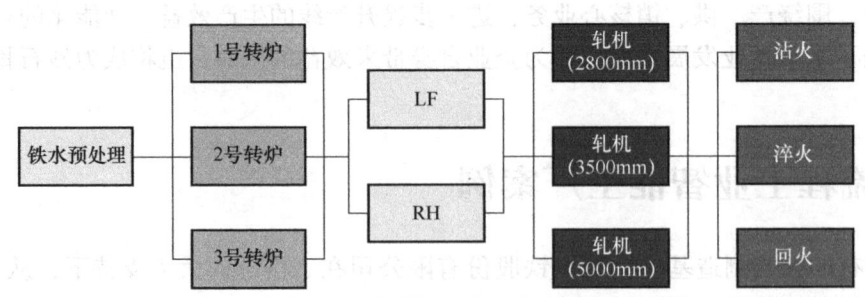

图 10-11　智能工厂布局结构图

1. 转炉操作仿真画面

转炉操作仿真画面如图 10-12 所示。

该画面对转炉生产的实施状况进行仿真，该仿真建立在 CPS 之上，与 L1、L2 系统相关联，可实时反映转炉炼钢时的各项操作指标以及操作动态模拟，同时接受炼钢 MES 的控制指令，完成炼钢工序的全部过程要求。在炼钢过程中，根据钢种的不同以及冶金规范和订单的要求，由各数学模型支撑整个冶炼过程，实现相应钢种的冶炼目标。

第10章 智能工厂设计案例

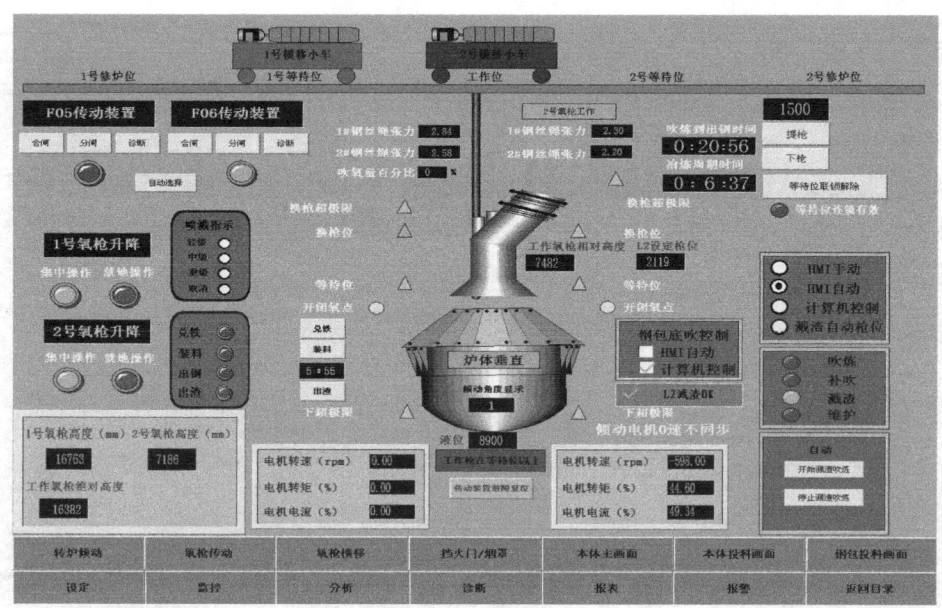

图 10-12 转炉操作仿真画面

2. 生产状态监控仿真

生产状态监控仿真画面如图 10-13 所示。

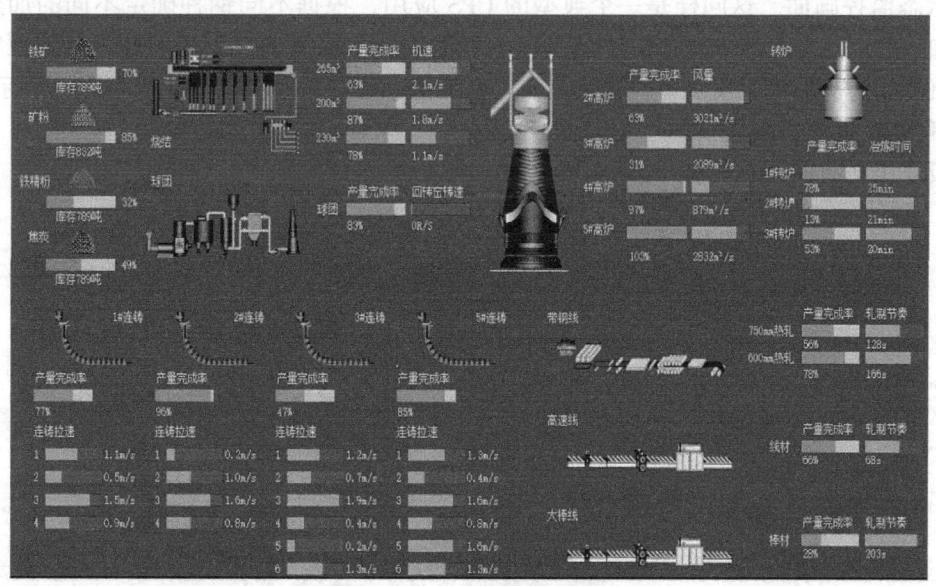

图 10-13 生产状态监控仿真画面

该画面为生产状态监控仿真画面，实时反映了连铸操作的各要素和操作指标，在连铸机中钢水将逐渐冷却为固体板坯。在钢水加入连铸机的过程中，其冷却过程因不同的钢种而有不同的冷却模型加以控制。

3. 设备状态监控仿真画面

设备状态监控仿真画面如图 10-14 所示。

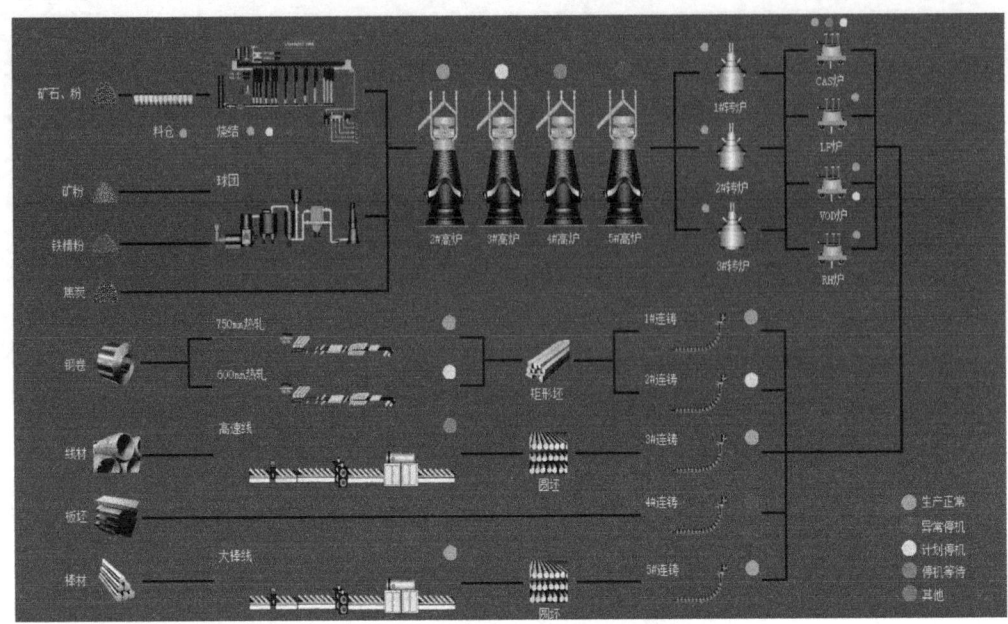

图 10-14　设备状态监控仿真画面

连铸板坯在进入轧制生产线轧制前，都需要在加热炉内加热到一定的温度，图 10-14 就是设备状态监控画面。这同样是一个典型的 CPS 应用，根据不同钢种确定不同的加热模型，并实现加热炉内不同区域分段加热控制及炉内气温控制，保证加热板坯的加热达到预定要求。该画面就是用仿真形式，反映了执行燃气压力和流量、加热炉控制指标和板坯加热指标。

4. 宽板轧机仿真画面

宽板轧机仿真画面，如图 10-15 所示。

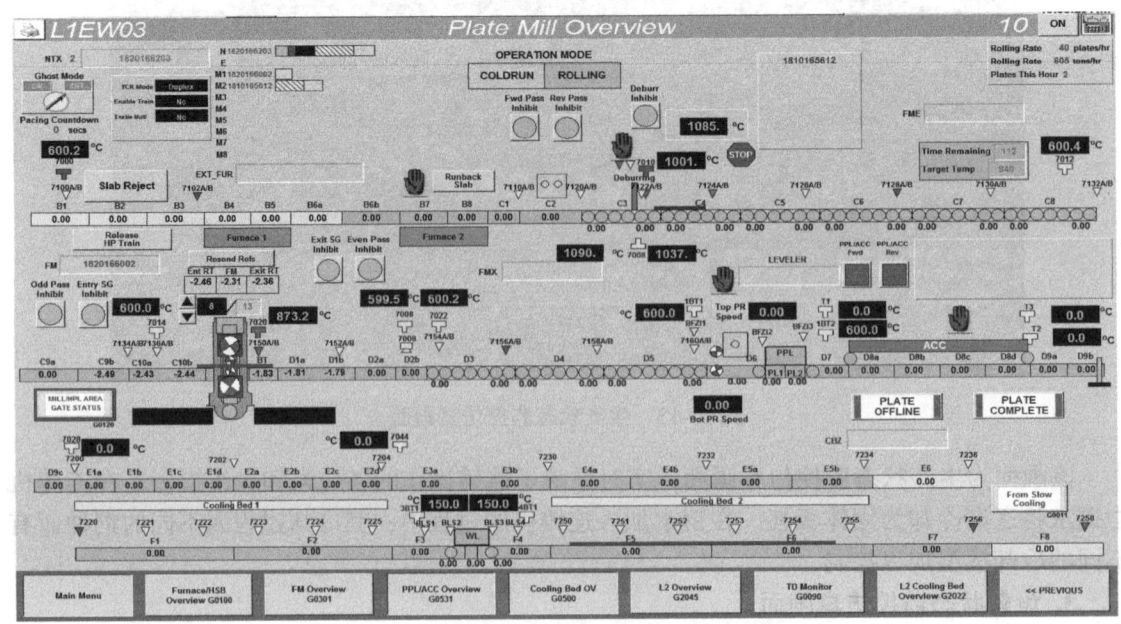

图 10-15　宽板轧机仿真画面

画面为 5000mm 轧机线工作状态仿真控制画面，全面反映了产品轧制过程的控制参数和实时过程数据。轧机在轧制钢板时需根据不同钢种、不同规格的产品需要，由相应的轧制模型、冷却模型等控制轧制过程，直至实现产品目标。

10.2.2 生产过程数据采集

数据采集与应用系统（iDAS）覆盖全厂产线，实现全厂数据采集；自动采集数据，支撑 iMES 过程跟踪；运行状态监视，实现全厂设备运行监控；历史统计分析，指导工艺设备参数优化。iDAS 通过统一数据采集平台，实现生产、能源、环保、安全等设备的过程数据采集，进而达到运行状态实时监控、过程数据永久保存的目标。iDAS 是构建透明工厂数字孪生的基础，也是企业实施智能制造的重要基础设施。面临的问题有：设备控制系统老旧、性能低、无法扩展；型号杂，部分缺失通信模块，对接困难；仪器、仪表未接入 PLC 或数据类型未匹配；IP 地址绑定或二次分配冲突；采集精度、频次要求不一；数据存储和备份问题。平台扩展性可提供的针对性的解决方案有：自动化配套升级，增设汇聚节点；完善修正数据源发生节点；断线缓存，保障数据安全；建立统一的数据采集平台；设备运行数据多源备份；工业智能网关，横纵隔离；全厂各装置报警实时响应。

设计数据采集系统，基于自动化系统建设基础，以满足业务需求为主导，选业内成熟与先进的功能架构，综合业内的实施经验，规划如图 10-16 所示的整体架构。

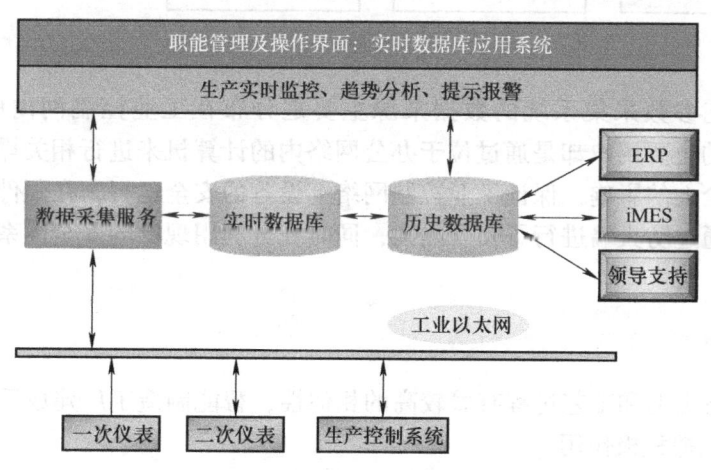

图 10-16 数据采集与监控系统整体架构示意图

过程工艺参数数据采集与监控系统由四个主体模块构成，即数据采集模块、数据接口模块、系统管理模块和数据展示模块。其中数据采集模块主要负责采集、存储各产线生产过程中的工艺参数及相关时间、物料号、生产事件等实时数据；数据接口模块主要负责接收 ERP、MES 等系统提供的公用代码、重点过程工艺参数标准、生产计划、生产进程等数据，并负责将过程工艺实际数据按照约定提供给 ERP 和 MES，同时还负责接收 MES 系统所提供的能源介质的数据信息；系统管理模块主要负责提供系统运行所需的权限、公用代码、标准规则库等功能；数据展示模块主要负责对数据采集模块收集的各类实时数据进行异常剔除和数据匹配，并利用 SPC 工具进行在线的 SPC 分析、判异，编制生产事件报表，对重点过程工艺参数的实时数据与标准要求进行比对并对超标数据进行报警和记录，提供过程工艺参数的历史趋势曲线以供分析使用。

过程工艺参数数据采集系统目前仍在不断完善。整个系统收集了所有 L1、L2、DCS、PLC 等生产线现场控制系统、控制设备的各类过程的、工艺参数的实时数据,并将实时数据存储到实时数据库中。

数据采集安全架构示意图如图 10-17 所示。

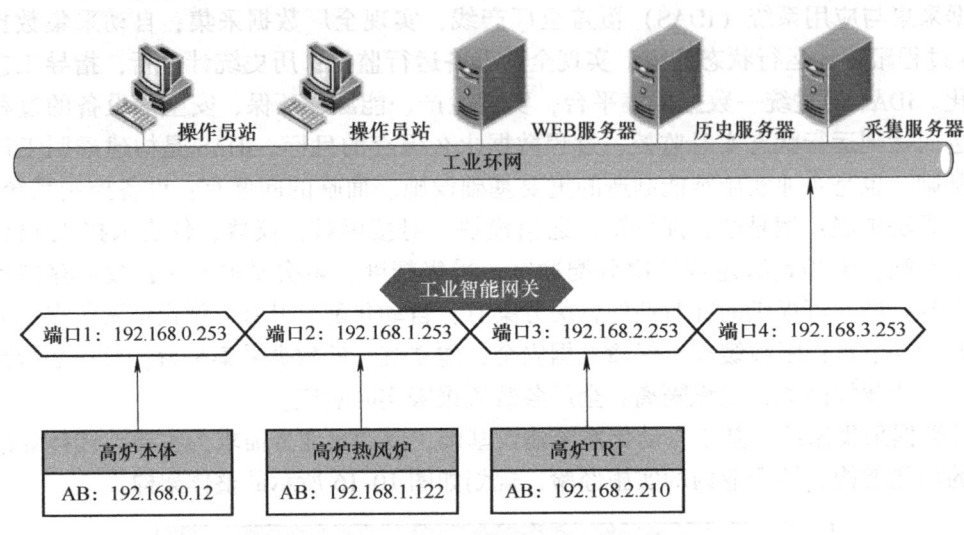

图 10-17　数据采集安全架构示意图

由于过程工艺参数采集系统的数据来源主要是分布在工业控制网内的计算机、PLC、DCS 等,而系统的主要用户却是通过位于办公网络内的计算机来进行相关操作的,为避免对过程控制系统安全上的影响,保证工业控制网络上设备的安全运行,在硬件体系上办公网络与工业控制网络通过防火墙进行了安全隔离,同时充分利用现有的安全体系,适度节省硬件投资。

10.2.3　小结

钢铁企业装备类型和工艺过程有着较高的相似性,智能制造工厂建成后,将推动钢铁行业新旧动能转化发挥积极作用。

1. 建立智能化运行模式

智能制造工厂建成后,将形成一套完整的智能制造模式,涵盖了从订单评价、产品智能化研发设计到定制化产品冶炼、产品的柔性化轧制、产品质量的精准控制以及准时交付等产品生产的全过程。将对钢铁行业的技术进步、产品优良打下坚实的基础。

2. 建立企业决策科学化

利用大数据技术,对各应用系统的数据进行集中存储和优化分析,支持公司决策层对企业发展和优化运营实行科学决策。

3. 建立集成化的信息平台

企业智能化将促使企业建立完善的信息集成平台,以 MES 为核心,向上支撑企业经营管理,向下与生产过程的实施数据高度衔接,将原本各自独立的信息系统,连接成完整的、可靠的和有效的数据整体。

4. 建立数字化环境

借助物联网平台,实现生产数据的实时采集,快速掌握生产运行状况,实现生产环节与信息系统的无缝对接,提升管理人员和自动化系统对现场的改制和监控。

5. 实现企业生产的模型化

借助深度数据采集平台,建立全流程的一系列工艺、业务模型和规则,并与各种生产环节和控制过程相匹配,实现企业的智能化生产与管理。

6. 运营企业可视化

根据企业运营的实际情况,搭建三维可视化工厂,并与生产工艺、设备信息、质量生产预警、经营状况预警进行集成,为生产操作和管理人员提供直观的业务场景展示,提高操作和管理的精准性。

参考文献

[1] 李怀祖. 生产计划与控制[M]. 北京：中国科学技术出版社，2001.
[2] 吴爱华. 生产计划与控制[M]. 2版. 北京：机械工业出版社，2019.
[3] 曾强. 生产计划[M]. 北京：北京邮电大学出版社，2019.
[4] 王巍，姜雪松. 生产计划与控制[M]. 哈尔滨：东北林业大学出版社，2016.
[5] 蒋明炜. 机械制造业智能工厂规划设计[M]. 北京：机械工业出版社，2017.
[6] 王丽亚，陈友玲，马汉武，等. 生产计划与控制[M]. 北京：清华大学出版社，2007.
[7] 潘尔顺. 生产计划与控制[M]. 上海：上海交通大学出版社，2003.
[8] 阿诺德，查普曼，克莱夫. 物料管理入门：第6版[M]. 李秉光，霍艳芳，徐刚，译. 北京：清华大学出版社，2008.
[9] 方立波，杨晓东. 中国机制砂石行业智能制造研究与实践[M]. 北京：中国建材工业出版社，2023.